VISIONS

ET

RÉVISIONS

Ruth Plaut Weinreb has taught French for more than twenty years to students of various ages and levels. She has taught at Harvard University and Buckingham Browne and Nichols School. She received her Ph.D. in French from Columbia University.

VISIONS
ET
RÉVISIONS:
Second Edition

Lectures, Grammaire et Exercices

RUTH P. WEINREB

Longman

New York & London

0-88334-172-7

5 6 7 8 9 10-HT-9594939291

ACKNOWLEDGMENTS

Grateful acknowledgment is made to the authors, publishers and holders of copyright for their permission to reproduce the following excerpts, illustrations and recorded material.

Bibliothèque Nationale: Larmessin, *L'Homme-orchestre*

Cambridge Records: Verlaine, *Green* and *Il Pleure dans mon coeur* Carole Bogard, soprano, John Moriarty, piano

Armand Colin: Jean Piaget, *La Psychologie de l'intelligence*

Ernest Flammarion: Jacques-Yves Cousteau, *Les Dauphins et la liberté*

French Press and Information Service: *The French Regions*

Gallimard: Simone de Beauvoir, *Le Deuxième Sexe*, Claude Debussy, *Monsieur Croche*, Raymond Queneau, *Zazie dans le métro*, Jean-Paul Sartre: *Les Mots*

Harvard University: Fogg Art Museum, Grenville L. Winthrop Bequest, Jacques-Louis David, *Study for the Oath of the Tennis Court*

Kress Library of Business and Economics, *L'Epinglier*

London Records: Molière, *Le Bourgeois Gentilhomme*

Musées Nationaux: Jean-Baptiste Greuze, *L'Accordée de village*

Philips Records: Stravinsky, *L'Histoire du soldat*

Plon: Charles de Gaulle, *Mémoires de Guerre*

Présence Africaine: Birago Diop, *Les Contes d'Amadou Koumba, Sarzan*

Madame Charles Ferdinand Ramuz: *L'Histoire du soldat*

Régie Autonome des Transports Parisiens: *Le Métro et le RER*

INTRODUCTION

Ceux qui veulent combattre l'usage
par la grammaire se moquent.
- Montaigne, *Essais III, 5*

This book is written for students at the intermediate level who
have completed a basic course in French grammar and have had some
experience in speaking, reading, and writing. It is well suited to
students in fourth-year French in secondary school and second-year
French in college.

The book presents a *course* in intermediate French with
visions of French culture through selected readings and *révisions* of the
essentials of grammar in a context designed to stimulate active use of
the language. Each lesson includes a reading, brief comprehension
questions, vocabulary, grammar, pronunciation, and topics for
discussion and essays. The subjects of the readings range widely,
differing from the usual fare in textbooks. They include politics with
Tocqueville, music with Debussy, third-world problems with Diop,
feminism with Beauvoir, adventure with Cousteau, and psychology
with Piaget. Vocabulary is presented by subject. In addition, three
separate lessons review terms for use in the classroom, a
comprehensive glossary of terms for written work, and a selected list of
false cognates (*faux amis*). The principal rules of pronunciation and
individual vowel sounds are reviewed, and words commonly
mispronounced are organized for study. Facts of interest and importance
related to French civilization appear throughout the book. Appendix I
provides a reference questionnaire for such basic information. A tape
program accompanies the book. It consists of excerpts and questions
from the readings, exercises in pronunciation and aural comprehension,
including dialogue from Molière, Stravinsky and Queneau, and songs of
Debussy and Fauré.

The tone varies from comedy in Molière to rhetoric in
Napoleon, sentimentality in Verlaine and whimsy in Queneau.
Explanations are in French. English is used when it serves to illustrate
contrasts or clarify structures. Lessons differ in length and difficulty.
The intermediate level allows students and teachers alike considerable
breadth as well as freedom from a strict sequence of materials. Lessons
may therefore be organized to suit the needs and tastes of individual
classes.

I thank the Cultural and Press Services of the French Consulate
in Boston, the libraries of Harvard University, Dartmouth College and

the City of Antibes for their generous help. I am grateful to Marie-Hélène Gold, whose meticulous proofreading was invaluable, and to Marguerite Davis and Henry Roberts for moving the project forward. I am grateful also to Françoise and Bernard Leridon, Colette Lacoste and Sissela Bok for reading the manuscript, and to Jenni Weinreb, and my colleagues and students who contributed many helpful suggestions. I thank Elizabeth and Nicholas Weinreb for their patience. To Lloyd Weinreb I am especially grateful for constant support.

May I remind students that no textbook is sufficient in and of itself. Learning a language is a cumulative process, requiring steady work. Neither a student of French nor a violinist nor a tennis player can cram overnight to develop excellence and style.

Ruth Plaut Weinreb

TABLE DES MATIÈRES

TABLE DES MATIÈRES

TABLE DES MATIÈRES

TABLE DES MATIÈRES

ILLUSTRATIONS

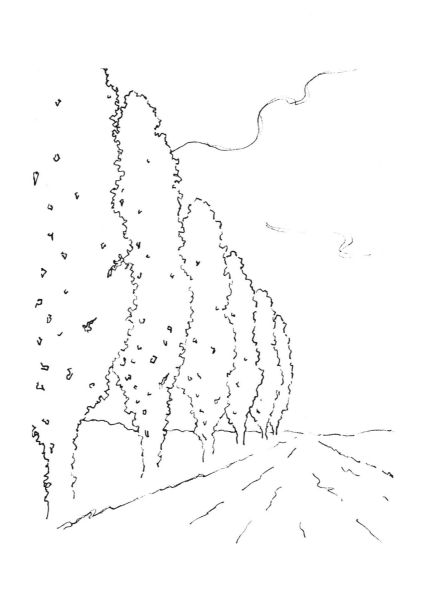

VISIONS

ET

RÉVISIONS

LECTURE	*Zazie dans le métro,* Raymond Queneau (1903-1976)
VOCABULAIRE	Le Transport
GRAMMAIRE	Préparation et révision
PRONONCIATION	Règles générales

PRÉPARATION ET RÉVISION

A. Les expressions suivantes sont indispensables pour le
    travail en classe.

   1. Questions

      Qu'est-ce que c'est?
      Qu'est-ce que c'est qu'un dictionnaire?

      Quelle est l'**orthographe**° de 'demain'?   *spelling*

      Que **veut dire**° 'orthographe'?   *mean, signify*
      Qu'est-ce que cela veut dire?
      Que voulez-vous dire?

      Je veux dire: **Epelez**° le mot 'demain'.   *spell*

      Comprenez-vous? Non, pas du tout°.   *not at all*

      De quoi s'agit-il°?   *what is it about*
      Comment dit-on "chauffeur" en français?

      Où se trouve° la bibliothèque?   *where is*

      Est-ce que le **devoir**° écrit est obligatoire ou   *assignment*
      facultatif°?   *optional*

      De quel auteur vient cette **citation**°?   *quotation*

      Comment vous appelez-vous, **c'est-à-dire**° [c.-à-d.]   *that is to say*
      quel est votre prénom? Je m'appelle Sylvie.

      Quel est le **mot juste**°?   *right word*

2. Commandements.

Asseyez-vous, s'il vous plaît [s.v.p.].
Lisez à haute voix°.   aloud
Expliquez le sens° de l'extrait°.   meaning/excerpt
Exprimez ces idées d'une façon différente.   express
Choisissez une lecture° de dix pages.   reading
Faites un résumé de l'intrigue°.   plot
Traduisez le premier paragraphe y compris° le titre.   including
Ecrivez soigneusement° et lisiblement la dictée.   carefully
Sautez° une ligne entre chaque phrase.   skip
Ecrivez les nombres en toutes lettres°.   write out
Ouvrez [fermez] les guillemets°.   quotation marks
Utilisez un dictionnaire pour vérifier le genre°.   gender
Corrigez les fautes° d'orthographe. **Soulignez**°-les.   errors/underline
Apprenez par coeur° le poème ci-dessous°.   memorize/below
Relevez° les répétitions de sons et de sentiments.   point out
Ecoutez la bande°.   tape

B. Les mots suivants s'emploient dans la conversation de tous les jours.

1. Les jours de la semaine: lundi, mardi, mercredi, jeudi, vendredi, samedi, dimanche.

2. Les mois de l'année: janvier, février, mars, avril, mai, juin, juillet, août, septembre, octobre, novembre, décembre.

3. Les saisons: l'hiver, le printemps, l'été, l'automne.

4. Les expressions de temps: hier, aujourd'hui, demain, / la veille, le lendemain, / le matin, l'après-midi, le soir, la nuit, / midi, minuit, / tôt, tard.

5. Les expressions de sensation: avoir faim, avoir soif, avoir chaud, avoir froid, avoir sommeil, avoir peur.

C. Les signes diacritiques, les lettres et les signes de
ponctuation suivants sont importants.

1. un point	.		1. un accent aigu	é
2. une virgule	,		2. un accent grave	è
3. un point-virgule	;		3. un accent circon-flexe	ê
4. deux points	:		4. un tréma	ï
5. des points de suspension	. . .		5. une cédille	ç

* *

1. un accent aigu   é
2. un accent grave   è
3. un accent circon-
        flexe   ê
4. un tréma   ï
5. une cédille   ç

1. un F majuscule   F
2. un f minuscule   f

1. un point   .
2. une virgule   ,
3. un point-
        virgule   ;
4. deux points   :
5. des points de   . . .
        suspension
6. un point d'in-
        terrogation   ?
7. un point d'ex-
        clamation   !
8. une parenthèse   (   )
9. les guillemets (m) "   "
10. une apostrophe   '
11. un tiret [**dash**]   –
12. un trait d'union
        [**hyphen**]   --

A. Complétez chaque phrase avec le mot qui convient.
Utilisez chaque mot une fois seulement.

1. _____ dit-on "chauffeur" en français?
2. Quelle_____ est-il?
3. Le _____ pour demain est à la page 8.
4. Où se _____ la bibliothèque?
5. _____ de mon prénom est A-n-n-e.
6. Je ne comprends pas du _____ .
7. De _____ s'agit-il?
8. Que voulez-vous _____ ?
9. Qu'est-ce que _____ ?
10. Qu'est-ce que _____ veut dire?

dictionnaire
comment
orthographe
dire
trouver
heure
devoir
quoi
vouloir
tout
c'est
cela

Choisissez le verbe à l'impératif qui convient pour compléter chaque phrase. Utilisez chaque verbe une fois seulement.

11. _____ par coeur le poème.
12. _____ sur la chaise noire.
13. _____ un résumé de l'histoire.
14. _____ les fautes d'orthographe.
15. _____ le mot juste.

écrivez
asseyez-vous
lisez
corrigez
traduisez
apprenez
utilisez

B. Donnez l'antonyme de chaque mot suivant.

1. tôt   2. matin   3. chaud   4. la veille   5. jour

C. Donnez le nom de chaque signe suivant.

1. ( )   2. .   3. ,   4. ;   5. " "
6. :   7. ç   8. F   9. f   10. é

D. Répondez aux questions suivantes par des phrases complètes.

1. Quelle est l'orthographe de votre nom de famille?
2. Quel jour sommes-nous?
3. Quel jour préférez-vous? Pourquoi?
4. Quel jour vient après lundi? avant jeudi?
5. Combien d'heures y a-t-il dans une journée?
6. Quelle heure est-il douze heures après midi?
7. Comment s'appelle votre oncle? votre chat? votre chien?
8. Comment dit-on "chauffeur" en français?

E. Faites des phrases en vous servant des groupes de mots ci-dessous.

1. lire/lecture   2. corriger/correction
3. répondre/réponse   4. traduire/traduction
5. exprimer/expression

F. Refaites la phrase en remplaçant les mots soulignés par un synonyme.

1. Corrigez toutes les <u>erreurs</u> d'orthographe.
2. Où <u>se trouve</u> la bibliothèque?
3. 'Epeler un mot' <u>signifie</u> en donner l'orthographe.
4. <u>Employez</u> ces mots dans une phrase.
5. <u>Donnez l'orthographe de</u> 'bourgeois'.

G. Posez la question qui correspond à la réponse.

1. C'est un dictionnaire.
2. Je veux dire que je ne comprends pas.
3. La bibliothèque se trouve au 3e étage.
4. On dit "juillet".
5. Il s'agit d'un embouteillage aux heures d'affluence.
6. Il est dix heures.
7. Elle s'appelle Anne.

H. Lisez les phrases suivantes en nommant tous les signes.

1. Alors, dites-moi, de quoi s'agit-il?
2. C'est incroyable!
3. Répétez après moi: "Les hommes naissent et demeurent libres et égaux en droits."
4. Dans cette photo on voit (à g.) l'équipe française, (à dr.) l'équipe américaine.
5. La différence entre "le péché" et "la pèche" est plus qu'une question d'orthographe.
6. Evidemment, un Italien parle italien.

INTRODUCTION

A cause d'une grève°, le métro de Paris ne
marche° pas. Les trottoirs et les rues sont
pleins de monde. Trouscaillon, agent de police, observe
les piétons°, il arrête un automobiliste, et il
indique à un touriste égaré° son chemin. C'est avec
beaucoup d'humour que l'auteur décrit ces faits
quotidiens° de la vie en grande ville. On notera que,
dans leurs conversations avec Trouscaillon, les gens ont
une façon bien parisienne de supprimer ou de déformer
les mots.

strike
is not running

pedestrians

lost

daily

[Zazie est une fillette d'environ treize ans qui arrive à Paris pour
passer quelques jours chez son oncle. Son seul désir c'est de prendre
le métro.]

*   *   *

A cause de la grève des funiculaires et des métrolleybus,
il roulait° dans les rues une quantité accrue de véhicules
divers, cependant que, le long des trottoirs, des piétons ou
des piétonnes fatigués ou impatients faisaient de l'auto-stop°.

there were
rolling along

hitch-hiking

Trouscaillon se plaça lui aussi sur le bord de la chaussée°
et sortant un sifflet° de sa poche, il en tira quelques sons
déchirants°.

pavement
whistle
piercing

Les voitures qui passaient poursuivirent* leur chemin.
Des cyclistes poussèrent* des cris joyeux et s'en allèrent*,
insouciants, vers leur destin. Les deux roues° motorisés
ne s'arrêtèrent* point. D'ailleurs ce n'était pas à eux que
Trouscaillon s'adressait.

two-wheelers

*Verbe au passé simple, 3e personne du pluriel.

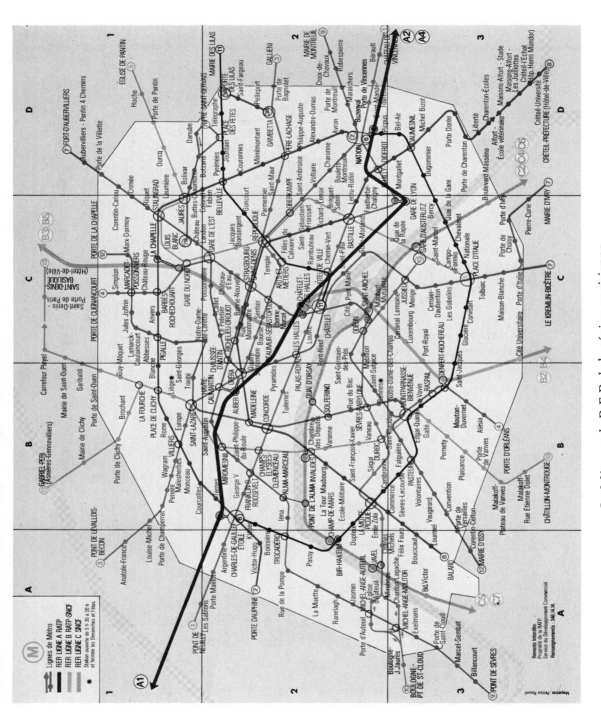

Le Métro et le R E R de la région parisienne.

Un encombrement radical devait sans doute geler° quelque part toute circulation. Trouscaillon roucoula°. Cette fois, le véhicule freina°.

    freeze
    cooed
    braked

-Qu'est-ce qu'il y a? demanda le conducteur agressivement à Trouscaillon qui s'approchait. J'ai* rien fait de mal. J'ai mon permis de conduire°, moi. Jamais de contraventions°. Et j'ai mes papiers. Alors quoi? Vous feriez mieux d'aller faire marcher le métro que de venir [embêter°] les bons citoyens. Vous êtes* pas content avec ça?

    drivers license /
    traffic
      violations
    bother

[Le second conducteur s'adresse à Trouscaillon.]

-Pardon, monsieur l'agent, vous ne pourriez pas m'indiquer le chemin le plus court pour me rendre à la Sainte-Chapelle, ce joyau° de l'art gothique?

    jewel

-Eh bien, répondit automatiquement Trouscaillon, voilà. Faut° d'abord prendre à gauche, et puis ensuite à droite, et puis lorsque vous serez arrivé sur une place aux dimensions réduites, vous vous engagez dans la troisième rue à droite, ensuite dans la deuxième à gauche, et enfin droit° devant vous pendant cinquante-cinq mètres. Naturellement, dans tout ça, y° aura des sens interdits°, ce qui vous* simplifiera pas le boulot°.

    il faut

    straight

    il y/no entry
    task

-Je vais jamais y arriver, dit le conducteur. Moi qui suis venu de Saint-Montron exprès° pour ça.

    on purpose

---

*Le **ne** d'une phrase négative est souvent omis dans la langue parlée.

> La Sainte-Chapelle, célèbre pour ses vitraux [stained-glass windows] est située à l'intérieur du Palais de Justice.

COMPRÉHENSION DU TEXTE

1. Pourquoi y a-t-il tant de monde dans la rue?
2. Quels différents véhicules trouve-t-on dans la rue?
3. Pourquoi le premier conducteur s'arrête-t-il?
4. Comment le premier conducteur essaie-t-il de prouver son innocence à Trouscaillon?
5. Quelle est la différence de ton entre le premier et le second conducteur?
6. Pour quelle raison le touriste est-il venu à Paris?
7. Pourquoi aura-t-il du mal à arriver à la Sainte Chapelle?
8. Qui est Zazie? Pourquoi est-elle venue à Paris?

un arrêt	[bus] stop	accélérer	to accelerate
un billet	ticket	arrêter	to stop
un camion	truck	avancer	to move forward
un car*	coach	conduire	to drive
un carrefour	intersection	descendre	to get off [bus]
le chemin de fer	railroad	faire la queue	to wait in line
la circulation	traffic	freiner	to brake
un conducteur*	driver	klaxonner	to honk
une contravention	traffic violation, ticket	manquer	to miss
		marcher	to walk, to function, to run
la douane	customs		
un embouteillage	traffic jam	monter dans	to get on [bus]
un feu rouge	traffic light, red light	ralentir	to slow down
		reculer	to back up
la gare	station	rouler	to roll along [drive]
le guichet	ticket booth		
les heures d'affluence	rush hour		
		stationner	to park
le métro	subway	traverser	to cross
une panne	breakdown, engine trouble		
un permis de conduire	driver's license		
un piéton	pedestrian		
une place*	seat	droite	right
le quai	platform	gauche	left
un sens	direction	lent	slow
/interdit	no entry	pressé	hurried, rushed
/unique*	one-way street	prudent	careful
S.N.C.F. [Société nationale des chemins de fer français]	[railroad]	tout droit	straight ahead
		vite (adj/adv)	fast, quickly
un trottoir	sidewalk		
une voiture	automobile, car		
un voyage	trip		

*Il y a des mots qui se ressemblent en français et en anglais qui ont néanmoins deux sens différents dans les deux langues. Ce sont de "**faux amis**" [false cognates]. Ils sont indiqués par un astérisque.

A. Combinez un mot de la liste de droite avec un mot convenable de la liste de gauche. Utilisez chaque groupe de mots dans une phrase.

1. piéton
2. ralentir
3. freiner
4. klaxonner
5. conducteur
6. panne
7. billet
8. voyage

feu rouge
arrêter
heures d'affluence
S.N.C.F.
marcher
prudent
vite
faire la queue
gare

B. Trouvez un antonyme pour chaque mot suivant.

1. reculer   2. accélérer   3. heures creuses

4. lent   5. imprudent

C. Complétez chaque phrase.

1. Les piétons marchent sur/
2. Quand on ne va ni à gauche ni à droite, on va/
3. Il faut s'arrêter devant un/
4. S'il y a un sens unique/
5. Aux heures d'affluence/
6. Si on conduit trop vite/
7. L'agent donne une contravention/
8. Pour stationner/
9. Je cherche le guichet pour/
10. Nous faisons la queue, parce que/
11. Quand on passe par la douane, il faut/

Dans les villes françaises on décrit la distance selon le nombre de **mètres** entre deux endroits, tandis qu'aux Etats-Unis on dit souvent qu'il y a un certain nombre de "blocks" pour indiquer la distance.

PRONONCIATION

A. Les Règles générales de prononciation

1. L'accent en français est toujours sur la **dernière** syllabe d'un **mot** ou d'un **groupe rythmique:**

   anglais: français:

   circula**tion**   circula**tion**
   chauffeur   chau**ffeur**

2. L'intonation de la phrase française **monte** par groupes rythmiques et ne tombe qu'à la fin.

3. Il y a **moins** de pauses et **moins** de mots accentués **en français** qu'en anglais à l'**intérieur** d'un groupe rythmique. Notez la différence dans les phrases ci-dessous.

   En **France,**/ le Prési**dent** de la Répu**blique**/ est élu pour sept **ans** /. au suffrage universel di**rect.**

   In **France,**/ the Presi**dent** of the Repub**lic**/ is elected for **seven years** / by di**rect** universal **suffrage.**

B. L'Alphabet

Faites attention à la prononciation des sons de l'alphabet français.

a - ah	g* - ʒe	m - ɛm	s - ɛs	y - i grec
b - be	h - aʃ	n - ɛn	t - te	z - zɛd
c - se	i - i	o - o	u - y	
d - de	j* - ʒi	p - pe	v - ve	
e - ə	k - ka	q - ky	w - dubl ve	
f - ɛf	l - ɛl	r - ɛr	x - iks	

* g : [j'ai]
* j : [j'y]

C. Exercices / l'Alphabet

Donnez l'orthographe en français des mots suivants.

1. difficile   2. l'avenue   3. Balzac   4. kilomètre
5. quatre   6. théâtre   7. yeux   8. Jean-Paul
9. haïr   10. leçon   11. wagon   12. juger
13. chose   14. précis

TRAVAUX PRATIQUES

On peut adapter certaines parties des sections A, B et C au **travail oral ou écrit.** Utilisez autant que possible le vocabulaire de cette leçon dans le travail suivant.

A. Questions.
Répondez par des phrases complètes.

1. Décrivez un conducteur prudent. Quels sont les conducteurs les plus prudents/imprudents? Expliquez.

2. Où êtes-vous d'habitude pendant les heures d'affluence?   Pourquoi?

3. Comment êtes-vous arrivé en classe aujourd'hui? à pied? à bicyclette? en voiture? par le métro?

4. Avez-vous un permis de conduire? Pourquoi?

5. Quel âge faut-il avoir pour obtenir un permis dans l'état où vous habitez?

6. Pour quelles raisons reçoit-on une contravention?

7. Comment peut-on trouver son chemin dans une ville inconnue?

8. Pour quelles raisons est-ce qu'on klaxonne?

9. Peut-on aller directement de l'Etoile à l'Hôtel de Ville dans le métro? [Regardez la carte ci-dessus.]

B. Discussion.

La classe se sépare en groupes de trois personnes pour jouer une scène ou discuter une des questions ci-dessous.

1. A et B, touristes dans une ville, demandent à C de leur indiquer le chemin pour arriver à la gare/au musée/ au jardin public.

2. B, agent de police, arrête H, chauffeur de taxi, pour excès de vitesse. Sa passagère, M, explique qu'elle est pressée.

3. J, G et X parlent des villes qu'ils aimeraient visiter en touristes.

C. Composition.

Choisissez un sujet.

1. Inventez un système de transport (sérieux ou comique) qui corrige les problèmes de circulation dans votre ville.

2. Expliquez quel mode de transport: voiture / train / bicyclette/ vous préférez et pourquoi: rapide / confortable / bon marché.

3. Décrivez un depart important dans votre passé. Où alliez-vous? Pour combien de temps? Qui était avec vous? Quels étaient vos sentiments?

BANDE / Préparation, Révision / Raymond Queneau, *Zazie dans le métro*,

LA FRANCE/LES RÉGIONS

LEÇON DEUX

LECTURE	*Les Dauphins et la liberté*, Jacques-Yves Cousteau (né en 1910)
VOCABULAIRE	Le Mouvement
GRAMMAIRE	L'Infinitif
PRONONCIATION	Les Sons et les symboles phonétiques; Les Syllabes

LECTURE/ LES DAUPHINS ET LA LIBERTÉ

INTRODUCTION

Si nous savons tant de choses aujourd'hui sur la vie des dauphins°, c'est en grande partie, grâce à° Jacques-Yves Cousteau. Le passage ci-dessous suit l'équipe° de Cousteau et les différentes étapes° de la capture de leur premier dauphin. D'abord, on lit le journal° tenu pendant les explorations par Falco, le chef plongeur°. Ensuite, Cousteau lui-même raconte les difficultés du dauphin à s'adapter au bassin° d'observation du musée océanographique de Monaco.

dolphins/thanks to
crew
stages
diary
diver
pool

*   *   *

Première capture
[Journal de Falco]

31 octobre 1957. Tout paraît au point°. Je crois que la pince° doit fonctionner parfaitement. Toute l'équipe connaît la tactique. Il fait très beau. *L'Espadon* ne tangue° pas. Et soudain le coup de chance°. Des ailerons° sur tout l'horizon. Ce n'est pas un rêve. 200 ou 300 dauphins au large° de Monaco. Mais nous sommes mal placés. Le capitaine manoeuvre pour contourner le banc° d'assez loin, afin de ne pas effrayer les animaux, qui semblent très occupés à . . . chasser le poisson ou à jouer. Nous savons qu'il ne faut jamais leur couper la route, mais passer derrière eux et les remonter parallèlement en leur offrant la tentation de venir jusqu'au bateau. Cette

. ready
trap
pitch
stroke of luck/fins
off the coast

[school of dolphins]

manoeuvre n'est même° pas nécessaire. Tout à coup, tandis que nous glissons derrière le banc, trois retardataires° nous rattrapent et se lancent à toute vitesse derrière l'étrave°. Heureusement, j'étais sur la plate-forme, l'arbalète° armée à la main. Je tire. La pince est bien placée et se referme sur la queue. Maurice jette la bouée° à la mer. Le capitaine Toscano a déjà stoppé *l'Espadon*. Canoé saute à l'eau avec ses matelas°. Je me précipite dans le zodiac° avec le commandant Alinat. Nous rejoignons la bouée. Le dauphin est devant nous; en trois minutes, il semble avoir faibli: il reste en surface et ne bouge plus.

    Il y a trois mois que nous attendons ce moment. Je me jette à l'eau devant la bouée et je fais les derniers mètres. Enfin je mets la main sur le corps soyeux° du dauphin, qui plonge aussitôt° et me flanque un coup de queue°. Je suis projeté au-dessus de la surface. Je me retrouve les quatre fers en l'air°, ahuri°. Je nage pour aller l'attendre et le saisir° quand il remontera. Cette fois-ci je le tiens bien.

    Ses aspirations° sont courtes et saccadées. Aidé dans l'eau par Canoé et par Alinat, dans le zodiac, je débarrasse° l'animal de sa pince. Je lui glisse un lasso autour de la queue et nous le halons°.

    Dès qu'il est à bord, nous l'arrosons° doucement avec la manche à eau. Le contact de l'eau semble faciliter sa respiration qui était très oppressée. Il suit de son oeil marron, un oeil de mammifère°, les mouvements des hommes autour de lui. Il ne se débat plus. Je caresse sa peau d'une douceur satinée. C'est un merveilleux fuseau° gris qui frissonne de temps en temps. Il semble avoir renoncé à se révolter ou à s'échapper . . .

    L'Espadon fonce° vers Monaco. Il faut remettre de l'ordre sur le bateau où les cordages, les bouées, le zodiac, les filets encombrent la plage arrière. En passant devant le Musée océanographique, un signal est lancé. A quai, le dauphin est aussitôt débarqué sur son matelas pneumatique et installé° dans la camionnette du Musée qui l'attend.
[Fin du journal de Falco.]

       . . . .

even

late-comers

stem of boat

bow which releases the trap

buoy

[air mattress]

inflatable raft

silky

immediately / flips me with his tail / upside down

dazed / grab

inhaling

extricate

haul in

spray

mammal

spindle shape

speeds along

settled

L'expérience m'apparut très importante et sa réussite était pour moi d'un très grand prix. Jusque-là, c'étaient des *Tursiops* qui avaient été capturés et acclimatés avec succès par les Américains. Le dauphin de Méditerranée, *Delphinus delphis*, plus fin, plus petit, me semblait aussi plus indépendant et plus fier. Je me disais qu'il serait merveilleux d'en faire un ami.

Acclimatation Difficile

Le dauphin qui avait été pris à 12 heures 30 se trouvait à 14 heures 15 dans le nouveau bassin du Musée. Falco se glisse à l'eau en même temps que lui et le soutient pour qu'il ne se noie° pas. Pendant les premières minutes le dauphin se laisse couler°. Il tremble. Il est pris de convulsions. En le voyant faiblir nous présentons au-dessus de son évent° une bouteille d'oxygène. Dès les premières aspirations il semble revenir à lui. Bébert, toujours le soutenant, le fait tourner lentement autour de son bassin. Il faut qu'il reconnaisse son nouveau domaine et repère° les murs. Nous savons que c'est très important. Les dauphins ont une peur panique de heurter° un obstacle. De plus ils ne peuvent pas faire marche arrière°. S'ils ont le nez contre un mur et qu'ils se sentent coincés°, ils s'affolent° . . .

drown
sink
spout

locate
knock against
reverse
cornered
panic

Livré° à lui-même, il semblait peu à peu se résigner à son sort°. Il tournait lentement dans un cercle étroit et "soufflait"° assez régulièrement. Falco et Canoé le surveillaient au bord du bassin. Le soir venu, ils pensaient qu'ils pourraient le laisser seul. Tout permettait d'espérer maintenant qu'il passerait la nuit tranquillement. Par prudence ils restèrent encore un moment à le surveiller . . . Tout à coup ils le virent° couler au fond. L'animal s'était évanoui. Il allait étouffer°. Il se noyait. Aussitôt Falco et Canoé sautèrent à l'eau. Ils le remontèrent à la surface et tout en le soutenant, ils lui firent° très lentement faire le tour du bassin pour qu'il retrouve sa respiration. La nuit fut épuisante° comme celles que l'on passe auprès d'un grand malade.

left
fate/ was breathing

saw
suffocate

had

exhausting

> Monaco, principauté francophone, est située entre la France et l'Italie sur la côte de la mer Méditerranée.

Entre 20 et 23 heures il est possible de le laisser nager seul. Puis il faut de nouveau l'aider à se maintenir en surface. Il a les yeux presque complètement fermés. On lui fait de nouveau respirer l'oxygène. Sa queue est raide° et semble paralysée . . .   stiff

Le Dr Beck, alerté, vient l'examiner. Falco avait pris deux fois la température de notre dauphin, 38°6 la veille au soir, 38°2 le matin. Il avait aussi observé sa respiration. Dans la nuit il soufflait deux à quatre fois par minute. Le matin le rythme s'était ralenti.

Selon les indications du médecin, Canoé apprend à compter les pulsations cardiaques. Il faut bien reconnaître qu'il n'est pas facile de prendre le pouls° d'un dauphin. Canoé se met à l'eau, saisit l'animal à bras-le-corps°, pose la main sur son coeur et compte.

    pulse
    around the middle

-Et le résultat? demande le Dr Beck.
-60 hier au soir, mais depuis quelques heures, 48 seulement. Quant à moi, je craignais que des médicaments ne suffisent pas à rendre la santé de notre dauphin.

Il s'est passé cette nuit un incident extraordinaire, me dit Falco. Canoé et moi étions montés dans le Musée pour prendre un café. Tout à coup nous avons entendu des cris perçants qui venaient du bassin, des petits cris, mais aigus comme les cris d'un enfant qui appelle. Nous sommes tout de suite redescendus. Nous nous sommes approchés de lui. Nous lui avons parlé. Et il s'est tu°! . . . Je suis convaincu que notre seule présence a suffi à le calmer, à le rassurer.

    became silent

Cette histoire m'a semblé merveilleuse. Il y avait donc un contact possible entre le dauphin et l'homme. Un lien indéfinissable les unissait. De l'un à l'autre un sentiment pouvait se communiquer. J'ai dit à Falco:

Il ne faut plus le laisser seul. Essayons de lui donner une compagne°. Il faut capturer d'autres dauphins.

    companion

En France, depuis le dix-neuvième siècle, on mesure la température en degrés centigrades. La température normale du corps humain est 37°. L'eau bout à 100°, elle gèle à 0°.

COMPRÉHENSION DU TEXTE

1. Comment l'équipe reconnaît-elle les dauphins dans l'eau?
2. Combien de dauphins les hommes voient-ils?
3. Pourquoi le bateau reste-t-il loin des animaux?
4. A quoi sont occupés les dauphins?
5. Qui est Falco? Que tient-il à la main?
6. A quoi la pince sert-elle? Sur quelle partie de l'animal se referme-t-elle?
7. Comment le dauphin manifeste-t-il sa fatigue?
8. Quand le dauphin commence-t-il à respirer plus facilement?
9. A quoi Falco compare-t-il le corps du dauphin?
10. Pourquoi cette capture est-elle importante pour Cousteau?
11. Quelles difficultés le dauphin éprouve-t-il dans le bassin du Musée?
12. En quoi les mouvements des dauphins sont-ils limités?
13. Pourquoi la première nuit est-elle si fatigante pour Falco?
14. Comment Canoé doit-il prendre le pouls du dauphin?
15. Quels sont les cris que Falco et Canoé ont entendus?
16. Comment le dauphin réagit-il quand les deux hommes s'approchent?
17. Pourquoi Cousteau veut-il capturer d'autres dauphins?

une chute	fall	agir	to act
une course	race	aller	to go
une entrée	entrance	s'en aller	to go away
le mouvement	movement	s'approcher	to approach, come near
un pas	step		
faire les		avancer	to move forward
cent pas	to pace	bouger	to move
une sortie	exit	courir	to run
le va-et-vient	back and	descendre	to go down
	forth	s'éloigner	to move off, away
la vitesse	speed		
un vol	flight	frapper	to hit, to strike
		glisser	to slide, to slip
		grimper	to climb
		jeter	to throw
		marcher	to walk
		monter	to go up
		nager	to swim
		partir	to leave
		quitter	to leave
		ramper	to crawl
		reculer	to move back
adroit	adroit, skillful	respirer	to breathe
agile	agile	remuer	to move
gauche	awkward	sauter	to jump
lent	slow	sortir	to go out
maladroit	clumsy	tomber	to fall
vite (adj/adv)	fast, quickly	voler	to fly

Le cyclisme est une activité très populaire en France, et le Tour de France, course célèbre, un des grands événements sportifs du pays. La course dure environ trois semaines et traverse plus de 3.000 (trois mille) kilomètres dans différentes régions.

A. Faites des phrases en combinant un mot de
   la liste de droite avec le mot qui lui convient dans la liste
   de gauche.

1.	un papillon	ramper
2.	un poisson	voler
3.	un homme	nager
4.	un bébé	sauter
5.	une sauterelle	grimper
6.	un serpent	sourire
		tomber
		marcher
		courir
		glisser

B. Complétez chaque phrase.
   1. Si on est maladroit /
   2. Les animaux s'éloignent /
   3. Il est agréable de nager /
   4. Souvent un geste /
   5. On fait les cent pas /
   6. Quand on court très vite /
   7. Il y a beaucoup de va-et-vient /
   8. Il faut reculer /
   9. Après une course /
   10. On risque de glisser /

C. Trouvez l'antonyme pour chaque mot ci-dessous.
   1. sortir   2. monter   3. s'approcher
   4. gauche   5. lentement   6. reculer
   7. agile   8. une entrée

D. Faites des phrases en utilisant les groupes de mots
   suivants.
   1. sauter / bateau / eau
   2. jeter / bouée / mer
   3. respirer / difficile / après
   4. s'éloigner / ensemble /
   5. équipe / agir / vite
   6. grimper / échelle / bateau

L'infinitif est la forme du verbe sans nombre ni personne.

> Gargantua, depuis trois jusqu'à cinq ans, passa son temps comme
> les petits enfants du pays: c'est à savoir à boire, manger et dormir;
> à manger, dormir et boire; à dormir, boire et manger.
>> François Rabelais, *Gargantua*

L'infinitif est un *mode* du verbe comme le sont l'indicatif, le
conditionnel et le subjonctif.

A. Formes.

   1. Le mode infinitif a deux temps: le **présent** et le **passé**.

     a. L'infinitif présent, un temps **simple**, est formé avec **un** verbe.

       Il est difficile d'**attraper** les dauphins.

     b. L'infinitif passé, un temps **composé**, est formé avec **deux** verbes: l'infinitif du verbe auxiliaire, **avoir** ou **être** et le **participe passé**. Il indique une action **antérieure** à l'action du verbe principal.

       L'animal semble **avoir faibli**.
       Il semble **être parti**.

   2. L'infinitif d'un verbe **réfléchi** s'accorde avec le **sujet**.

       Tu devrais **te** taire si tu veux entendre.
       Je ne veux pas **me** résigner à cette solution.

   3. L'infinitif **négatif** présent ou passé, se forme avec les **deux** mots négatifs **avant l'infinitif**.

       Afin de **ne pas** effrayer l'animal, on s'éloigne.

     Les deux mots négatifs **précèdent** les pronoms objets.

       On préfère **ne pas le** laisser seul.

B. Emplois.

1. L'infinitif s'emploie comme nom.

Voir c'est **croire.** / Seeing is believing.

a. Il y a un grand nombre d'**infinitifs** qui s'emploient comme **noms**, avec l'article défini ou indéfini, dans la langue courante.

un aller-retour	round-trip ticket
un aller-simple	one-way ticket
l'avenir (m)	future
un baiser	kiss
le coucher du soleil	sunset
le lever du soleil	sunrise
le déjeuner	lunch
le petit déjeuner	breakfast
le dîner	dinner
un être [humain]	[human]being
un faire-part	announcement
le goûter	snack
un laisser-passer	pass
un pourboire	tip
le pouvoir	power
le repentir	repentance
le rire	laughter
le savoir-faire	know-how
un sourire	smile
le toucher	touch

Donnez-moi **un aller-retour**, Paris-Nice, s.v.p.
J'ai reçu **le faire-part** de mariage de votre neveu.
Son **pouvoir** a augmenté très vite.
Il n'y a que **les êtres** humains qui ont **le sourire**.

2. L'infinitif exprime l'**impératif** comme ordre général et personnel.

    a.   dans les lieux publics

Ne pas **fumer**.	No **smoking**.
Ne pas **se pencher** au dehors.	Do not **lean** out.

    b.   dans les modes d'emploi des appareils

Décrocher le combiné.	**Lift** the receiver.
Introduire le jeton.	**Insert** the token.

    c.   dans les recettes

Battre les blancs d'oeufs.	**Beat** the egg whites.
Laisser mijoter une heure.	**Let** simmer one hour.

3. L'infinitif exprime l'**interrogatif** comme réflexion personnelle ou monologue intérieur.

Que **faire**?	What **should I do**?
Que **dire**?	What **can I say**?

4. L'infinitif s'emploie comme **objet d'un autre verbe sans** préposition, avec la **préposition à**, ou avec la **préposition de**. Il existe quelques principes généraux pour l'emploi des prépositions, mais il n'y a pas de règles absolues. Il faut apprendre par coeur les verbes les plus courants:

    a.   Il n'y a généralement **pas de préposition** après les verbes de **perception, mouvement, volonté, opinion, sentiment.**

perception: **écouter, entendre, regarder, sentir, voir.**

Elle **écoute chanter** les oiseaux quand elle se lève tôt.

Les expressions **entendre parler** et **entendre dire** s'emploient ainsi:

entendre parler + **de**   to hear **about**
entendre dire   + **que**   to hear **that**

J'ai **entendu parler de** vos aventures. /...**heard about**

J'ai **entendu dire que** vos aventures sont très
   intéressantes. /...**heard that**

mouvement: **aller, courir, descendre, entrer,**
   monter, partir, retourner, revenir, sortir, venir.

   Le docteur **vient examiner** le malade.

volonté, opinion, sentiment: **aimer, craindre,**
   croire, désirer devoir, espérer, falloir, oser,
   penser, pouvoir, préférer, savoir, valoir mieux, vouloir.

   Moi, je ne **peux** pas **prendre** son pouls.

   Il **faut capturer** d'autres dauphins.

Les verbes **faillir, laisser** et **faire** s'emploient sans préposition.

Le verbe **faillir** s'emploie généralement au passé composé.

L'infinitif se traduit en anglais par le **participe passé.**

Faillir se traduit par le mot **almost.**

   L'animal **a failli se noyer** /. . . **almost drowned**

   Nous le **laissons nager** tout seul.

   Bébert le **fait** lentement **tourner** autour de son bassin.

b. Les verbes suivants s'emploient avec la **préposition à** avant l'infinitif.

aider à	continuer à	se mettre à
s'amuser à	se décider à	se plaire à
apprendre à	enseigner à	réussir à
arriver à	se faire à	songer à
s'attendre à	s'habituer à	tenir à
avoir à	hésiter à	travailler à
commencer à	s'intéresser à	

c. Les verbes suivants s'emploient avec la **préposition de** avant l'infinitif.

accuser de	s'excuser de	promettre de
achever de	interdire de	refuser de
s'agir de	jurer de	regretter de
s'arrêter de	mériter de	remercier de
cesser de	s'occuper de	reprocher de
décider de	ordonner de	risquer de
défendre de	oublier de	se souvenir de
se dépêcher de	permettre de	tenter de
essayer de	se plaindre de	venir de

Plusieurs verbes avec la préposition **de** s'emploient dans les formules de **politesse**.

Je vous **remercie d'être** venue avec moi.
Je **regrette de** vous déranger.
Permettez-moi de vous présenter mon oncle.
Excusez-moi de vous interrompre.

---

5. L'infinitif s'emploie après toutes les prépositions sauf **en**.

En anglais on emploie généralement le **participe présent**.

> **Sans attendre,** je l'ai saisi.
> Avant **de sauter,** nous jetons la bouée.

Avec la préposition **après** on n'utilise que l'infinitif **passé.**

> Après **avoir plongé,** je m'approche de lui.
> Enfin, après **être remonté,** je l'ai tenu.

6. L'infinitif s'emploie au lieu de la proposition subordonnée quand le **sujet** du verbe subordonné est **identique** au sujet principal.

> J'espérais pouvoir l'attraper.

L'infinitif s'emploie après les relatifs: **qui, quoi, où,** employés sans antécédent déterminé.

> Il y aura de **quoi manger?**
> Me diras-tu **où m'asseoir?**
> Je ne sais **qui suivre.**

7. L'infinitif s'emploie avec **noms** et **adjectifs** introduits par **à** ou **de**.

La **fonction** est souvent exprimée avec **à**:

Voilà ma machine à écrire.

Plusieurs formules de **politesse** sont exprimées avec **de**:

Je suis **enchanté de** faire votre connaissance.
Je suis **désolé d'**avoir été en retard.
Nous sommes **obligés de** partir avant la fin.
Je suis **navré d'**avoir à vous demander cette faveur.

8. L'infinitif s'emploie avec le verbe **faire** pour exprimer une action qui est **causée** par le sujet, c'est le **faire causatif**. Le sujet n'agit pas, il **provoque** l'action.

Nous **faisons construire** une piscine.

Le pronom **objet précède le verbe principal** et non pas l'infinitif.
Nous **la** faisons construire.

Le pronom **objet suit** le verbe **faire** à l'impératif.
Faites-le entrer.

Il n'y a **pas d'accord** avec le pronom **objet** et le **participe passé**.
J'ai **fait** réparer mes chaussures. Je **les** ai **fait** réparer.

On peut utiliser la préposition **par** pour préciser l'agent.

J'ai fait réparer mes chaussures **par** le cordonnier.

A. Mettez au passé les infinitifs dans les phrases suivantes.

  1. Je suis heureux de faire votre connaissance.
  2. Nous sommes désolés d'arriver en retard.
  3. Il me remercie de lui parler si franchement.
  4. Je suis ravie de pouvoir vous aider.
  5. Elle est navrée d'hésiter si longtemps.

B. Mettez au négatif les infinitifs dans les phrases suivantes.

  1. Il me conseille d'avancer lentement.
  2. Je dois m'éloigner du bateau.
  3. Nous sommes contents d'avoir réagi rapidement.
  4. Il s'agira de reculer un peu.
  5. Nous essayons de glisser dans l'eau.

C. Utilisez chaque nom dans une phrase.

  1. un pourboire
  2. un devoir
  3. un coucher du soleil
  4. l'avenir
  5. un faire-part
  6. un aller-simple
  7. un sourire

D. Complétez chaque phrase en utilisant un infinitif et, si nécessaire, une préposition après les verbes qui s'emploient avec préposition.

  1. Lui, il doit /
  2. Nous nous occupons /
  3. Je ne veux pas /
  4. Avez-vous commencé /
  5. Il ne faut pas /
  6. Elle apprend /
  7. Essaie /

8. Il fallait toujours /
9. On a décidé /
10. Je me suis habitué /
11. Ne m'oblige pas /

12. Je suis là pour /
13. C'est facile /
14. Je me souviens /
15. Il s'agit /

E. Refaites la phrase en ajoutant le verbe **faire**.

1. Cette personne aime faire des réparations.
2. Hier elle a réparé le toit.
3. Ensuite, elle et son amie ont refait la cheminée.
4. Demain elle reconstruira la porte principale.
5. Alors elle raccomodera les tapis.
6. Au printemps elle ajoutera une chambre d'amis.

F. Refaites la phrase en remplaçant le verbe souligné par chacun des verbes qui le suit. Utilisez une préposition quand il le faut.

1. **Nous** voulons monter.
   hésitons
   promettons
   nous nous dépêchons
   refusons

2. **Je** promets de m'en aller.
   essaie
   décide
   m'excuse
   tiens

3. Essayez de reculer.
   refusez
   promettez
   commencez

4. **Il ne** pense pas avoir frappé.
   prétend
   a honte
   s'étonne

5. **Tu** oses grimper.
   as peur
   décides
   apprends

6. **Je** regrette de partir.
   hésite
   ne veux pas
   dois

7. **Il** faut sauter.
   vaut mieux
   s'agit

8. **Il** a failli glisser.
   s'est mis
   s'est arrêté
   a regretté

9. **Elle** vient nager.
   risque
   songe
   se décide

G. Utilisez les expressions **entendre parler de** et **entendre dire que** comme il faut.

1. entendre parler / votre / chute
2. je / jamais / entendre dire / résultat
3. souvent / entendre parler / plongeurs
4. Have you heard about the new boat?
5. Yes. I heard that it is very beautiful.
6. We heard that it goes very fast.
7. We heard about the dolphins too.

PRONONCIATION

A. Les Sons et les symboles phonétiques.

Les symboles phonétiques de l'alphabet international phonétique sont souvent écrits entre [ ], par exemple, **eu** : [y], **eux** :[ø].

1. Voyelles.

[i] **ici, Yves**
[e] **été, donner**
[ɛ] **mer, seize**
[a] **ami, toi**
[ɑ] **âme, pâte**
[ɔ] **or, sonner**
[o] **ose, beau**
[u] **ou, tout**
[y] **une, tu**
[ø] **eux, peu**
[oe] **oeuf, jeune**
[ə] **ce, premier**

2. Voyelles nasales.

[ɛ̃] **vin, pain**
[ã] **banc, temps**
[ɔ̃] **bon, salon**
[oẽ] **un, lundi**

3. Semi-consonnes.

[j] **hier, yeux, fille**
[ɥ] **nuit, suis**
[w] **oui, Louis**

4. Consonnes.

[p] **paix, opéra**
[t] **thé, vite**
[k] **kilo, qui, corps**
[b] **bas, debout**
[d] **des, idée**
[g] **gauche, bague**
[f] **feu, phrase**
[v] **vais, rêve**
[s] **sens, fausse, nation**
[z] **zéro, raison**
[ʃ] **chat, mouche,**
[ʒ] **jambe, nager**
[l] **long, elle**
[r] **rire, air**
[m] **mars, aime**
[n] **noeud, panne**
[ɲ] **ignore, oignon**

B. Les Syllabes.

1. Règles générales.

a. Une syllabe française a **un seul** son vocalique.

vo-ca-bu-laire   co-mmen-çaient
[vo-ka-by-lɛr]   [kɔ-mã-sɛ]

b. Une syllabe peut avoir **plusieurs** consonnes.

or-tho-graphe   stra-té-gie
[ɔr-tɔ-**graf**]   [**stra**-te-ʒi]

c. Une syllabe se termine généralement par une voyelle.

pro-fe-sseur   au-xE-tat-sU-nis
[prɔ-fɛ-soer]   [o-ze-ta-zy-ni]

C. Exercices.

1. Divisez en syllabes phonétiques les mots suivants.
[Utilisez un dictionnaire s'il le faut.]

république   française   président   éléction

laboratoire   phonétique   compréhension   facile

difficulté   disparaître   pensaient   pensais

2. Trouvez un mot pour chaque son vocalique en
français.

3. Trouvez un mot pour chaque son nasal.

4. Trouvez un mot pour chaque semi-consonne.

5. Trouvez un mot pour chaque consonne.

TRAVAUX PRATIQUES

On peut adapter certaines parties des sections A, B et C au **travail oral ou écrit.** Utilisez autant que possible le vocabulaire et la grammaire de cette leçon dans le travail suivant.

A. Questions.

Répondez par des phrases complètes.

1. Nommez quelques grands explorateurs célèbres. Qu'ont-ils découvert?

2. Quelles aventures semblent être les plus intéressantes? En mer / dans l'espace / dans la jungle?

3. Pour rester en bonne forme, quelle sorte d'exercice préférez-vous? Courir? Nager? Pourquoi?

4. Quelle activité exige le plus d'effort / le plus de force / le plus de résistance [endurance].

5. Avez-vous jamais essayé de dresser [train] un animal? Lequel? Quelles difficultés avez-vous rencontrées?

B. Discussion.

La classe se sépare en groupes de trois personnes pour jouer une scène ou discuter une des questions ci-dessous.

1. S voudrait être cosmonaute, X préfère être océanographe. G discute avec eux le pour et le contre des deux carrières. Aventure / danger / utilité à la société.

2. T et S sont pour la protection de l'environnement et des espèces en voie de disparition [endangered species.] X est contre toute intervention.

3. P et M. H aiment les aquariums et les jardins zoologiques qui permettent d'observer de près les animaux sauvages et exotiques. Z trouve cruel et in-juste d'enlever aux animaux leur liberté.

C. Composition.

Choisissez un sujet.

1. Faites le récit d'une aventure que vous avez eue en bateau, avec un animal ou dans la nature.

2. Faites le portrait du Français ou de la Française typique tel/le que vous l'**imaginez**. Il/elle: manger, penser, s'habiller, lire, s'amuser.

3. Ecrivez une lettre à un/e ami/e dans laquelle vous parlez de votre programme d'exercice physique quotidien, idéal ou réel.

BANDE/ Jacques-Yves Cousteau, *Les Dauphins et la liberté*

LEÇON TROIS

LECTURE	*Recueillement*, Charles Baudelaire (1821-1867)
VOCABULAIRE	L'Émotion
GRAMMAIRE	Le Présent de l'indicatif; L'Impératif
PRONONCIATION	Les Sons [i] [e]; Les Mots "Maudits" #1

LECTURE/ RECUEILLEMENT

INTRODUCTION

A la ville comme dans la nature, la fin du jour produit une ambiance° particulière et évocatrice de sentiments et sensations divers. Aux uns, elle apporte le repos et le "recueillement°", aux autres, la mélancolie, la peur ou l'occasion de "cueillir des remords" dans le vice. Charles Baudelaire développe ce contraste dans son poème, "Recueillement". Il y utilise, comme dans son recueil°, *Les Fleurs du mal*° (1857) en général, une forme poétique traditionnelle pour créer une esthétique nouvelle. Ce sonnet présente des alliances de mots comme "le Regret souriant", "le Plaisir . . . ce bourreau°" et d'autres images inattendues°. On y trouve une suggestion de synesthésie, procédé° par lequel on substitue un sens° à un autre: On *entend* la nuit. En écrivant avec une lettre majuscule les mots Douleur, Soir, Plaisir, comme dans l'allégorie, le poète leur donne une valeur symbolique.

atmosphere

contemplation, meditation

collection
Flowers of Evil

executioner
unexpected
technique / sense

*   *   *

Sois sage°, ô ma Douleur, et tiens-toi plus tranquille.   behave
Tu réclamais° le Soir; il descend; le voici: asked for
Une atmosphère obscure enveloppe la ville,
Aux uns portant la paix°, aux autres le souci°.   calm / worry

Pendant que des mortels° la multitude vile,*   human beings
Sous le fouet° du plaisir, ce bourreau° sans merci,   whip / executioner
Va cueillir° des remords° dans la fête servile,   gather / remorse
Ma Douleur, donne-moi la main, viens par ici,

Loin d'eux. Vois** se pencher les défuntes° Années,   deceased
Sur les balcons du ciel, en robes surannées°;   [pale]
Surgir du fond des eaux le Regret souriant;

Le Soleil moribond s'endormir sous une arche,
Et, comme un long linceul° traînant° à l'Orient,   shroud / dragging
Entends ma chère, entends la douce Nuit qui marche.

———

*A cause de la syntaxe, la deuxième strophe [stanza] —
contient des difficultés de compréhension. Vous pouvez la lire
ainsi: "Pendant que la multitude vile des mortels / va cueillir des
remords dans la fête servile / sous le fouet du Plaisir, / ce
bourreau sans merci, / Ma Douleur, donne-moi la main, viens par
ici."

**Le verbe "vois" domine trois vers [lines]. Entendez ainsi:
"Vois se pencher les défuntes Années . . . /
Vois surgir le Regret . . . /
Vois le Soleil . . . s'endormir."

COMPRÉHENSION DU TEXTE

1. Quels sentiments sont évoqués dans les premier vers?

2. A votre avis, pourquoi le soir apporte-t-il "la paix" aux uns et "le souci" aux autres?

3. Quel rapport Baudelaire crée-t-il entre la nuit et le vice dans la deuxième strophe?

4. Pourquoi Baudelaire représente-t-il le Plaisir comme un bourreau impitoyable avec un fouet?

5. Dans quels vers le poète et la Douleur s'éloignent-ils de la multitude? Que vont-ils faire?

6. Quels mots décrivent le coucher du soleil dans la strophe trois? Si les "balcons du ciel" sont des nuages, que veut dire "robes surannées"?

7. Le vers 11 est plutôt obscur. Comment l'entendez-vous?

8. Quelle est "l'arche" sous laquelle le Soleil s'endort?

9. A votre avis, est-ce que "long linceul traînant" décrit bien l'ombre de la nuit? Pourquoi?

10. A votre avis, peut-on "entendre" la nuit "marcher"? Comment?

11. Cherchez à travers le poème les images singulières [unusual].

12. Comment le poète évoque-t-il l'atmosphère du crépuscule [twilight]?

VOCABULAIRE / L'EMOTION

l'affection (f)	affection	admirer	to admire
l'affectivité* (f)	emotion	adorer	to adore
l'amour (m)	love	aimer	to love, to like
le bonheur	happiness		
la confiance	confidence, trust	s'amuser*	to enjoy oneself, to have a good time
la douleur	pain, sadness		
l'ennui* (m)	boredom		
l'étonnement	surprise	craindre	to fear
la honte	shame	détester	to hate
la jalousie	jealousy	éprouver*	to feel
la joie	joy	être amoureux de	to be in love
la paix	peace	haïr	to hate
la passion	passion	s'inquiéter	to worry
la peur	fear	se méfier de	to mistrust
le plaisir	pleasure	regretter*	to miss, to regret
le remords	remorse		
le souci	worry	respecter	to respect
la tendresse	tenderness	sentir	to feel
la tristesse	sadness	souffrir	to suffer

confus*	embarrassed
content	content
coupable	guilty
déçu	disappointed
déprimé	depressed
désolé	sorry
ému	moved
ennuyeux	boring
fâché	angry
fier	proud
gêné	embarrassed
heureux	happy
ravi	delighted
sensible*	sensitive
solitaire*	lonely
tranquille	calm
triste	sad

A. Complétez chaque phrase suivante.

     1. Je suis content quand /
     2. Je respecte beaucoup /
     3. Je m'inquiète si /
     4. Il faut se méfier de /
     5. Les gens sensibles /
     6. Une personne très fière /
     7. Quelle honte de /
     8. Les plaisirs les plus /
     9. Si on est sage /
    10. Je m'amuse beaucoup avec /
    11. J'aime /
    12. Je suis ravi de /
    13. J'étais déçu quand /
    14. Je suis désolé de /
    15. Les plus grands soucis /
    16. Haïr quelque chose, c'est /
    17. J'adore les gens qui /
    18. J'ai peur de /
    19. Je pense que la jalousie /
    20. On sourit quand on /

B. Donnez un antonyme pour chaque mot suivant. Utilisez
    les deux mots dans une phrase.

    1. intéressant   2. aimer   3. innocent   4. malheureux

C. Trouvez un mot appartenant à la même famille que
    chacun des mots suivants. Utilisez-le dans une phrase.

    1. sourire   2. tranquille   3. plaisir   4. heureux
    5. regretter   6. inquiétude   7. ennui   8. aimer
    9. obscurité

Le présent indique généralement le temps actuel, le moment où l'on parle.

Tu réclamais le soir; il **descend**; le voici.

Le verbe français se compose de deux parties: le **radical** et la **terminaison**. Le radical reste invariable, la terminaison varie. Le radical des verbes réguliers s'obtient en supprimant la terminaison de l'infinitif:

éprouv / **er**   roug / **ir**   tend / **re**

Il y a **trois groupes** de verbes.
le **1er groupe** se compose des verbes qui se terminent en **-er**:   march/ **er**   éprouv/ **er**

Le **2e groupe** se compose des verbes qui se terminent en **-ir** et qui ont un participe présent en **-iss**:
roug/ **ir**   chois/ **ir**

Le **3e groupe** se compose de **tous** les autres verbes, en **-ir** **-oir** et **-re** cour/ **ir**   recev/ **oir**   tend/ **re**
et des verbes **irréguliers.**

A.   Formes.

Pour conjuguer les verbes réguliers des trois groupes, on ajoute au radical les terminaisons suivantes:

1er groupe		2e groupe		3e groupe	
j'	éprouv/ **e**	je	roug/ **is**	je	tend/ **s**
tu	éprouv/ **es**	tu	roug/ **is**	tu	tend/ **s**
il/ elle	éprouv/ **e**	il/ elle	roug/ **it**	il/ elle	tend/ **-**
nous	éprouv/ **ons**	nous	roug/ **issons**	nous	tend/ **ons**
vous	éprouv/ **ez**	vous	roug/ **issez**	vous	tend/ **ez**
ils/ elles	éprouv/ **ent**	ils/ elles	roug/ **issent**	ils/ elles	tend/ **ent**

1. Certains verbes du 1er groupe prennent les formes suivantes:

   a. Les verbes en -**cer** prennent une **cedille** devant **o**:

      nous commençons   nous plaçons

   b. Les verbes en -**ger** prennent un -**e** devant **o**:

      nous nageons,   nous mangeons

   c. Les verbes en -**eler**, -**eter** redoublent générale-ment le **l** ou le **t** devant un **e muet**.

      je jette   je m'appelle

      -Quelques verbes prennent un **accent grave** sur le -**e** de l'avant-dernière syllabe quand il y a un **e muet** dans l'avant-dernière syllabe de l'infinitif:

      ils se lèvent   elle pèse

   d. Les verbes en -**ayer**, -**yer** changent le y en **i** seulement devant un -**e muet**.

      j'essaie   tu nettoies   elle appuie

2. Certains verbes du 3e groupe en -**ir** prennent les formes suivantes:

   a. Les verbes **couvrir**, **ouvrir**, **souffrir**, et **offrir** prennent les mêmes terminaisons que les verbes en -**er** au présent de l'indicatif.

      j'ouvre   tu offres

   b. Les verbes en -**ir** comme **venir**, **tenir** et leurs composés gardent leur radical intact uniquement à la 1ère et 2e personnes du pluriel. Aux autres personnes **le radical se transforme**.

je	viens	
tu	viens	nous venons
il / elle	vient	vous venez
ils / elles	viennent	

c. Les verbes en **-oir** comme **devoir, pouvoir, vouloir** et **boire** gardent leur radical intact uniquement à la 1ère et 2e personnes du pluriel. Aux autres personnes **le radical se transforme.**

je peux	
tu peux	nous **pouvons**
il / peut elle	vous **pouvez**
ils / peuvent elles	

3. Certains verbes du 3e groupe en **-re** prennent les formes suivantes:

a. Le verbe **prendre** et tous ses composés **perdent** le **d** au **pluriel** du présent de l'indicatif.

nous comprenons   vous apprenez
ils prennent

b. Les verbes en **-re** comme **craindre, peindre, joindre perdent** le **d** dans toutes les personnes du présent de l'indicatif.

je crains	je me *plains
tu crains	tu te plains

il / craint
  elle
	il / se plaint
	  elle

Aux trois personnes du pluriel elles prennent les formes suivantes avec un **g**.

nous craignons	
vous craignez	nous plaignons
ils / craignent elles	vous plaignez
	ils / plaignent elles

*Les pronoms réfléchis: **me, te, se, nous, vous,** se placent devant le verbe. On supprime le **e** devant une voyelle: je m'amuse.

4. Quelques verbes du 3e groupe prennent les formes suivantes:

   a.   LES VERBES IRRÉGULIERS Les Plus Importants.

avoir		être		aller		faire	
j'	ai	je	suis	je	vais	je	fais
tu	as	tu	es	tu	vas	tu	fais
il/		il/		il/		il/	
elle	a	elle	est	elle	va	elle	fait
nous	avons	nous	sommes	nous	allons	nous	faisons
vous	avez	vous	êtes	vous	allez	vous	faites
ils/		ils/		ils/		ils/	
elles	ont	elles	sont	elles	vont	elles	font

   b.   Quelques formes importantes du 3e groupe.

infinitif	singulier	pluriel
dormir	je dors	nous dormons
mourir	je meurs	nous mourons
recevoir	je reçois	nous recevons
suivre	je suis*	nous suivons
vivre	je vis	nous vivons
dire	tu dis	vous dites
lire	tu lis	vous lisez
conduire	je conduis	nous conduisons
rire	je ris	nous rions
écrire	j'écris	nous écrivons
croire	je crois	nous croyons
connaître	je connais	nous connaissons

   *La forme est identique à la 1ère personne du verbe **être**.

5. Quelques **verbes impersonnels** [conjugués seulement avec le pronom **il**] et expressions impersonnelles prennent les formes suivantes:

falloir:	**il faut**	**Il faut** se méfier de lui.
pleuvoir:	**il pleut**	**Il pleut** en été.
s'agir de:	**il s'agit de**	**Il s'agit** des plaisirs et des soucis.
valoir mieux:	**il vaut** mieux	**Il vaut** mieux ne pas s'inquiéter.

B. Emplois.

1. Le présent de l'indicatif s'emploie pour des faits et des actes objectifs. Il peut exprimer:

a. le **temps actuel,** le moment où l'on parle, où l'on **est en train** de faire quelque chose

   Nous regardons le coucher du soleil. / **we are looking...**

b. une **vérité générale**
   L'eau bout à 100 degrés centigrades. / water **boils...**

c. un passé historique. Il peut rendre plus vivant la narration d'un événement passé.

   Napoléon **gagne** la bataille. Ses soldats **traversent** les montagnes et **envahissent** les villes d'Italie. / Napoleon **wins...** his soldiers **cross, invade...**

   > Le **présent** marque un **passé récent** dans la construction **venir de** + **infinitif.**
   > **Je viens d'entendre** les nouvelles. /
   > **I have just heard...**

d. la continuité, la durée d'un événement commencé dans le passé. On emploie alors l'expression **il y a** ou **depuis.**

   Il y a trois mois que Léon **souffre.** / Leon **has Léon souffre depuis** trois mois.   **been suffering...**

e. le futur
   Demain, **je vais** en ville. / **I am going...**

f. l'**hypothèse** dans une phrase conditionnelle.
   Si tu **dis** cela, je serai gêné. / If **you say...**

   > Le présent de l'indicatif en français se traduit de **trois** façons en anglais:
   >
   > Charles **tombe.** $\left\{\begin{array}{l}\\ \\ \\\end{array}\right.$ = Charles **falls.**
   > Charles **is falling.**
   > Charles **does fall.**

A. Mettez chaque verbe ci-dessous au singulier ou au pluriel suivant les cas.

  1. Comme tout le monde, tu crains l'ennui.
  2. Je commence à comprendre cela.
  3. Nous ne nous endormons pas très tôt.
  4. Elle rougit quand tu poses des questions.
  5. Vous jetez un coup d'oeil pour nous rassurer.

B. Terminez chaque phrase avec les verbes indiqués.

  Ex. Je pense que les explorateurs   écrire / suivre
       Je pense que les explorateurs **écrivent** des livres passionnants.
       Je pense que les explorateurs **suivent** leurs instincts.

  1. Dites-le-moi si vous/vouloir / pouvoir / devoir
  2. Savez-vous que ces plaisirs/faire / être / avoir
  3. Je sais que tu/se souvenir / retenir
  4. La nuit, la foule/rêver / se lever
  5. Quand tu/dormir / se sentir
  6. Nous ne/songer / se décourager
  7. C'est une chose que nous/lire / dire
  8. Nous/finir / choisir / agir
  9. De temps en temps je/jeter / acheter
 10. Sais-tu que je/suivre / être
 11. Quand je/s'ennuyer / entendre
 12. Pourquoi est-ce que vous/rougir / maigrir
 13. Comme tout le monde nous/commencer / placer
 14. Depuis longtemps nous/apprendre / comprendre
 15. L'ennui ne/permettre / admettre
 16. Evidemment, il/falloir / s'agir de / essayer
 17. Est-ce que vous/courir / souffrir

C. Répondez aux questions suivantes en utilisant le présent de l'indicatif.

1. Depuis quand êtes-vous dans cette salle?
2. Depuis quand suivez-vous ce cours?
3. Il y a longtemps que vous lisez Baudelaire?
4. Etes-vous en train d'écrire quelque chose?
5. Recevez-vous beaucoup de monde chez vous?
6. Pourquoi courez-vous?
7. Savez-vous où se trouve la rue principale?

D. Composez une histoire en utilisant les verbes indiqués au présent de l'indicatif. Inventez un contexte et des détails appropriés.

1. Mon ami (e) et moi/ vouloir
2. Après le dîner nous/ sortir
3. Une femme inconnue/ s'approcher
4. Tout d'un coup elle/ rire
5. Nous/ commencer
6. Bien sûr, je/ s'éloigner
7. Mais mon ami (e)/ faire
8. Alors deux garçons/ appeler
9. Ensuite nous/ courir
10. Les gens dans la rue/ croire
11. Puis deux chiens/ aboyer
12. Enfin je/ se réveiller
13. Tu ne/ pouvoir
14. Si par hasard tu/ comprendre
15. Est-ce que toi, tu/ rêver

E. Traduisez les phrases suivantes. Notez les différents emplois du **présent** de l'indicatif.

1. My friends are enjoying themselves. They do enjoy themselves.
2. André is in love with Monique. He has been in love with Monique since last year.
3. I do feel embarrassed if you feel guilty.
4. You are suffering and have been suffering for months!
5. We have been worried since Monday. Are you worried also?

L'impératif **est le mode du commandement.**

Donne-moi la main, viens par ici.

A. Formes.

1. L'impératif a trois formes:

La 2e personne du singulier, les 1ère et 2e personnes du pluriel:

Sors!   Go out!
Sortons! Let's go out!
Sortez!   Go out

2. Les verbes **réguliers** prennent des formes identiques à celles du **présent** de l'indicatif.

a. On **supprime** le **-s** final à la 2e personne du singulier des verbes en **-er.**

Tu donnes la main à ton ami.
Donne la main à ton ami!

Exception: On garde le **s** devant les pronoms **en** et **y.**

Cherches-**en** si tu veux!
Vas-**y**!

b. On **supprime** le pronom **sujet.**

Vous venez avec moi?
Venez avec moi!

c. A la 1ère et 2e personne du pluriel des verbes **réfléchis** on **garde** pronoms **nous** et **vous après** le verbe.

Méfions-**nous**!   Méfiez-**vous**!

A la 2e personne du singulier on emploie la forme tonique, **toi,** après le verbe.

Amuse-**toi**!   Tais-**toi**!   Dépêche-**toi**!

On emploie la forme **te avant** le verbe dans une phrase **négative:**

Ne t'inquiète pas!   Ne **te** moque pas de nous!

3. Les verbes **avoir, être, savoir,** et **vouloir** sont **irréguliers.**

    a. **Avoir** et **être** ont les mêmes formes à l'**impératif** et au **subjonctif.**

avoir	être
aie	sois
ayons	soyons
ayez	soyez

        Ayons de la patience! / **Let us have** . . .
        Soyons patients! / **Let us be** . . .

    b. **Savoir** et **vouloir** prennent les formes suivantes à la 2e personne.
       [Les autres formes ne sont guère utilisées.]

        Sache que je comprends! / **Know** . . .
        Sachez que j'y pense! / Know . . .
        Veuillez répondre! / [Please] reply . . .

B. **Emplois.**

1. L'impératif sert à exprimer un ordre ou un désir. On l'emploie aussi parfois dans les formules de politesse.

        Rendez-le-moi! **Give it back** . . . !
        Amusez-vous bien! **Enjoy yourself**!
        Excusez-moi! **Excuse me**!

2. Le verbe et les **objets** s'emploient dans l'**ordre** suivant:

    a. Les **pronoms objets suivent** le verbe. Le pronom **objet direct précède** l'objet indirect. [Le pronom **en suit** l'objet indirect:]

       Prenez-**le**! Dites-**le-moi**! Donnez **m'en**!

    b. A l'**impératif négatif** l'ordre des objets reste le même qu'à l'**indicatif.**

       Ne **me le** donnez pas! N'**en** parlons plus!
       Ne **vous en** faites pas!

Le commandement peut aussi s'exprimer par les formes verbales suivantes:

L'infinitif

Descendre à gauche	Go down . . .
Ne pas fumer	No smoking
Faire une liste	Make . . .

Le futur

Vous lui **parlerez**	Speak . . .
Vous **reviendrez** avec sa réponse.	Come back . . .

Le subjonctif [à la 3e personne]

Vive le roi!	[Long] **live** the king!
Que Dieu vous **bénisse!**	[May] God **bless** you!
Sauve qui peut!	Everyone for [**save**] himself!

A. Mettez les verbes suivants aux deux autres personnes de l'impératif.

1. Asseyez-vous!
2. Levons-nous!
3. Dépêche-toi!
4. Ne pleure pas!
5. Amuse-toi!
6. Reposons-nous!
7. Marchons plus lentement!
8. Respectez-le.
9. Amusons-nous!
10. Ne le craignez pas.
11. Tais-toi!
12. Conduis plus prudemment!
13. Dis-le-lui!
14. Ne le faisons pas!
15. N'en parlons plus!
16. Prends-les!
17. Ne t'inquiète pas.
18. Ralentis!

B. Récrivez les phrases à l'impératif.

1. Tu es sage.
2. Tu as de la patience.
3. Tu viendras avec moi.
4. Tu t'amuseras avec les amis.
5. Tu ne viens pas avec moi en ville.
6. Vous ferez comme vous voulez.
7. Vous voulez répondre à ma lettre.
8. Vous savez que cela me fera plaisir.
9. Nous nous dépêcherons.
10. Vous vous taisez quand je pleure.
11. Nous ne regrettons rien.
12. Vous dormez bien.

C. Transformez les phrases suivantes en phrases négatives.

1. Donnez-le-moi!
2. Assieds-toi!
3. Dites-le-moi!
4. Parlons-en!
5. Levez-vous!
6. Ecoutez-le!
7. Jetez-le-moi!
8. Rendez-le-lui!
9. Suivez-moi!
10. Ecrivez-lui!
11. Lisez-les!
12. Dépêchons-nous!
13. Buvez-le.
14. Allons-y.
15. Envoyez-les-nous.

D. Mettez le verbe dans les phrases suivantes à l'impératif.

Ex. Il faut écouter le poète.
    Ecoutez le poète.

1. Il ne faut pas les laisser seuls.
2. Il faut remettre les fleurs.
3. Pouvez-vous reculer un peu plus?
4. Ensuite tu feras comme tu veux.
5. Il faut être plus patient!
6. Ne pas s'inquiéter.
7. Ne pas fumer.
8. Il faut suivre son conseil.
9. Il faut vous éloigner doucement.
10. Tu te reposeras après.

PRONONCIATION

A. Les Voyelles [i] [e]

  1. Le son [i].

En français, la prononciation de la lettre **i** ressemble généralement au son de la voyelle dans le mot **eat** en anglais.

    ici petit publicité il pays inutile

Le son de la voyelle dans le mot **it** en anglais **n'existe pratiquement pas** en français. Comparez les sons:

anglais	français
wit	huit
ill	il
dinner	dîner
cinema	cinéma

  2. Le son [e].

En français, la prononciation de la lettre **e** écrite comme **-é, -er, -ez** ressemble généralement au son de la voyelle dans le mot **ate** en anglais.

    répéter été frapp**ez** nez et*

*Le **t** dans le mot **et** ne se prononce **jamais**.

Les voyelles soulignées dans les mots suivants se prononcent [e].

    ayez v**a**is p**a**ysage

B. Exercices / [i] [e]

  1. Soulignez les voyelles qui ont le son [i] dans les mots suivants.

    difficile utiliser grimper piscine pays

  2. Soulignez les voyelles qui ont le son [e] dans les mots suivants.

    écrivez février s'éloigner rapide et

C. Les Mots "Maudits"* #1

En français, **maudit** signifie **damné, condamné.** Les mots suivants sont pour les Anglophones "maudits" en ce sens qu'on les prononce souvent mal.

Prononcez les mots suivants en faisant attention aux voyelles.

1. chevaux   [ʃ ə vo]
2. cheveux   [ʃ ə vø]
3. gare   [gar]
4. guerre   [gɛr]
5. province   [prɔvɛ̃s]
6. Provence   [prɔvɑ̃s]
7. femme   [fam]
8. faim   [fɛ̃]

Prononcez les mots suivants en faisant attention aux sons [i] et [e].

1. innocent   [inɔsɑ̃]
2. inutile   [inutil]
3. ignorant   [iɲɔrɑ̃]]
4. inégal   [inegal]
5. ayez   [eje]
6. messieurs   [mesjø]
7. clef   [kle]
8. Américain   [amerikɛ̃]
9. pays   [pei]

*Ce terme, inventé par l'auteur, est un jeu de mots sur le verbe **maudire** [to damn, to curse] et les **mots** qu'on **dit** ou prononce souvent **mal.**

On peut adapter certaines parties des sections A, B et C au **travail oral ou écrit**. Utilisez autant que possible le vocabulaire et la grammaire de cette leçon dans le travail suivant.

A. Questions.

Répondez par des phrases complètes.

1. Quel moment du jour préférez-vous? Pourquoi?

2. Racontez un incident ou décrivez un moment dans votre vie où vous avez eu peur. Donnez les détails de l'action et du décor.

3. Préférez-vous les plaisirs solitaires de la nature ou ceux de la foule en ville? Pourquoi?

4. Quels sens éveillent d'habitude vos souvenirs: les sons, les odeurs ou les couleurs? Donnez un exemple.

B. Discussion.

La classe se sépare en groupes de trois personnes pour jouer une scène ou discuter une des questions ci-dessous.

1. M. et Mme R essayent de calmer leur fils qui a peur du noir L'enfant ne parle que de fantômes [ghosts] et de cambrioleurs [robbers] tandis que les parents parlent des beautés de la nuit.

2. Trois amis parlent des raisons pour lesquelles il vaut mieux exprimer / ne pas exprimer / les émotions qu'on éprouve, dans quelles circonstances, avec quelles personnes.

C. Composition.

Choisissez un sujet.

1. Décrivez le moment du jour qui vous semble le plus agréable en donnant les raisons de votre préférence.

2. En prose ou en vers, décrivez le crépuscule sur une ville ou sur la campagne. Inventez des images pour évoquer une atmosphère particulière.

3. Discutez: "C'est le matin et le soir que l'on pense au temps . . . Le soir on constate [observes]; le matin on invente." (Alain)

4. Ecrivez une lettre à un /e ami /e dans laquelle vous lui demandez plusieurs services. Envoie-moi ta photo/ dis-moi ce qui se passe chez toi/ rends-moi mon dictionnaire, réponds vite!

BANDE/ Charles Baudelaire, *Recueillement*

Le Serment du Jeu de Paume   Jacques-Louis David (1748-1825)

LECTURE	*Déclaration des droits de l'Homme et du Citoyen* (1789)
VOCABULAIRE	La Politique
GRAMMAIRE	Les Mots indéfinis
PRONONCIATION	Les Sons [ɛ] [a]

LECTURE/ DÉCLARATION DES DROITS DE L'HOMME ET DU CITOYEN

INTRODUCTION

En l'année 1789, entre le mois de mai et le mois d'août, eurent lieu les événements qui déclenchèrent° la Révolution française. Elle dura pendant une dizaine d'années et mit fin au régime féodal qui avait existé en France depuis le Moyen Age°. Le roi Louis XVI et un grand nombre de nobles furent guillotinés. Voici les événements:

       triggered

       Middle Ages

mai	Louis XVI convoque les Etats Généraux à Versailles. Les députés du Tiers Etat refusent de délibérer sans être réunis avec les deux autres Etats. Ils se proclament l'Assemblée Nationale.
juin	Plusieurs députés à l'Assemblée Nationale jurent de ne pas se séparer sans la promulgation d'une constitution. C'est le Serment du Jeu de paume°.
juillet	Le peuple de Paris et autres assiègent la Bastille, prison et symbole de l'autorité.
août	Abolition du régime féodal en France. L'Assemblée Nationale adopte la *Déclaration des Droits de l'Homme et du Citoyen.*

       Tennis court oath

La *Déclaration* garantit à tous la liberté de parler, d'écrire et d'imprimer. Elle déclare l'égalité de tous les hommes. Elle reconnaît la volonté générale° et non celle du roi comme la base des institutions. Les auteurs de ce document se servent de la Déclaration d'indépendance américaine comme modèle.

       general will

*   *   *

Adoptée par l'Assemblée Nationale Constituante du 26 août 1789, acceptée par le Roi le 3 octobre suivant, et promulguée le 3 novembre. . . L'Assemblée Nationale reconnaît et déclare, en présence et sous les auspices de l'Etre suprême, les Droits suivants de l'Homme et du Citoyen.

Article premier

Les hommes naissent et demeurent libres et égaux en droits. Les distinctions sociales ne peuvent être fondées que sur l'utilité commune.

Article 2

Le but° de toute association politique est la conservation des droits naturels et imprescriptibles° de l'homme. Ces droits sont la liberté, la propriété, la sûreté et la résistance à l'oppression.

goal
inalienable

Article 3

Le principe de toute souveraineté réside essentiellement dans la Nation. Nul corps, nul individu ne peut exercer d'autorité qui n'en émane° expressément.

derive

Article 4

La liberté consiste à pouvoir faire tout ce qui ne nuit° pas à autrui; ainsi, l'existence des droits naturels de chaque homme n'a de bornes° que celles qui assurent aux autres membres de la société la jouissance° de ces mêmes droits. Ces bornes ne peuvent être déterminées que par la loi.

harm

limits
privileges

Article 5

La loi n'a le droit de défendre que les actions nuisibles à la société. Tout ce qui n'est pas défendu par la loi ne peut être empêché, et nul ne peut être contraint° à faire ce qu'elle n'ordonne pas.

forced

Le 14 juillet est la date de la fête nationale française depuis 1880.

Article 6

La loi est l'expression de la volonté générale°. Tous les citoyens ont droit de concourir° personnellement, ou par leurs représentants, à sa formation. Elle doit être la même pour tous, soit qu'elle protège, soit qu'elle punisse. Tous les citoyens étant égaux à ses yeux, sont également admissibles à toutes dignités°, places et emplois publics, selon leur capacité et sans autre distinction que celles de leurs vertus et de leurs talents.

general will
participate

functions

Article 7

Nul homme ne peut être accusé, arrêté ni détenu que dans les cas déterminés par la loi, et selon les formes qu'elle a prescrites. Ceux qui sollicitent, expédient, exécutent ou font exécuter des ordres arbitraires doivent être punis, mais tout citoyen appelé ou saisi en vertu de la loi, doit obéir à l'instant; il se rend coupable par la résistance.

Article 8

La loi ne doit établir que des peines strictement et évidemment nécessaires, et nul ne peut être puni qu'en vertu d'une loi établie et promulguée antérieurement° au délit, et légalement appliquée.

prior to

Article 9

Tout homme étant présumé innocent jusqu'à ce qu'il ait été déclaré coupable, s'il est jugé indispensable de l'arrêter, toute rigueur° qui ne serait pas nécessaire pour s'assurer de sa personne doit être sévèrement réprimée par la loi.

force

Article 10

Nul ne doit être inquiété pour ses opinions, même religieuses, pourvu que leur manifestation ne trouble° pas l'ordre public établi par la loi.

disturb

Article 11

La libre communication des pensées et des opinions est un des droits les plus précieux de l'homme; tout citoyen peut donc parler, écrire, imprimer librement, sauf à répondre de l'abus de cette liberté dans les cas déterminés par la loi.

Article 12

La garantie des droits de l'homme et du citoyen nécessite une force publique; cette force est donc instituée pour l'avantage de tous, et non pour l'utilité particulière de ceux auxquels elle est confiée.

Article 13

Pour l'entretien de la force publique, et pour les dépenses d'administration, une contribution commune est indispensable: elle doit être également répartie° entre tous les citoyens, en raison de leurs facultés.

distributed

Article 14

Tous les citoyens ont le droit de constater, par eux-mêmes ou par leurs représentants, la nécessité de la contribution publique, de la consentir librement, d'en suivre l'emploi et d'en déterminer la quotité*, l'assiette*, le recouvrement* et la durée.

Article 15

La société a le droit de demander compte à tout agent public de son administration.

Article 16

Toute société dans laquelle la garantie des droits n'est pas assurée, ni la séparation des pouvoirs déterminée, n'a point de Constitution.

Article 17

La propriété étant un droit inviolable et sacré, nul ne peut en être privé, si ce n'est lorsque la nécessité publique, légalement constatée, l'exige évidemment, et sous la condition d'une juste et préalable° indemnité°.

previous/ compensation

*assiette - biens sur lesquels on paye l'impôt
*quotité - somme d'argent que l'individu doit à l'état
*recouvrement - rentrer en possession

COMPRÉHENSION DU TEXTE

1. De quelles libertés la Déclaration des droits de l'homme et du citoyen s'occupe-t-elle?
2. De quelles libertés s'agit-il dans l'Article deux? Laquelle est la plus importante? Pourquoi?
3. Quelles limites existe-t-il à la liberté? (Article quatre)
4. Par qui la loi est-elle formée? (Article six)
5. Dans quelles circonstances peut-on être arrêté? (Article sept)
6. A qui appartient le droit de propriété? (Article dix-sept)
7. Quelles ressemblances y a-t-il entre les Articles un et deux et la Déclaration américaine? (Voir ci-dessous)
8. Quelle est la date de la Déclaration des droits de l'homme?
9. Quel est l'article le plus important? Pourquoi?
10. Faites une description du tableau de Jacques-Louis David, *Le Serment du Jeu de Paume* (voir ci-dessus). Faites attention aux gestes, aux vêtements et aux expressions des visages.

DÉCLARATION D'INDÉPENDANCE AMÉRICAINE

Lorsque dans le cours des événements humains, il devient nécessaire pour un peuple de dissoudre les liens politiques qui l'ont attaché à un autre, et de prendre, parmi les puissances de la terre, la place séparée et égale à laquelle les lois de la nature et du Dieu de la nature lui donnent droit, le respect dû à l'opinion de l'humanité, l'oblige à déclarer les causes qui le déterminent à la séparation.

Nous tenons pour évidentes par elles-mêmes les vérités suivantes: tous les hommes sont créés égaux; ils sont doués par leur Créateur de certains droits inaliénables; parmi ces droits se trouvent la vie, la liberté, et la recherche du bonheur. Les gouvernements sont établis parmi les hommes pour garantir ces droits, et leur juste pouvoir émane du consentement des gouvernés.
-traduction de Thomas Jefferson

la bourgeoisie	middle class	contrôler*	to check
un citoyen		démissionner	to resign
une citoyenne	citizen	élire	to elect
la constitution	constitution	[p.p.élu]	
le devoir	duty, moral obligation	jurer	to swear, to take oath
un député	[elected representative]	opprimer	to oppress
le droit	right	protéger	to protect
une élection	election	punir	to punish
l'Élysée	[residence of French President]	réclamer	to demand
		renvoyer	to dismiss
l'état (m)	state	voter	to vote
un fonctionnaire*	civil servant		
la guerre	war		
un impôt	tax		
la loi	law		
une manifestation*	demonstration	chauviniste*	nationalistic
un ministre*	[cabinet officer]	égal	equal
la paix	peace	libre	free
un parti	party		
le pays	country		
le peuple*	nation, masses [people]		
le pouvoir	power		
la propriété*	property		
un régime	regime		
un scrutin	ballot		

Le Président de la République française est élu pour sept ans au suffrage universel direct. Le Parlement est composé de l'Assemblée nationale dont les députés sont élus pour cinq ans au suffrage universel direct, et du Sénat, élu pour neuf ans au scrutin indirect par les députés, conseillers généraux et délégués des conseils municipaux.

A. Répondez à chaque question par une phrase complète.

1. Qui a le droit de voter?
2. Nommez deux devoirs d'un citoyen.
3. Comment s'appelle le Président de la République Française?
4. Quelles personnes ont le pouvoir dans un gouvernement républicain?
5. Qu'est-ce que c'est qu'un chauviniste?
6. Qu'est-ce que c'est que l'Elysée?

B. Combinez un mot de la liste de droite avec le mot qui lui convient dans la liste de gauche. Faites une phrase en utilisant ces deux mots.

	voter
	député
1. suffrage universel	résidence
2. impôt	constitution
3. chauvinisme	citoyen
4. libre	réclamer
5. protéger	patriotique
6. égal	opprimé
7. manifestation	révolte
8. Elysée	droit
9. république	régime
10. jurer	pouvoir
11. élire	loi
12. scrutin	démissionner
	devoir

Le mot "chauviniste" vient du nom propre, Chauvin, le type du soldat patriotique du premier Empire, sous Napoléon.

Il y a des **adjectifs,** des **pronoms** et des **adverbes** indéfinis.

LES ADJECTIFS INDÉFINIS

L'**adjectif indéfini** indique un **aspect général** et **non précis** du nom qu'il accompagne. L'adjectif indéfini peut exprimer une qualité, une quantité, une ressemblance ou une différence.

> **Tous** les citoyens sont égaux.
>
> Les **mêmes** droits appartiennent à **chaque** individu.

A. Formes.
    Liste choisie.

	singulier		pluriel	
	m	f	m	f
	aucun	aucune	aucuns	aucunes
	autre	autre	autres	autres
	certain	certaine	certains	certaines
	chaque	chaque	— —	— —
	je ne sais quel	je ne sais quelle	je ne sais quels	je ne sais quelles
	même	même	mêmes	mêmes
	n'importe quel	n'importe quelle	n'importe quels	n'importe quelles
	nul	nulle	nuls	nulles
	— —	— —	plusieurs	plusieurs
	quelconque	quelconque	quelconques	quelconques
	quelque	quelque	quelques	quelques
	quel...que	quelle...que	quels...que	quelles...que
	tel	telle	tels	telles
	tout	toute	tous	toutes

B. Emplois.
    1. **Aucun** s'emploie:

    -généralement avec la négation **ne**

    Ces gens n'avaient **aucun** pouvoir. /...**no power**

    -souvent avec un sens **positif**

    Ce droit est plus important qu'**aucun** autre droit civil. /...**any**

2. **Autre** s'emploie:

-pour exprimer une **différence** ou une **dissemblance**
Les **autres** membres de la société réclament leurs droits. /...**other**

-pour exprimer le temps **passé** ou **futur**
L'**autre** jour on discutait les élections. / **the other day**
Il est resté au pouvoir jusqu'à l'**autre** élection. /...**next**

3. **Certain** s'emploie:
-pour exprimer une idée **approximative**. On le place **devant** le nom.
Il y avait un **certain** nombre de votes à compter. /...**certain**

C'était une femme d'un **certain** âge qui était élue. /...**middle-aged**

-pour exprimer une idée **précise**. On le place **après** le nom.
On avait prévu l'élection **certaine** du sénateur. /...**sure**

4. **Chaque** s'emploie:

-pour indiquer une **partie** d'un tout
-toujours suivi directement d'un nom
-toujours au singulier
Les droits de **chaque** citoyen sont protégés. /...**each**

5. **Même** s'emploie:
-pour indiquer une idée de **ressemblance** ou d'**identité**

Il est alors placé devant le nom et précédé d'un article.

Les **mêmes** droits appartiennent à tous. /... **same**

–placé après le nom ou pronom, il renforce:
Le Président **lui-même** a prêté serment. /...**himself**

–placé après un nom qui exprime la qualité:
Ce ministre est l'honnêteté-**même**. /...**itself**

–placé devant ou après le nom:
Les lois-**mêmes** protègent la liberté de parler. /...**very**

Même le juge croyait à son innocence. / **even**

6. **N'importe** s'emploie:

avec les adjectifs, les pronoms et les adverbes. On l'emploie beaucoup dans la langue parlée. On le traduit en anglais selon le contexte:

---

n'importe + comment   no matter how
   N'importe comment, ils feront la Révolution.

n'importe + lequel, laquelle,   whichever, no matter which,
lesquels, lesquelles   any of them
   Ces lois sont justes. Il faut respecter **n'importe lesquelles.**

n'importe + où   anywhere
   Les citoyens ont le droit de se réunir **n'importe où.**

n'importe + quand   anytime, no matter when
   Le ministre peut démissionner **n'importe quand.**

n'importe + quel, quelle   any
quels, quelles
   N'importe quel régime exige des impôts.

n'importe + qui   anyone, whoever, whomever
   Demandez à **n'importe qui** la date de la Révolution française.

n'importe + quoi   anything, no matter what
   Ce candidat dirait **n'importe quoi.**

---

7. **Nul** s'emploie:

-pour exprimer **pas un**

-devant le nom avec la négation **ne**
   Nul individu n'a ce droit. / **no**

-pour exprimer l'absence de valeur ou de qualités
   Ce candidat est vraiment **nul!** / ... a **nonentity**

8. **Plusieurs** s'emploie:

   -pour signifier un certain nombre
   -devant le nom; jamais précédé d'article
   Ce pays a eu **plusieurs** coups d'état récemment. /...**several**

9. **Quelconque** s'emploie:

   -pour signifier une indétermination
   Il a démissionné pour une raison **quelconque**. /
   ...**some** reason **or other**

   -pour signifier **la médiocrité.**
   On ne votera pas pour un programme **quelconque**. /... **mediocre**

   On a élu un député très **quelconque**. /...**ordinary**

10. **Quelque** s'emploie:

    -pour exprimer **un certain,** dans un seul mot
    Il y avait **quelque** confusion avant l'élection. /...**some**
    On a gagné avec **quelque** cinquante votes. /...**some**

    -avec le verbe **être** au subjonctif, en **deux mots,** il
    s'accorde alors en genre et nombre

    Quel que soit leur objectif ils protégeront nos
    droits. / **whatever**
    Quelles que soient les lois la constitution garantit
    nos droits. / **whatever**

    -**quelque . . . que** s'emploie
    devant un nom; il s'accorde en nombre

    Quelques votes **que** vous obteniez l'élection sera
    serée. / **whatever**

    devant un adjectif; il reste **invariable**
    Quelque innocents qu'ils soient, on les a accusés. / **however**

11. **Tel** s'emploie:
    -pour exprimer l'idée de particularité

    La Révolution française ne considéra plus
    seulement **tel** peuple ou **telle** classe dans ses
    rapports avec **telles** institutions . . . /... **such**

12. **Tout** s'emploie

    -comme synonyme de **chaque**
        Tout homme est présumé innocent. / **every**

    -pour signifier un groupe, sans exceptions
        Tous les hommes naissent égaux. / **all**

    -pour signifier une période ou intervalle de temps
        Tous les jours les députés se réunissent. / **every**
        Un Président est élu **tous** les sept ans. / **every**

    -pour signifier **seulement**
        Tout ce que ces femmes réclamèrent, c'était le suffrage
            universel. / **all**
    Tout s'emploie devant un **relatif**:
        Tous ceux qui ont signé la Déclaration avaient voté. / **everyone**

Le mot **tout** s'emploie comme adjectif, pronom, ou
nom dans des expressions adverbiales et dans
beaucoup d'idiotismes. On le traduit selon le contexte:

Tout est dit.	everything
Le tout est plus grand que ses parties.	the whole
On fait **tout** ce qui ne nuit pas à autrui.	anything
Nous sommes **tout à fait** d'accord.	completely
On ne veut **pas du tout** voter pour lui.	not at all
Continuez **tout droit**.	straight ahead
Tout le monde veut voir Versailles.	everyone
Tous les deux sont juges.	both
Je voterai **tout de même**.	anyway
On doit payer les impôts **tout de suite**.	immediately
Il démissionna **tout à coup**.	suddenly
Tout à l'heure on entendra un discours.	in awhile

La **prononciation correcte** de **tout, adjectif** au masculin pluriel est
essentielle pour le distinguer de **tout, pronom**, masculin pluriel.
    Le **s ne se prononce pas** à la fin de l'**adjectif** masculin, pluriel.
        Tous les hommes sont mortels.

    Le **s se prononce** à la fin du **pronom** masculin, pluriel.
        Tous sont créés égaux.

LES PRONOMS INDÉFINIS

Le pronom indéfini indique d'une façon **générale** et **non précise** les personnes ou les choses qu'il représente. Le pronom peut exprimer une quantité et une ressemblance.

Chacun pour soi et Dieu pour **tous**.

A. Formes.

Liste choisie des pronoms indéfinis.

	singulier		pluriel	
m	f	neutre	m	f
aucun	aucune		aucuns	— —
chacun	chacune	je ne sais quoi	— —	— —
n'importe qui	n'importe qui	n'importe quoi	— —	— —
nul	nulle		— —	— —
on	on		nuls	nulles
personne	personne		— —	— —
— —	— —		— —	— —
quelqu'un	quelqu'une	quelque chose	plusieurs	plusieurs
			quelques uns	quelques unes
qui que	qui que	quoi que	— —	— —
tel	telle		tels	telles
— —	— —	tout	tous	toutes
l'un	l'une	— —	les uns	les unes

B. Emplois.

1. **Aucun** s'emploie:

   -généralement avec la négation **ne**
   Aucun n'a ce droit. / **no one**

   avec un sens **positif**
   D'aucuns donneront leur avis. / **some**

   dans un sens elliptique
   Connaissez-vous des députés? Aucun. / **not one**

2. **Chacun** s'emploie:

-pour indiquer une partie d'un tout
   Il y a dix-sept articles. **Chacun** protège un droit. / **each one**

-pour signifier **tout le monde**
   Chacun peut imprimer librement. / **everyone**

3. **Je ne sais quoi** s'emploie:

-pour signifier quelque chose d'impossible à définir,
 qui a des nuances indicibles

   C'est un **je ne sais quoi** dans ce tableau qui me
   plaît. /... **certain something.**

4. **N'importe qui, n'importe quoi**
   voir ci-dessus

5. **Nul** s'emploie:

-avec la négation **ne**
   Nul ne peut être puni sans avoir été prouvé
   coupable. / **no one**

6. **On** s'emploie:

-pour désigner **tout le monde**
   On devrait respecter les désirs des autres. / **one**

-pour désigner **je, tu, il, elle, nous, vous, ils, elles**,
 une ou plusieurs personnes selon le contexte
   On dit que la gauche a perdu. / **they say**

-pour exprimer des nuances différentes: modestie,
 reproche, discrétion
   On devrait dire "merci". / **you, they**

-précédé de **l'** pour l'euphonie dans la langue écrite
 après les mots **ou, où, qui, quoi, si.**

   Voilà l'endroit **où l'on** a signé le Serment du Jeu de
   paume.

7. **Personne** s'emploie:
-généralement avec la négation **ne**
   Personne ne garantira les résultats. / **no one**
-au sens positif
   Plus que **personne** ce sénateur influence le ministre. /...**anyone**

8. **Plusieurs** s'emploie:

   -pour indiquer un certain nombre
   Plusieurs ont été élus. / **several**

9. **Quelqu'un, quelqu'une, quelque chose, quelques uns, quelques unes** s'emploient:

   -pour indiquer un certain nombre
   Quelques uns ont réclamé un changement. / **some of them**
   -souvent avec **de** + **adjectif**
   Montrez-moi **quelque chose d**'intéressant. /... **something**

10. **Quiconque** s'emploie

    -pour indiquer **celui, qui qu'il soit, tous.**
    Quiconque aura le droit de la propriété. / **anyone**

11. **Rien** s'emploie:

    -généralement avec le négatif **ne**
    Rien ne garantit la victoire. / **nothing**

    -au sens positif
    Connais-tu **rien** de plus intéressant? /... **anything**

    -souvent avec **de** + **adjectif**
    Feras-tu rien d'autre? /...**anything**

    -comme un nom
    Tout ou **rien.** /... **nothing**

12. **Tout** s'emploie
    [voir ci-dessus]

13. **L'un . . . l'autre** s'emploie

    -pour désigner la réciprocité; au singulier ou au pluriel

    Il faut s'aider **les uns les autres.** /...**each other**

A. Compléter chaque phrase en utilisant autant de mots indéfinis différents que possible.

1. La liberté consiste à faire _____ ce qui ne nuit pas à autrui.

2. _____ les hommes sont créés égaux.

3. _____ homme est présumé innocent.

4. _____ s'occupe du bonheur de _____ .

5. _____ a le droit de voter.

6. _____ n'a le droit de nuire à _____ .

7. _____ nobles ont été guillotinés.

8. Il exprime _____ sur les droits de l'homme.

9. _____ ne peut être privé de ce droit.

10. _____ pays ont été influencés par cette révolution.

11. C'est le principe de _____ institutions politiques.

12. _____ peut exprimer _____ article.

13. Ces vérités sont évidentes en elles- _____ .

14. _____ ne peut pas réclamer _____ .

15. _____ est plus grand que ses parties.

B. Récrivez la phrase en employant une des expressions suivantes: n'importe comment, n'importe lequel, n'importe quoi, n'importe où, n'importe quel, n'importe qui.

1. On n'a pas le droit d'appliquer la loi **de cette façon.**

2. Le peuple veut se réunir **partout.**

3. Quand on dit **cela,** les autres se fâchent.

4. Demandez à **tout le monde** la date de la Révolution française.

5. La Constitution garantit les droits de **tout citoyen.**

C. Répondez à chaque question en employant quelques mots indéfinis. Evitez la répétition des mêmes mots.

1. Selon la Déclaration, qui est présumé coupable?
2. Qui a le droit de parler librement?
3. Quelles personnes peuvent être privées de leurs biens?
4. Qui a la liberté religieuse?
5. Qui a été guillotiné?
6. Qui a signé la Déclaration d'Indépendance américaine?

D. Donnez un synonyme pour chaque expression idiomatique ci-dessous. Utilisez un dictionnaire pour les expressions que vous ne connaissez pas.

1. tout à fait
2. tout à l'heure
3. tout à coup
4. tout de suite
5. tout le monde
6. tout de même

E. Traduisez en français chaque phrase suivante en utilisant **on** comme sujet.

Ex. **People** should vote. **On** devrait voter.

1. A man is presumed innocent.
2. We have the same rights.
3. People say that this law is bad.
4. They want to change the law.
5. You have already voted.
6. We want to vote.
7. You have to pay taxes.
8. We are protected by the constitution.

F. Utilisez chaque expression dans une phrase.

1. n'importe qui
2. n'importe quoi
3. n'importe quand
4. n'importe comment
5. n'importe où
6. tout droit
7. pas du tout
8. tout à l'heure
9. le tout
10. tous les deux
11. quiconque
12. quelconque

A. Les Voyelles [ɛ] [a]

1. Le son [ɛ].

En français, la lettre **e**, écrite comme **è**, **ê** ressemble généralement au son de la voyelle dans le mot **bet** en anglais. Le son [ɛ] s'écrit aussi **e, -ais, -ait, -ei, -est, -et**.

règle   lecteur   tête   lait   est   seize   lisait

Il y a de moins en moins de distinction entre la prononciation des sons [e] fermé et [ɛ] ouvert.

[e]	[ɛ]
mes	mais
et	est
nez	naît
thé	tais
ces	cette

2. Le son [a].

En français, la lettre **a** ressemble généralement au son de la voyelle dans le mot **father** en anglais. Le son [a] s'écrit aussi **-oi, -oie, -ois, -oit, -oy**.

madame   avec   mois   oiseau   toile   voyage   soyez

la lettre **e** + **mm** se prononce [a]:

femme   évidemment   patiemment

B. Exercices / [ɛ] [a]

1. Soulignez les syllables qui ont le son [ɛ] dans les mots suivants.
   exception   hebdomadaire   publiait   terrasse   sujet

2. Soulignez les syllabes qui ont le son [e] dans les mots suivants.
   épuisé   numéro   exposé   revue   écrivait

3. Soulignez les syllabes qui ont le son [a] dans les mots suivants.
   café   opéra   noir   Loire   capable   boisson

On peut adapter certaines parties des sections A, B et C au **travail oral ou écrit.** Utilisez autant que possible le vocabulaire et la grammaire de cette leçon dans le travail suivant.

A. Questions.
    Répondez par des phrases complètes.

    1. Pour quelles raisons y a-t-il des manifestations actuellement? Pour ou contre qui ou quoi: féminisme, pollution, énergie nucléaire, dictatures?

    2. Quels sont les moyens les plus efficaces de changer l'opinion publique? Expliquez.

    3. Avez-vous jamais [ever] posé votre candidature ou travaillé pour un candidat aux éléctions? Expliquez.

    4. Quelles libertés, quels droits sont indispensables? Pourquoi?

    5. Y a-t-il une situation politique pour laquelle vous seriez prêt à risquer votre sécurité personnelle? Laquelle? Pourquoi?

B. Discussion.
    La classe se sépare en groupes de trois personnes pour jouer une scène ou discuter une des questions ci-dessous.

    1. Devrait-on avoir le droit de manifester pour ou contre n'importe qui ou quoi?

    2. "La liberté consiste à faire tout ce qui ne nuit pas à autrui." M, A et H sont dans le même compartiment de train. H veut faire marcher très fort sa radio. M veut fumer. A, un autre passager, n'aime ni le bruit ni la fumée. On essaie de résoudre le conflit.

C. Composition
Choisissez un sujet.

1. Discutez une loi que vous rencontrez dans votre vie quotidienne. Est-elle juste, injuste, utile, inutile? Décrivez une situation réelle ou imaginaire pour soutenir votre opinion.

2. Ecrivez un article pour votre journal dans lequel vous défendez ou attaquez un problème actuel.

3. Discutez l'expression "la recherche du bonheur" qui se trouve dans la Déclaration d'Indépendance américaine. Quel en est le sens?

BANDE/*Déclaration des droits de l'Homme et du Citoyen*

LEÇON CINQ

LECTURE	*Demain dès l'aube*, Victor Hugo (1802-1885)
VOCABULAIRE	Le Temps et la durée
GRAMMAIRE	Le Futur; Le Conditionnel
PRONONCIATION	Les Sons [ɔ] [o]

LECTURE / DEMAIN DÈS L'AUBE

INTRODUCTION

Le poème *Demain dès l'aube* unit les thèmes de l'amour, de
la nature et de la mort. Victor Hugo, poète, dramaturge° et   playwright /
romancier°, homme de génie dans tous les domaines   novelist
littéraires, a écrit le poème après la mort tragique de sa fille
Léopoldine, noyée° à 19 ans dans un accident de bateau. Dans   drowned
ce poème, il exprime d'une façon simple mais frappante, son
amour paternel et sa douleur.

*　*　*

Demain, dès l'aube°, à l'heure où blanchit° la campagne,   dawn/whitens
Je partirai. Vois-tu, je sais que tu m'attends.
J'irai par la forêt, j'irai par la montagne.
Je ne puis demeurer loin de toi plus longtemps.

Je marcherai les yeux fixés sur mes pensées,
Sans rien voir au dehors, sans entendre aucun bruit,
Seul, inconnu, le dos courbé°, les mains croisées°,   bent/folded
Triste, et le jour pour moi sera comme la nuit.

Je ne regarderai ni l'or du soir° qui tombe,   [sunset]
Ni les voiles° au loin descendant vers Harfleur°,   sails/port in
                                                     Normandy
Et, quand j'arriverai, je mettrai sur ta tombe
Un bouquet de houx° vert et de bruyère° en fleur.   holly/heather

1. A quel moment du jour la campagne blanchit-elle?
2. Quels paysages le poète va-t-il traverser?
3. Pour quelles raisons va-t-il partir?
4. Que signifie "les yeux fixés sur mes pensées"?
5. Comment le poète exprime-t-il sa tristesse?
6. A quels beaux spectacles le poète sera-t-il indifférent?
7. Quelle est la destination du poète?
8. Quelles fleurs mettra-t-il sur la tombe de sa fille?
9. Pendant combien de temps le poète va-t-il marcher avant d'arriver à la tombe de sa fille?
10. Dans quels vers le poète parle-t-il directement à sa fille?
11. Quelle est l'importance de la nature dans le poème?
12. Quels vers expriment le plus clairement la douleur du poète?
13. Quelle strophe est la plus triste?

En France, l'horaire officiel est basé sur **24 heures.** Un train part à 20 h. c.-à-d. 12 + 8. Un film commence à 18 h. c.-à-d. 12 + 6.

l'après-midi (m)	afternoon	avancer	to be fast [clock]
l'aube (f)	dawn	compter	to count
l'avenir (m)	future	se dépêcher	to hurry
une fois	time	durer	to last
le futur	future	s'écouler	to lapse
une heure	hour	mesurer	to measure
un horaire	schedule	passer*le	to spend
une horloge	clock	temps	[time]
un jour	day	perdre [du	to waste,
une journée	day	temps]	to lose [time]
huit jours	one week	se presser	to hurry
quinze jours	fortnight	ralentir	to slow down
le lendemain	following	sonner	to sound, to ring,
	day		to strike [the
le matin	morning		hour]
midi (m)	noon		
minuit (m)	midnight	actuellement*	currently, now
une minute	minute	ancien*	former
un mois	month	aujourd'hui	today
une montre	watch	autrefois	formerly
une nuit	night	en avance	early, ahead of time
le passé	past	demain	tomorrow
le présent	present	hier	yesterday
un réveille-	alarm clock	hier soir	[last night]
matin		parfois	sometimes
un rendez-	appointment,	précis*/	6 o'clock on
vous	meeting	6 h précises	the dot
une seconde	second	pressé	hurried
une semaine	week	provisoire	temporary
un siècle	century	en retard	late
le soir	evening	souvent	often
la veille	eve, day	tard	late
	before	de temps en	once in awhile
		temps	
		tôt	early
		tout à l'heure	in awhile,
			awhile ago

> A La Recherche du temps perdu, de Marcel Proust, est un des plus grands romans du vingtième siècle. Il s'agit, en partie, des souvenirs d'enfance de l'auteur.

A. Trouvez un synonyme pour chaque mot.

1. cent ans
2. parfois
3. huit jours
4. bientôt

5. le futur
6. à présent
7. deux semaines
8. se presser

B. Complétez chaque phrase avec le mot qui convient, **fois** ou **temps**. Faites les changements nécessaires.

> Les mots **fois** et **temps** se traduisent "time" en anglais. **Fois** indique la fréquence, ou un sens précis. **Temps** indique la durée, ou un sens général . . . Cependant l'expression "Il était une fois" signifie "**Once upon a time**."

1. Combien de _____ est-il arrivé en retard?
2. J'ai besoin de _____ libre tous les jours.
3. Dis-moi encore un(e) _____, je n'ai pas compris.
4. Il était un (e) _____ une petite princesse.
5. En _____ de paix tout le monde est tranquille.
6. Prenez votre _____, nous pouvons attendre.
7. Chaque _____ que je me presse, je fais des fautes!
8. Nous avons passé beaucoup de _____ ensemble.
9. Je te le dis un (e) _____ pour tou (te) s!
10. Je regrette le (la) _____ de ma jeunesse.

C. Mettez la forme du mot qui convient le mieux pour compléter les phrases suivantes. La forme féminine indique la durée. L'article devant le nom masculin peut indiquer l'habitude: **Le** soir, je me repose. **In** the evening, I rest.

jour/ journée   soir/ soirée   an/année   matin/ matinée

1. Merci. Nous avons passé _____ très agréable.
2. _____ dernier (e) nous avons visité Paris.
3. _____, j'aime sortir tôt pour acheter le journal.
4. Il pleuvait le / la _____ où vous êtes arrivé.
5. _____ nous allons souvent au théâtre.

Le mot **heure** change de sens souvent selon l'emploi:

Je travaille huit **heures** par jour.
I work eight **hours** a day.

A huit **heures** je rentre chez moi.
At eight **o'clock** I go home.

Parfois je fais des **heures supplémentaires.**
Sometimes I work **overtime.**

Alors je gagne 20 francs de **l'heure.**
Then I earn 20 francs **per hour.**

Rouler à 100 km. **à l'heure** peut être dangereux.
Driving at 100 km. **an hour** might be dangerous.

Essayez d'être **à l'heure,** s.v.p.
Try to be **on time**, please.

Si tu viens **de bonne heure,** je ne serai pas prête.
If you come **early**, I shall not be ready.

Tout à l'heure j'ai sonné.
A while ago I rang.

Tout à l'heure, je sonnerai.
In a little while I shall ring.

Au revoir, **à tout à l'heure.**
Good bye, I'll see you **soon.**

C'est **l'heure**!
It's **time**!

Il y a deux temps au futur, le **futur simple** et le **futur antérieur.**

LE FUTUR SIMPLE

Le futur simple indique une action qui se fera après le moment où l'on parle.

> Demain, dès l'aube, je partirai.

A. Formes.

La lettre **r** se trouve dans toutes les formes du futur.

1. Les <u>verbes réguliers.</u>

On **ajoute à l'infinitif** les terminaisons du présent du verbe **avoir.**

On **supprime** le **e** des verbes qui se terminent en **-re**.

-er		-ir		-re	
je	passer / ai	je	ralentir / ai	j'	attendr/ ai
tu	passer / as	tu	ralentir / as	tu	attendr/ as
il /		il /		il/	
elle	passer / a	elle	ralentir / a	elle	attendr/ a
nous	passer / ons	nous	ralentir / ons	nous	attendr/ ons
vous	passer / ez	vous	ralentir / ez	vous	attendr/ ez
ils /		ils /		ils/	
elles	passer / ont	elles	ralentir / ont	elles	attendr/ ont

a. Comme au présent, il y a certains changements orthographiques.

Les verbes en **-er** qui ont un **e** à la fin de l'avant-dernière syllabe de l'infinitif changent:

On met un **accent grave** sur le **e** dans les verbes comme acheter, lever.

> j'achèterai   je lèverai

On **double la consonne** dans les verbes comme jeter, appeler.

> je jetterai   j'appellerai

Les verbes en -yer, -oyer, -uyer changent **y** en
i. Les verbes en-ayer peuvent s'écrire avec **y ou i.**

j'essayerai /   je nettoierai   je m'ennuierai
j'essaierai

2. Les verbes irréguliers.

La plupart des verbes qui sont irréguliers au futur le
sont dans les autres temps aussi.

infinitif	futur
aller	j'irai
avoir	j'aurai
courir	je courrai
devoir	je devrai
envoyer	j'enverrai
être	je serai
faire	je ferai
falloir	il faudra
mourir	je mourrai
pleuvoir	il pleuvra
pouvoir	je pourrai
savoir	je saurai
venir	je viendrai
voir	je verrai
vouloir	je voudrai

On emploie le même radical pour former le conditionnel.

B. Emplois.

1. Le futur simple s'emploie:

a.   pour indiquer une **action à venir** après le moment
     où l'on parle.
         Je **partirai** ce soir. / I **shall leave** . . .
         Tout à l'heure nous **verrons** le coucher du
         soleil. / We **shall see** . . .

     Pour indiquer un acte dans un avenir **immédiat**
     on emploie le **futur proche:** le verbe **aller au**
     présent + infinitif.

     Il **va pleuvoir.** / It **is going to rain.**

b. après les conjonctions de temps: **quand, lorsque, dès que, aussitôt que,** indiquant une action à venir. Le verbe principal est alors au **futur** ou à l'**impératif**. [En anglais on emploie le présent.]

Quand je **saurai** la réponse, je t'appellerai. / **When I know**. . .

c. après **si** de l'**interrogation indirecte** [whether]

Je me demande **s'il pourra** ralentir.

Après **si** de **condition** on emploie le présent.
Le résultat s'exprime au futur.

Si tu le **veux,** je l'**enverrai.**

d. pour exprimer un **impératif futur**

Tu **feras** un effort. Tu **seras** à l'heure.

Pour exprimer le **doute** à propos d'une action future, on emploie le présent du **subjonctif**.

Je doute que Louise **vienne** demain. / that Louise **will come**

LE FUTUR ANTÉRIEUR

Le futur antérieur indique une action à venir qui se fera **avant** un moment déterminé. [**Ante** signifie **avant.**]

A. Formes.

1. Le futur antérieur est un temps composé; il se forme avec le **futur du verbe auxiliaire + le participe passé** du verbe en question.

Trois mois **auront passé** avant leur retour.
Les voiliers **seront rentrés** avant minuit.

2. Les règles pour l'ordre des mots, l'interrogation et la négation sont les mêmes que pour les autres temps composés.

B. Emplois.

  1. Le futur antérieur s'emploie:

    a. pour indiquer qu'une **action future** aura été faite
        à un certain moment **avant** une autre.

        Nous **aurons fait** 200 km. à bicyclette avant la
            fin du voyage.

        L'horloge de la ville **aura sonné** quand tu reviendras.

    b. après les conjonctions de temps: **quand, lorsque,
        dès que, aussitôt que,** indiquant une action future
        qui termine avant une autre action future. Le
        deuxième verbe est au futur simple.

        Malheureusement, je **serai parti** quand tu **arriveras.**

    c. pour exprimer la probabilité

        Quelle jolie montre! C'est Pierre qui l'**aura choisie.**
            / ... **probably chose** ...

    d. avec **si** de l'interrogation indirecte [whether]
        Je me demande **si** Sylvie **aura obtenu** son permis.
            / ... **whether she will have obtained**

A. Mettez les phrases suivantes au futur. Notez le changement de sens.

1. Nous perdons beaucoup de temps pendant les vacances.
2. L'horaire change en été.
3. On est parfois très pressé.
4. Vous pouvez obtenir le nouvel horaire.
5. Cet article prévoit un avenir bizarre.
6. De nouveaux habitants viennent dans la ville.
7. Ils s'amusent beaucoup.
8. J'ai fait mes devoirs tout à l'heure.
9. Nous sommes allés chez Victor la veille du Nouvel An.
10. Le lendemain nous étions très fatigués.

B. Finissez chaque phrase suivante avec un verbe au futur ou au futur antérieur.

1. Nous répondrons quand /
2. Tu pourras revenir dès que /
3. Je ferai mes projets définitifs aussitôt que /
4. Nous irons chez l'horloger lorsque /
5. Je me demande si /

C. Mettez les verbes suivants au futur et au futur antérieur de la personne indiquée.

1. aller (je)
2. faire (nous)
3. venir (elle)
4. savoir (tu)
5. dire (il)
6. être (nous)
7. voir (ils)
8. avoir (je)
9. payer (tu)
10. se coucher (je)
11. devoir (elle)
12. prendre (ils)
13. pouvoir (tu)
14. arriver (nous)
15. répondre (il)
16. vouloir (je)
17. courir (vous)
18. falloir (il)
19. recevoir (nous)
20. tenir (nous)

D. Mettez le verbe de chaque phrase au **futur proche** [avec le verbe **aller**]. Faites les changements nécessaires.

   1. Il pleuvra demain, tant pis.
   2. Nous regarderons l'horloge de ville.
   3. Je verrai l'horloger aussi.
   4. Tu apporteras ta montre chez lui aussi?
   5. Ce vieillard mourra bientôt?
   6. Son magasin est devenu très important.
   7. Tout à l'heure il faudra t'expliquer ce qui s'est passé.

E. Mettez au futur antérieur les phrases suivantes.

   1. L'heure ne sonnera pas avant mon départ.
   2. Tu te coucheras avant l'arrivée des parents.
   3. Jean Claude aurait terminé la réparation le lendemain.
   4. Quelle jolie pendule! C'est Jacques qui l'a achetée!
   5. Quand finiras- tu la lecture?
   6. Victor est parti avant moi.

LE CONDITIONNEL

Le mode conditionnel exprime l'éventualité [**possibility**], la conséquence possible d'une **condition**.

> Bartholo: **Si tu pouvais** m'aimer, ah! comme tu **serais** heureuse!
>
> Rosine: **Si vous pouviez** me plaire, ah! comme je vous **aimerais**.
>
> Beaumarchais, *Le Barbier de Séville*

Il y a deux temps au conditionnel, le conditionnel **présent** et le conditionnel **passé**.

LE CONDITIONNEL PRÉSENT

A. Formes.

La lettre **r** se trouve dans toutes les formes du conditionnel.

1. Les verbes **réguliers**.

On ajoute à l'infinitif les **terminaisons de l'imparfait**. On supprime le **e** des verbes qui terminent en **-re**.

-er		-ir		-re	
je	compter / ais	je	grandir / ais	je	perdr / ais
tu	compter / ais	tu	grandir / ais	tu	perdr / ais
il / elle	compter / ait	il / elle	grandir / ait	il / elle	perdr / ait
nous	compter / ions	nous	grandir / ions	nous	perdr / ions
vous	compter / iez	vous	grandir / iez	vous	perdr / iez
ils / elles	compter / aient	ils / elles	grandir / aient	ils / elles	perdr / aient

a. Comme au présent, il y a certains changements orthographiques.

Les verbes en **-er** qui ont un **e** à la fin de l'avant-dernière syllabe de l'infinitif changent:

On met un **accent grave** sur le **e** dans les verbes comme **pes**er, **prom**ener.

je pès**erais**   je promèn**erais**

On **double la consonne** dans les verbes comme **projeter, renouveler.**

je projett**erais**   je renouvell**erais**

Les verbes en **-yer, -oyer, -uyer** changent **y** en **i**. Les verbes en **-ayer** peuvent s'écrire avec **y** ou **i**.

je paierais /   j'emploierais   j'essuierais
je payerais

2. Les **verbes irréguliers.**
La plupart des verbes qui sont irréguliers au conditionnel le sont dans les autres temps aussi. Le **radical** du **conditionnel** et du **futur** est le **même.**

infinitif	conditionnel
aller	j'irais
avoir	j'aurais
courir	je courrais
devoir	je devrais
envoyer	j'enverrais
être	je serais
faire	je ferais
falloir	il faudrait
mourir	je mourrais
pleuvoir	il pleuvrait
pouvoir	je pourrais
savoir	je saurais
venir	je viendrais
voir	je verrais
vouloir	je voudrais

B. Emplois.

1. Le conditionnel présent exprime un fait éventuel [possible], la **conséquence possible** d'une condition.

Le conditionnel présent s'emploie:

a. pour indiquer un fait possible dans le futur

Je **passerais** volontiers huit jours au bord de la mer. / **I would spend**...

b. pour indiquer le **résultat d'une hypothèse**

Je **me lèverais** plus facilement si je me couchais plus tôt. / **I would get up**...

c. pour indiquer un futur dans le passé [pour indiquer un temps]

Elle a promis [hier] qu'elle **viendrait** [aujourd'hui]. / she **would come**...

d. pour exprimer une supposition

Cette horloge **daterait** du quinzième siècle. / **supposedly dates**...

e. pour exprimer un ordre ou une requête avec politesse, on utilise le conditionnel des verbes **devoir, pouvoir, vouloir + infinitif.**

Tu **devrais** te reposer / you ought to . . .
[Repose-toi.]
Pourriez-vous me dire l'heure? / could you . . .
[Quelle heure est-il?]
Alain **voudrait** du sel, s.v.p. / he would like
[Donnez-lui du sel.]

Pour traduire les mots en anglais **would, could, should** on utilise le **conditionnel**, le verbe **pouvoir**, et le verbe **devoir**:

Je travaillerais.   Je **pourrais** travailler.   Je **devrais** travailler.
I **would** work.   I **could** work.   I **should** work.

> Le verbe **savoir** au conditionnel signifie **pouvoir**,
> avec une nuance de politesse. Au négatif on n'utilise
> que le premier mot négatif.
> Je ne **saurais** vous dire le nom. / **I couldn't** ...

    f.   pour exprimer un jugement [à la 1ère personne]

        Je ne **ferais** pas cela. Je demanderais d'abord
            la permission.

    g.   après l'expression **au cas où**

        Au cas où je **serais** en retard, ne m'attendez pas.

LE CONDITIONNEL PASSÉ

Le conditionnel passé exprime ce qui aurait pu être réalisé
dans le passé.

A.   Formes.

    1.   Le conditionnel passé se forme avec le **conditionnel
        présent** du **verbe auxiliaire** et le participe passé du
        verbe en question.

        La soirée **aurait été** plus amusante si tu avais été là.

B.   Emplois.

    1.   Le conditionnel passé s'emploie:

        a.   pour indiquer **un futur dans le passé** qui ne s'est
            pas réalisé
              Le réveil **aurait sonné** si tu l'avais réglé. / **would have rung** ...

        b.   pour exprimer une **supposition**
              L'horaire **aurait diminué en été**. / **supposedly diminished** ...

c. pour exprimer la **politesse**

Nous **aurions voulu venir**/ **we should have liked**...

d. pour exprimer un jugement

Je n'**aurais** pas **dit** cela. / **would not have said**...
Tu **aurais dû** prendre ton temps. / **should have**...

Il y a certaines ressemblances entre le **conditionnel passé** et le **passé récent**. Les deux peuvent exprimer une intention qui ne s'est pas réalisée.

J'**aurais compté** les mots. / **would have counted**...

J'**allais compter** les mots. / **was going to count** ...

C. Les **phrases conditionnelles.**

1. La condition exprimée par le mot **si** est suivie d'un verbe au **présent**, à l'**imparfait** ou au **plus-que-parfait**.

2. Le résultat est suivi d'un verbe au **présent**, à l'**impératif**, au **futur** au **conditionnel présent** ou au **conditionnel passé**.

La Condition	Le Résultat
présent	**présent / impératif / futur**
Si vous **avez** soif	vous **buvez** quelque chose. **buvez** quelque chose! vous **boirez** quelque chose.
imparfait Si elle **gagnait** le match	**conditionnel présent** elle **serait** la championne.
plus-que-parfait Si nous **avions trouvé** l'argent	**conditionnel passé** nous l'**aurions rendu**.

A. Utilisez chacun des verbes suivants pour répondre à la question:

Que feriez-vous si quelqu'un vous donnait 700 francs (environ cent dollars)?

1. dépenser
2. acheter
3. rendre
4. s'amuser
5. dire

6. être
7. sortir
8. remercier
9. mettre
10. aller
11. faire

B. Mettez les verbes suivants au conditionnel passé.

1. Notre voisin parle avec nous.
2. Il a fini un grand travail.
3. Nous voulons le regarder.
4. Il doit nous le montrer aujourd'hui.
5. Nous allons chez lui quand-même.
6. Vous vous amuserez certainement.

C. Complétez chaque phrase avec un verbe au conditionnel en utilisant la forme qui convient.

1. Il faudra m'appeler au cas où /
2. Selon les experts ce château /
3. Je ne savais pas que /
4. Hier Yves a déclaré que jamais /
5. Les prévisions pour la décennie prochaine /
6. La veille de sa mort le vieillard /
7. Si tu étais malade /
8. Si je mangeais moins /

D. Complétez la phrase en mettant le verbe au futur ou au conditionnel.

1. Si je parlais couramment français je / pouvoir
2. S'il mangeait trop il / devenir
3. Si tu me l'avais dit hier je / être
4. Si tu savais tu / dire
5. Si les pendules ne marchaient pas vous / se réveiller
6. Si tu veux apprendre il / falloir
7. S'il y avait eu un feu rouge je / s'arrêter
8. Si elles sont en retard elles / devoir
9. S'il n'y a plus de places ils / aller
10. Si tu m'aimais je / être
11. Si l'horloge ne sonnait pas nous ne / savoir
12. Si vous me donnez du courage je / essayer
13. Si la salle est sale tu la / nettoyer
14. Si on frappe elle / ouvrir
15. Si j'étais toi je / faire

E. Traduisez en français en utilisant les verbes **devoir, pouvoir, faire.**

1. You should do the work.
2. You could do the work.
3. You would do the work.
4. They should have worked.
5. They could have worked.
6. Victor should come with me.
7. Victor could come with me.
8. Victor would come with me.
9. I should have come with you.
10. I could have come with you.

A. Les Voyelles [ɔ] [o]

1. Le son [ɔ].

En français, la prononciation de la lettre **o** ressemble généralement au son de la voyelle dans le mot anglais **up.** Quand les lettres **au** sont suivies d'un **r** elles se prononcent [ɔ].

homme   horloge   époque   octobre   parole   restaurant

2. Le son [o].

En français, la prononciation des lettres **au** ressemble généralement au son de la voyelle dans le mot anglais **pose.** La lettre **o** devant **s** se prononce [o]. Le son [o] s'écrit aussi **ô, -aud, -ault, -aut, -aux, -eau.**

beau   chaud   faut   Renault   auto   tôt   chose   nos

3. Comparez les sons:

[ɔ]	[o]
poste	pose
robe	rose
folle	faux
Laure	l'eau
votre	vôtre
notre	nôtre
mort	mot

B. Exercices / [ɔ] [o]

1. Soulignez les voyelles qui ont le son [o].

Beaubourg   tôt   reposer   taux   impôt
aube   hôte   Bordeaux   vote   vôtre   drôle

2. Soulignez les voyelles qui ont le son [ɔ].

sonner   amour   mort   horloge   procès
note   nôtre   nos   notre   opinion

On peut adapter certaines parties des sections A, B et C au **travail oral ou écrit.** Utilisez autant que possible le vocabulaire et la grammaire de cette leçon dans le travail suivant.

A. Questions.

Répondez par des phrases complètes.

1. Comment aimez-vous passer votre temps libre?
2. A quels moments est-ce que le temps passe vite / lentement pour vous? Vacances / examens / été / hiver?
3. D'habitude êtes-vous à l'heure? En avance? En retard? Expliquez.
4. Comment vous réveillez-vous le matin? Réveille-matin? Radio?
5. Quels événements de la décennie 1980-1990 seront les plus importants? En politique / en science / dans votre vie personnelle?

B. Discussion.

La classe se sépare en groupes de trois personnes pour jouer une scène ou discuter une des questions ci-dessous.

1. G et P prennent des résolutions pour la nouvelle année: je ferai, j'essayerai, je travaillerai, je mangerai, je lirai. Leur ami J leur dit que pour lui ce n'est pas la peine d'en faire, parce qu'il ne tiendrait pas ses résolutions: je ne pourrais pas, je n'irais pas, je ne serais pas . . .

2. H, candidat politique, fait un discours au cours duquel il fait des promesses au public avant l'élection. (Je construirai, j'aiderai, j'abolirai.) K et M lui posent des questions pour vérifier son programme. Feriez-vous, choisiriez-vous, donneriez-vous . . . ?

3. X est une diseuse de bonne aventure. M et N vont chez elle. Elle prévoit leur avenir: vous [au futur] épouser, habiter, voyager, faire, pouvoir, vouloir. En sortant ils discutent: "Elle a dit que je [au conditionnel] . . . "

C. Composition.

Choisissez un sujet.

1. Faites votre emploi du temps idéal **je ferais,** et ensuite réel **je ferai,** pour vingt-quatre heures de liberté à partir de ce soir à six heures: appeler, sortir, aller, s'amuser, dîner, se réveiller, passer, prendre, venir, être, avoir, manger, dormir.

2. Développez les résultats de la condition: Si je parlais couramment une langue étrangère . . .

3. Décrivez un monde futur, de science fiction. On habitera, travaillera, mangera, voyagera, apprendra . . .

BANDE/Victor Hugo, *Demain dès l'aube*

L'Accordée de Village   Jean-Baptiste Greuze (1725-1805)

LECTURE	Salon de 1761, Jean-Baptiste Greuze, L'Accordée de Village, Denis Diderot (1713-1784)
VOCABULAIRE	Le Logement
GRAMMAIRE	Les Pronoms relatifs
PRONONCIATION	Les Sons [u] [y]; La Liaison

LECTURE/ L'ACCORDÉE DE VILLAGE

INTRODUCTION

Denis Diderot, philosophe et principal auteur de *L'Encyclopédie*, était aussi critique d'art. Il assistait régulièrement aux expositions de peinture, appelées Salons du Louvre parce qu'elles avaient lieu au palais du Louvre. Ensuite il faisait des comptes rendus pour les lecteurs des journaux artistiques et intellectuels. C'est au Salon de 1761 qu'il a vu le tableau *l'Accordée de village°* de Greuze.　　　　　　　village bride

Jean-Baptiste Greuze (1725-1805), représentait souvent les scènes touchantes, sentimentales ou morales de la vie bourgeoise. Dans *l'Accordée de village*, il peint une famille réunie avec le notaire pour faire le contrat de mariage de leur fille. Diderot promène le lecteur autour du tableau pour établir la composition générale. Ensuite il raconte la situation et les détails. En regardant le tableau de Greuze, on peut suivre mot pour mot la description de Diderot.

*　*　*

Enfin je l'ai vu, ce tableau de notre ami Greuze; mais ce n'a pas été sans peine°. Il continue d'attirer la foule°. C'est *Un*　　difficulty/crowd *Père qui vient de payer la dot°* de sa fille. Le sujet est　　dowry pathéthique°, et l'on se sent gagné d'une émotion douce en le　　touching regardant. La composition m'en a paru très belle. C'est la chose comme elle a dû se passer. Il y a douze figures; chacune est à sa place, et fait ce qu'elle doit. Comme elles s'enchaînent toutes! comme elles vont en ondoyant° et en pyramidant! . . .　　waving

A droite de celui qui regarde le morceau est un tabellion° [notary]
assis devant une petite table, le dos tourné au spectateur. Sur
la table, le contrat de mariage et d'autres papiers. Entre les
jambes du tabellion, le plus jeune des enfants de la maison.
Puis en continuant de suivre la composition de droite à gauche,
une fille aînée debout, appuyée sur le dos du fauteuil de son
père. Le père assis dans le fauteuil de la maison. Devant
lui, son gendre° debout, et tenant de la main gauche le   son-in-law
sac qui contient la dot. L'accordée, debout aussi, un bras passé
mollement sous celui de son fiancé; l'autre bras saisi par la
mère, qui est assise au-dessous. Entre la mère et la fiancée, une
soeur cadette debout, penchée sur la fiancée, et un bras jeté
autour de ses épaules. Derrière ce groupe, un jeune enfant qui
s'élève sur la pointe des pieds pour voir ce qui se passe. Au-
dessous de la mère, sur le devant, une jeune fille assise qui a
de petits morceaux de pain coupé dans son tablier°. Tout à   apron
fait à gauche dans le fond et loin de la scène, deux servantes
debout qui regardent. Sur la droite, un garde-manger° bien   cupboard
propre, avec ce qu'on a coutume d'y renfermer, faisant partie
du fond. Au milieu, une vieille arquebuse° pendue à son   musket
croc°; ensuite un escalier de bois qui conduit à l'étage au-   hook
dessus. Sur le devant, à terre, dans l'espace vide que laissent
les figures, proche des pieds de la mère, une poule qui conduit
ses poussins° auxquels la petite fille jette du pain; une terrine° chicks/ earthenwa
pleine d'eau, et sur le bord de la terrine un poussin, le bec en
l'air, pour laisser descendre dans son jabot° l'eau qu'il a bue. crop
Voilà l'ordonnance générale. Venons aux détails.

Le tabellion est vêtu de noir, culotte° et bas de couleur, en   breeches
manteau et en rabat°, le chapeau sur la tête. Il a bien l'air un collar
peu matois° et chicanier°, comme il convient à un paysan de   sly/ quibbling
sa profession. C'est une belle figure. Il écoute ce que le père dit
à son gendre. Le père est le seul qui parle. Le reste écoute et se
tait.

L'enfant qui est entre les jambes du tabellion est excellent pour la vérité de son action et de sa couleur. Sans s'intéresser à ce qui se passe, il regarde les papiers griffonnés, et promène ses petites mains par dessus.

On voit dans la soeur aînée, qui est appuyée debout sur le dos du fauteuil de son père, qu'elle crève° de douleur et de jalousie de ce qu'on a accordé le pas sur elle à sa cadette. Elle a la tête portée sur une de ses mains, et lance sur les fiancés des regards curieux, chagrins et courroucés°.   bursting

angry

Le père est un vieillard de soixante ans, aux cheveux gris, un mouchoir tortillé° autour de son cou; Il a un air de bonhomme qui plaît. Les bras étendus vers son gendre, il lui parle avec une effusion de coeur qui enchante. Il semble lui dire: "Jeannette est douce et sage; elle fera ton bonheur; songe à faire le sien . . . " ou quelque autre chose sur l'importance des devoirs du mariage . . . Ce qu'il dit est sûrement touchant et honnête. Une de ses mains, qu'on voit en dehors, est hâlée° et brune; l'autre, qu'on voit en dedans, est blanche; cela est dans la nature.   twisted

tanned

Le fiancé est d'une figure tout à fait agréable. Il est hâlé de visage; mais on voit qu'il est blanc de peau. Il est un peu penché vers son beau-père. Il prête attention à son discours, il en a l'air pénétré. Il est fait au tour°, et vêtu à merveille, sans sortir de son état. J'en dis autant de tous les autres personnages.   handsome

COMPRÉHENSION DU TEXTE

1. Quelle scène le peintre représente-t-il?
2. Quelles personnes se trouvent dans le tableau?
3. Combien de personnes y a-t-il? femmes? hommes? enfants?
4. Quel enchaînement et quelles pyramides peut-on observer dans le tableau?
5. Quel âge environ ces personnes ont-elles?
6. Quels objets de ménage se trouvent dans le tableau?
7. Dans quelle salle de la maison la scène se passe-t-elle?
8. Quel papier important se trouve sur la table du tabellion?
9. Où se trouve la fiancée par rapport aux autres personnes?
10. Décrivez les vêtements du tabellion.
11. Quels sentiments le père éprouve-t-il? Comment Greuze a-t-il évoqué les sentiments paternels?
12. Quels sentiments peut-on observer dans les autres personnes?
13. Si vous ne saviez pas le titre du tableau, quel titre conviendrait à la scène?

VOCABULAIRE / LE LOGEMENT

un appartement	apartment
un ascenseur	elevator
un aspirateur	vacuum cleaner
la banlieue	suburb
une chambre/	room/
à coucher	bedroom
le chauffage	heating
un concierge	caretaker
la cuisine	kitchen
la douche*	shower
un escalier	staircase
un étage	storey, floor
un fauteuil	armchair
un garde-manger	cupboard
un immeuble	building
un locataire	tenant
le loyer	rent
une maison	house
un ménage	household, couple
un meuble	furniture
une pièce*	room
un placard	closet
un propriétaire	owner
un quartier	neighborhood
le rez-de-chaussée	street floor
la salle/ de bains	room/ bathroom [for bathing]
le salon	living room
un taudis	slum
les toilettes (f)	toilet, bathroom
la vaisselle	dishes
un voisin	neighbor
les W.C. (m) (pl)	toilet [water closet]

bricoler	to putter
chauffer	to heat
construire	to build
déménager	to move house
donner sur	to look out on
habiter	to inhabit, to dwell
s'installer	to move into
louer	to rent
marcher	to function, to work
faire le ménage	to clean house
nettoyer	to clean
posséder	to own
reconstruire	to renovate
vivre	to live

A. Répondez à chaque question par une phrase complète.

1. Comment peut-on monter ou descendre dans un immeuble?
2. A quoi sert un aspirateur?
3. Dans quelles pièces se trouvent les fauteuils?
4. Quel étage est au niveau de la rue?
5. Quels objets met-on dans un placard? dans un garde-manger? dans un tiroir?
6. Où se trouvent les toilettes?
7. Où se trouve la baignoire?
8. Dans quels quartiers y a-t-il beaucoup de bruit?
9. Pour quelles raisons préfère-t-on habiter la ville? la banlieue?

B. Trouvez plusieurs mots [noms, adjectifs, verbes, adverbes] de la même famille que les mots suivants. Utilisez un mot de chaque famille dans une phrase. Consultez un dictionnaire s'il le faut.

Ex. **cuisine:** cuisinier   cuire   biscuit

1. locataire
2. meuble
3. chauffage
4. ménage
5. propriété
6. construire
7. se baigner

C. Trouvez un synonyme pour chaque mot suivant.

1. bâtir
2. bâtiment
3. W.C.
4. pièce
5. prix de location
6. quitter
7. faire le ménage

D. Faites des phrases avec les mots suivants. Faites tous les changements nécessaires.

1. ascenseur/ rapide/ escalier
2. habiter/ quartier/ étudiant
3. difficile/ nettoyer/ fenêtres
4. ménage/ s'installer/ immeuble
5. préférer/ ville/ banlieue
6. salon/ donner sur/ cour

Le pronom relatif représente le mot qui le précède et qu'on appelle son **antécédent**. Il introduit et relie une proposition relative à l'antécédent.

> **T**out est bien **qui** finit bien.

A. Formes.

Les pronoms relatifs **qui, que, quoi, lequel, laquelle, lesquels, lesquelles** ont des formes identiques aux pronoms interrogatifs. Les pronoms relatifs ont des formes simples et des formes composées.

1. Les **formes simples.**
   Les formes simples sont **invariables** en genre et en nombre.

	personnes	choses
sujet	qui[1]	qui[2]
objet direct	que[3]	que[4]
objet d'une préposition	qui[5]	quoi[6]

1. Voilà les ministres **qui** ont développé le plan de construction nationale.
2. Nous avons visité le quartier **qui** est connu pour ses vieilles maisons.
3. Mes voisins **que** tu as rencontrés habitent au cinquième étage.
4. L'immeuble **qu'**il fait construire aura des pièces très grandes.
5. La personne avec **qui** tu parlais? c'est le nouveau concierge?
6. Demain nous saurons de **quoi** il s'agit.

On emploie les formes **ce qui, ce que, ce + préposition + quoi** pour une expression **indéterminée.**

> **Dites-moi ce que vous pensez de l'idée.**

2. Les **formes composées**.

Les formes composées sont **variables**. Elles s'accordent en genre et en nombre avec leur antécédent.

Avec les prépositions **à** et **de** les formes composées au masculin et au pluriel se **contractent**.

	masculin	féminin
singulier	lequel	laquelle
	auquel	à laquelle
	duquel	de laquelle
pluriel	lesquels	lesquelles
	auxquels	auxquelles
	desquels	desquelles

1. Voilà le garde-manger dans **lequel** tu trouveras du sucre.

2. La chambre dans **laquelle** elle dort donne sur la cour.

3. L'escalier **auquel** nous avons accès est très sombre.

4. Nous sommes allés dans la banlieue **à laquelle** j'avais déjà pensé.

5. Les propriétaires avec **lesquels** nous partions habitent à côté.

6. Regardons les salles dans **lesquelles** sont les tableaux modernes.

7. Voilà les voisines **auxquelles** nous avons parlé.

B.   Emplois.

Le pronom relatif en français est **toujours énoncé** [stated].

Le pronom relatif en anglais est souvent **sous-entendu**
[implied] quand c'est l'objet.

Nous aimons les meubles **que** vous avez achetés.
We like the furniture [**that**] you bought.

1. **Qui** s'emploie:

    a.   comme **sujet**

    -pour une **personne** [who]

    Nos voisins **qui** viennent de s'installer habitaient
    Bordeaux. /...**who**

    C'est moi **qui** veux sous-louer l'appartement. /...**who**

    -**pour une chose** [which]

    Ils sont contents du chauffage **qui** marche si bien. /...**which**

    b.   comme **objet de préposition**

    -pour une **personne** [whom]

    Le concierge à **qui** j'ai donné le courrier va à
    la poste. /...**to whom**

2. **Que** s'emploie:

    a.   comme **objet**

    -pour une **personne** [whom]

    L'homme **que** nous avons rencontré est mon
    propriétaire. /...**whom**

    -pour une **chose** [which]

    Sont-ils contents du bail **qu'**ils ont signé? /...**which**

3. **Quoi** s'emploie:

    a.   comme **objet de préposition** seulement

        -pour une chose, une idée [what]

            De **quoi** s'agit-il? / **what**
            A **quoi** penses-tu? / **what**

            Il n'y a pas **de quoi.** [It's nothing at all.]

4. **Lequel, laquelle, lesquels, lesquelles,** s'emploient:

    a.   comme **objet de préposition**

        -pour une **personne**

            C'est le locataire **auquel** nous avons envoyé le bail. /...**to whor**

        -pour une chose

            La fenêtre **de laquelle** je regarde donne sur la cour. /...**from w**

        -obligatoirement avec les prépositions **entre, parmi**

            Il y a plusieurs appareils indispensables **parmi
            lesquels** sont un aspirateur [vacuum cleaner]
            et une machine à laver.

            On nous offre deux chambres **entre lesquelles**
            il est difficile de choisir.

5. **Dont.**
    Dont peut être remplacé par:

$$
de + \begin{cases} qui \\ quoi \\ lequel \end{cases}
$$

Généralement **dont** est suivi par l'**article** ou le **verbe,**
jamais par un possessif.

Dont s'emploie:

a.   comme **objet** seulement

    -pour une personne

       La famille **dont** tu parles habite au rez-de-chaussée. /...**about whom**

    -pour une **chose**

       J'ai trouvé les meubles **dont** j'avais besoin. /...**which**

Dont peut exprimer:

-la **possession**

    Voici le concierge **dont** la femme est espagnole. /...**whose**

-la **matière**

    C'est la pierre **dont** est faite la maison de mes rêves. /...**of which**

-l'**origine**

    Le quartier **dont** il vient a des immeubles modernes. /...**from which**

-la **manière**

    La manière **dont** cette agence conduit ses affaires est scandaleuse. /
    ...**in which**

6. **Où** s'emploie:

    a.   comme **objet** seulement

       -pour marquer le **temps**

          Au moment **où** on a vendu la maison nous
          sommes arrivés. / **when**

       -pour marquer le **lieu**

          L'appartement **où** habite Charlotte donne sur la
          Seine. /...**where**

A. Complétez la phrase avec **qui** ou **que**.

    1. Les chambres _____ je nettoie sont très grandes.
    2. Voilà le salon _____ donne sur la rue.
    3. C'est le chauffage _____ ne marche pas.
    4. Le concierge _____ vous voyez parle beaucoup.
    5. Ne perdez pas les clefs _____ je vous donne.
    6. C'est Diderot _____ a écrit la description.
    7. Regardez les tableaux _____ nous avons achetés.
    8. Avez-vous trouvé l'appartement _____ vous voulez?
    9. Avez-vous trouvé l'appartement _____ vous plaît?
  10. Le loyer _____ nous payons est trop cher.
  11. L'enfant tient le sac _____ contient l'argent.

B. Faites une seule phrase en utilisant **qui** ou **que**.

    1. René habite à Antibes. Antibes est près de Nice.
    2. Il a une maison. Nous louons la maison.
    3. La maison donne sur un grand jardin. Le jardin a des cactus.
    4. J'aime les arbres et les fleurs. René a planté les fleurs.
    5. Regardez les géraniums. Ils sont devant la cuisine.

C. Complétez la phrase avec **ce qui** ou **ce que**.

    1. Dites-moi _____ vous pensez de ce tableau.
    2. Le garçon écoute _____ le père dit.
    3. L'enfant veut savoir _____ se passe.
    4. Je ne sais pas _____ l'a inspiré.
    5. Savez-vous _____ cela veut dire?
    6. Je ne comprends pas _____ cela représente.
    7. Voilà _____ vient d'arriver.
    8. _____ me plaît, ce sont les couleurs.
    9. Oui, je sais que _____ je dis est juste.
  10. Tout _____ est prose n'est point vers.
  11. Voilà _____ c'est d'étudier.

D. Faites une seule phrase en utilisant un pronom relatif.

1. Voilà l'ascenseur. Il va jusqu'au neuvième étage.
2. J'aime le fauteuil. Vous l'avez acheté.
3. Connais-tu ces locataires? Nous avons parlé avec eux.
4. Jean a l'appareil. J'ai besoin de l'appareil.
5. Vous trouverez dans le placard un objet. Je ne sais quel objet vous trouverez.
6. Le propriétaire est arrivé à 14 h. Nous sommes sortis à ce moment-là.
7. On reconstruit la maison. J'ai habité dans la maison pendant dix ans.
8. Nous voudrions visiter le quartier. Le quartier était un taudis avant d'être renové.

E. Complétez les phrases en employant un pronom relatif.

1. Voilà l'immeuble . . .
2. Ce sont deux appartements entre . . .
3. Le concierge ne dit rien . . .
4. La baignoire . . .
5. Où est l'escalier . . .
6. Elle a vécu dans . . .
7. Nous ne savons pas . . .
8. Je n'aime pas les appartements . . .
9. Donnez-moi l'adresse . . .
10. C'est un vieil ascenseur . . .

F. Faites des phrases avec les mots suivants.

1. / dont je parle
2. / dont nous avons envie
3. / dont la fille se marie
4. / dont vous vous servez
5. / dont j'ai peur
6. / dont il s'agit
7. / dont tu as besoin
8. N'utilisez pas l'ascenseur dont /
9. Voici le quartier dont /
10. Connaissez-vous mon voisin dont /

PRONONCIATION

A. Les Voyelles [u] [y]

1. Le son [u].
   En français les lettres **ou** ressemblent généralement au
   son de la voyelle dans le mot anglais **who** [sans

   Le son [u] s'écrit aussi oû, -oud, -ous, -out, -oux, etc.

   toujours Louvre **ouvrier** écouter **boucher** **doux** **dessous**

2. Le son [y].
   En français la lettre **u** ne ressemble à aucun son
   anglais. Pour faire le son, pincer les lèvres comme si
   vous alliez siffler [whistle], et dites le son [i].
   Le son [y] s'écrit aussi -û, ue, -us, -ut, etc.

   amuser lunettes justice **du** calcul **eu*** dess**us**

   *Le verbe **avoir** a le son [y] dans le participe passé:
   eu, au passé simple: j'**eus**, etc., à l'imparfait du
   subjonctif: que j'**eusse**, etc.

B. Exercices/ [u] [y]

Prononcez les mots suivants en faisant attention à la
différence du son [u [et [y].

1. pas du tout   4. doux/ du
2. dessus/ dessous   5. roue/ rue
3. joue/ jus   6. eu/ ou

C. La Liaison

Il y a liaison quand la consonne finale muette d'un mot se
prononce devant la voyelle initiale du mot suivant. La
liaison se fait seulement entre les mots unis par le sens:

   des‿enfants   en‿Italie

La liaison est **obligatoire, facultative** ou **défendue.**

Obligatoire

-entre l'article et le nom: les‿amis

-entre l'article et l'adjectif: les‿anciens combattants

-entre l'adjectif et le nom: mon‿ami, premier‿étage

-entre le pronom et le verbe: vous‿en avez, nous les‿avons

-entre le verbe et le nom ou l'adjectif attributs:
    elle est‿architecte,   vous êtes‿impatient

-entre le verbe auxiliaire à la troisième personne et le
    participe passé: il est‿allé, elles‿ont eu

-apres une préposition monosyllabique: chez‿elles, en‿Italie

-dans certaines expressions ou idiotismes ou mots
    composés:

accent‿aigu	les‿Etats-Unis
avant-hier	pas‿encore
de mieux‿en mieux	petit‿à petit
de moins‿en moins	tout‿à coup
de plus‿en plus	tout‿à fait
de temps‿en temps	tout‿à l'heure
les Champs-Elysées	vis‿à vis

Défendue

-après un substantif au singulier: le pied/ ou la jambe
-après la conjonction "et": lui et / elle; avant et /après
-devant les mots commençant par un h "aspiré":

la /haine	le /héros
/haïr	la /Hollande
la /halle	la /Hongrie
le /haricot	la /honte
le /hasard	le /huit
/haut	

On peut adapter certaines parties des sections A, B et C au **travail oral ou écrit.** Utilisez autant que possible le vocabulaire et la grammaire de cette leçon dans le travail suivant.

A. Questions.
    Répondez par des phrases complètes.

    1. Où habitez-vous? Dans une maison / un appartement / un dortoir?

    2. Habitez-vous dans le centre de la ville ou dans la banlieue? Pourquoi?

    3. Etes-vous content de votre logement? Expliquez.

    4. Quels appareils ménagers se trouvent chez vous? Lave-vaisselle [dishwasher], machine à laver [washing machine]? Lesquels sont "indispensables"?

    5. Qui est votre peintre préféré? Pourquoi?

    6. Quels peintres français ou américains pouvez-vous nommer?

B. Discussion.

    La classe se sépare en groupes de trois personnes pour jouer une scène ou discuter une des questions ci-dessous.

    1. A, B et H, des locataires, discutent de leur logement, de leur concierge, leur propriétaire, l'état de sa plomberie, de leur jardin, et de leur quartier.

    2. K, L et M partagent un appartement. On leur offre comme cadeau le choix suivant: un tableau original d'un artiste inconnu ou la reproduction d'un chef-d'oeuvre célèbre. Ils discutent leur préférence.

C. Composition.

Choisissez un sujet.

1. Choisissez une carte postale d'un tableau, d'une affiche ou d'une photo. Faites une description detaillée de l'image pour une personne qui n'aura pas l'occasion de la voir. [Attachez la carte et remettez-la avec le devoir écrit.]

2. Sans le nommer, faites le portrait d'un personnage célèbre.

3. Décrivez le plan architectural de la maison de vos rêves.

BANDE/ Denis Diderot, *Salon de 1761, Greuze, L'Accordée de Village*

Le Retour au logis   Camille Corot (1796-1875)
Courtesy of the Fogg Art Museum, Harvard University

LEÇON SEPT

LECTURE	*Madame Bovary,* Gustave Flaubert (1821-1880)
VOCABULAIRE	Glossaire pour le travail écrit
GRAMMAIRE	L'Imparfait; Le Passé composé
PRONONCIATION	Les Sons [ø] [oe]; Les Mots "Maudits" #2

LECTURE / MADAME BOVARY

INTRODUCTION

Dans son roman célèbre, *Madame Bovary* (1857), Flaubert raconte l'histoire d'une jeune femme provinciale, Emma, son existence monotone, et son désir de mener° une vie moins banale.
°to lead

La description qui suit se passe à la campagne, un jour brumeux° d'automne, pendant une promenade à cheval que font Emma Bovary et Rodolphe Boulanger. Rodolphe, c'est l'homme qui a toute l'élégance dont Emma a souvent rêvé. Cette promenade est comme l'ouverture de leur liaison amoureuse qui causera le grand malheur de Madame Bovary. Vers la fin de leur promenade, ils s'arrêtent sur une colline non loin de Yonville, village où habitent Emma et son mari. Le ciel couvert° et l'émotion d'Emma créent une confusion et une illusion optique dans laquelle son village lui semble être "un immense lac pâle" à travers les nuages.
°foggy

°cloudy

*   *   *

On était aux premiers jours d'octobre. Il y avait du brouillard sur la campagne. Des vapeurs° s'allongeaient à l'horizon, contre le contour des collines; et d'autres, se déchirant°, montaient, se perdaient. Quelquefois, dans un écartement des nuées°, sous un rayon de soleil, on apercevait au loin les toits de Yonville, avec les jardins au bord de l'eau, les cours°, les murs et le clocher de l'église. Emma fermait à demi les paupières pour reconnaître sa maison, et jamais ce
°misty clouds

°tearing open

°gap between clouds

°courtyards

pauvre village où elle vivait ne lui avait semblé si petit. De la hauteur où ils étaient, toute la vallée paraissait un immense lac pâle, s'évaporant à l'air. Les massifs d'arbres, de place en place, saillissaient° comme des rochers noirs; et les hautes lignes des peupliers°, qui dépassaient la brume, figuraient° des grèves° que le vent remuait.

A côté, sur la pelouse, entre les sapins, une lumière brune circulait dans l'atmosphère tiède. La terre, roussâtre° comme de la poudre de tabac, amortissait° le bruit des pas; et du bout de leurs fers°, en marchant, les chevaux poussaient devant eux des pommes de pins° tombées.

Rodolphe et Emma suivirent ainsi la lisière° du bois. Elle se détournait de temps à autre, afin d'éviter son regard, et alors, elle ne voyait que les troncs des sapins alignés, dont la succession continue l'étourdissait° un peu. Les chevaux soufflaient. Le cuir des selles° craquait.

Au moment où ils entrèrent dans la forêt, le soleil parut.
"Dieu nous protège!" dit Rodolphe.
"Vous croyez!" fit°-elle.
"Avançons! Avançons!" reprit-il.
Il claqua de la langue. Les deux bêtes couraient.

De longues fougères° au bord du chemin, se prenaient dans l'étrier° d'Emma. Rodolphe, tout en allant, se penchait et il les retirait à mesure°. D'autres fois, pour écarter les branches, il passait près d'elle, et Emma sentait son genou lui frôler° la jambe. Le ciel était devenu bleu. Les feuilles ne remuaient pas. Il y avait de grands espaces pleins de bruyères° tout en fleurs . . . Souvent on entendait, sous les buissons, glisser un petit battement d'ailes, ou bien le cri rauque des corbeaux° qui s'envolaient dans les chênes.

Ils descendirent. Rodolphe attacha les chevaux. Elle allait devant, sur la mousse°, entre les ornières°.

Mais sa robe trop longue l'embarrassait°, bien qu'elle la portât relevée par la queue, et Rodolphe, marchant derrière elle, contemplait entre ce drap° noir et la bottine noire la délicatesse de son bas° blanc, qui lui semblait quelque chose de sa nudité.

jutted out
poplars / appeared lik
shores

reddish
deadened
horseshoes
pine cones

edge

dizzied
saddles

replied

ferns
stirrup
one by one
brush

heather

crows

moss / ruts

encumbered

cloth
stocking

COMPRÉHENSION DU TEXTE

1. Comment le ciel influence-t-il l'atmosphère de la promenade à cheval?
2. Quels endroits de son village Emma pouvait-elle voir de la colline?
3. En fait, que sont "les lacs, les rochers et les grèves" que voyait Emma?
4. Quel geste révèle la timidité d'Emma?
5. D'où venait l'étourdissement d'Emma?
6. Pourquoi Rodolphe écarte-t-il les branches?
7. Quelle est l'importance du bas blanc d'Emma?
8. Quels détails de la nature semblent être les plus importants dans la description?
9. Comment la lumière change-t-elle pendant la promenade?
10. Quelle est l'atmosphère générale du passage?
11. L'auteur crée-t-il un cadre sentimental ou romantique? Comment?

La Normandie se trouve au nord-ouest de la France.

La plus grande partie de la province est consacrée à l'élevage.

Le Havre et des petits ports de pêche pittoresques sont situés sur la côte de la Manche [English Channel].

VOCABULAIRE/ GLOSSAIRE ANGLAIS / FRANÇAIS POUR LE TRAVAIL ÉCRIT

Comme il y a des expressions utiles pour le travail oral, il y en a aussi pour les devoirs écrits. Certains mots sont utiles pour l'exposition, le développement et les transitions dans un essai.

Nouns

author	auteur (m)
beginning	commencement (m)
main character	personnage principal (m)
end	fin (f)
event	événement (m)
example	exemple (m)
failure	échec (m)
hero	héros (m)
idea	idée (f)
masterpiece	chef d'oeuvre (m)
meaning	sens (m)
novel	roman (m)
outcome	dénouement (m)
play	pièce (f)
plot	intrigue* (f)
point of view	point de vue (m)
reader	lecteur, lectrice
reason, object in life	raison d'être (f)
relationship	rapport (m)
rough draft	brouillon (m)
setting	mise en scène (f)
story	histoire (f)
study	étude (f)
success	succès (m)
summary	résumé (m)
title	titre (m)
right word	mot juste (m)
work of art	oeuvre d'art (f)
writer	écrivain (m)

Verbs

to be about	s'agir de
to act	agir
to approach	aborder
to attend to	s'occuper de
to become	devenir
to describe	décrire
to develop	développer
to discuss	discuter
to emphasize	insister sur
to end	terminer
to explain	expliquer
to express	exprimer
to feel	éprouver, sentir
to follow	suivre
to guess	deviner
to happen	se passer, arriver
to introduce	présenter
to make	faire, rendre
to mean	vouloir dire
to notice	remarquer
to react	réagir
to realize	se rendre compte
to seem	sembler
to suggest	suggérer
to take place	avoir lieu
to tell	raconter
to use	utiliser
to wonder	se demander

Adverbs / Conjunctions / Prepositions

according to	selon, d'après	then	puis, alors, ensuite
actually	en fait	therefore	donc
although	bien que, quoique	throughout	à travers
anything	n'importe quoi	from time to	de temps
anyway	quand même	time	en temps
around	vers, environ	towards	vers, envers
as	comme	yet	cependant
as for	quant à	whereas	tandis que
because of	à cause de		
from the beginning	dès le début		
besides	d'ailleurs		
by the way	d'ailleurs		
in any case	en tout cas	**Adjectives**	
completely	tout à fait		
even if	même si	attractive	sympathique*
finally	enfin	boring	ennuyeux
at first	d'abord	comical	comique
fortunately	heureusement	depressing	déprimant
gradually	peu à peu	exciting	passionnant*
on one hand, on the other hand	d'un côté, de l'autre côté	famous	célèbre
however	pourtant	funny	drôle
if	si	impressive	impressionnant*
less and less	de moins en moins	plausible	vraisemblable
like	comme	strange	curieux*
in the middle	au milieu	striking	frappant
more and more	de plus en plus	tragic	tragique
the more . . .the more	plus . . .plus	unexpected	inattendu
nevertheless	néanmoins		
next	puis, alors		
obviously	évidemment		
once in awhile	de temps en temps		
rather	plutôt		
since	puisque		
so	si		
so many	tant		
so much	tant, tellement		
in spite of	malgré		
thanks to	grâce à		
that is to say	c'est à dire (c.-à-d.)		

A. Répondez à chaque question par une phrase complète.

1. Quel est le titre d'un roman que vous aimez?
2. Pourquoi est-ce qu'on écrit un brouillon?
3. Où se trouvent les chefs-d'oeuvre de peinture?
4. Quelle est la raison d'être de beaucoup d'artistes?

B. Arrangez les mots de chaque groupe suivant dans une phrase. Faites les changements nécessaires.

1. personnage/ rôle/ suivre
2. dénouement/ avoir lieu/ Paris
3. pièce/ exprimer/ inattendu
4. chef-d'oeuvre/ cependant/ décrire
5. tandis que/ intrigue/ compliqué
6. personnage/ caractère/ sympathique
7. rendre/ histoire/ amusant
8. héros/ rapport/ curieux
9. à cause de/ événement/ passionnant
10. parce que/ action/ vraisemblable
11. rôle/ grâce à/ triste
12. oeuvre/ thème/ typique
13. écrivain/ de temps en temps/ insister
14. d'un côté/ échec/ succès
15. ennuyeux/ idée
16. point de vue/ tout à fait/ subjectif
17. écrivain/ aborder/ sujet
18. lecteur/ deviner/ quand même
19. raison d'être/ plutôt/ expliquer
20. style/ passionnant/ donc
21. expliquer/ c.-à-d.

C. Traduisez les phrases suivantes en utilisant les mots du vocabulaire de cette leçon.

1. The novel takes place in Normandy. It is about provincial life.
2. Flaubert began writing it around 1851.
3. At the beginning of the book, the reader meets Charles Bovary.
4. Later, the author introduces Emma Rouault.
5. Then Emma and Charles are married.
6. As the title suggests, Madame Bovary is the main character.
7. She has a vivid imagination but Charles is so simple and so naïve one wonders if they will be content.
8. By the way, he is a country doctor who attends to his patients.
9. Meanwhile, Emma was imagining a life of adventure.
10. From the beginning, Emma seemed very sentimental.
11. Gradually, however, she became more and more melancholy.
12. She often dreamed of Paris and exciting city life.
13. For example, she would imagine the people in the streets, their faces, their clothes.
14. Although she never left the provinces she thought that village life was boring.
15. As for Charles, he did not realize that Emma was unhappy.
16. In spite of her calm expression, she was actually suffering very much.
17. Charles did not notice that, however.
18. He stays the same throughout the story, on the one hand, decent and honest, on the other hand, rather dull.
19. In fact, he had several serious failures in his work.
20. According to some people, he represents banality.
21. In any case Emma found him less and less attractive.
22. She found her life very monotonous.
23. Then, unfortunately, Rodolphe appeared in Yonville.
24. He seemed like a very elegant, impressive man to Emma.
25. Even if he acts gallantly towards Emma, the reader guesses that, in fact, he feels little true affection for her.
26. According to some people the outcome is too cruel.
27. In my opinion, however, it seems plausible.
28. Obviously, every reader reacts differently.
29. Flaubert is famous for his attention to style and his choice of the exact word.
30. His novel, *Madame Bovary*, is a masterpiece of French literature.

D. Complètez chaque phrase en utilisant l'expression qui convient, **plus . . . plus** ou **de plus en plus**. Faites les changements nécessaires.

1. J'écoute / je comprends
2. Le héros essaie / cependant
3. L'auteur raconte / complique
4. A mon avis / amusant
5. Caractère / devient

E. Choisissez les mots convenables pour compléter chaque phrase suivante. Faites les changements nécessaires.

1. _____ la grève, le métro ne marchait pas. Les piétons allaient vite _____ il pleuvait.

    parce que
    à cause de

2. Il pleuvait _____ fort. _____ ils se dépêchaient, _____ ils se mouillaient.

    de plus en plus
    plus . . .plus

3. Pour _____ la promenade plus agréable, ils ont _____ le tour des jardins des Tuileries.

    faire
    rendre

4. Si les ouvriers ne _____ pas bientôt, il _____ de continuer la grève longtemps.

    s'agir de
    agir

5. La situation n'est pas _____ grave, mais on n'aime pas _____ marcher si loin.

    tellement
    tant

L'imparfait indique généralement une action passée qui n'est pas terminée. [Le latin **imperfectum** signifie **inachevé**.]

Les chevaux **soufflaient**. Le cuir des selles **craquait**.

A. Formes.

L'imparfait se forme avec le radical de la **1ère personne du pluriel** du présent. On ajoute au radical les terminaisons suivantes:

-er	-ir	-re
[nous regard/ons]	[nous rempliss/ons]	[nous attend/ons]
je regard/**ais**	je rempliss/**ais**	j' attend/**ais**
tu regard/**ais**	tu rempliss/**ais**	tu attend/**ais**
il/ elle regard/**ait**	il/ elle rempliss/**ait**	il/ elle attend/**ait**
nous regard/**ions**	nous rempliss/**ions**	nous attend/**ions**
vous regard/**iez**	vous rempliss/**iez**	vous attend/**iez**
ils/ elles regard/**aient**	ils/ elles rempliss/**aient**	ils/ elles attend/**aient**

1. Tous les verbes sauf **être** sont réguliers à l'imparfait.

Les formes suivantes sont régulières mais difficiles:

a. Les verbes ayant un participe présent qui termine en **-gnant, -iant, -llant, -yant** ont les formes suivantes à la 1ère et 2 e personnes du pluriel:

nous craignions   nous riions   nous travaillions   nous payions
vous craigniez   vous riiez   vous travailliez   vous payiez

b. Les verbes en **-cer** prennent une cédille devant le **a:**

Ils avançaient à cheval.

c. Les verbes en **-ger** prennent un **-e** devant le **a:**

> Emma song**ea**it à une vie plus raffinée.

d. Les verbes en **-ir** du 2e groupe se terminent toujours en **-iss** + terminaison:

> Elle roug**iss**ait en regardant Rodolphe.

2. Les formes du verbe **être** sont:

j'	étais
tu	étais
il / elle	était
nous	étions
vous	étiez
ils / elles	étaient

B. Emplois.

1. L'imparfait s'emploie pour des actes passés non terminés. Il s'emploie pour:

a. un acte **inachevé par rapport** à un autre acte passé.

> Tandis que la vieille femme **parlait**, le bateau **est entré** au port.

b. la **description** (du temps, d'un état mental ou physique).

> Il y **avait** du brouillard sur la campagne.
>
> L'amour, **croyait**-elle, devait arriver tout à coup.
>
> Elle **s'estimait** à présent beaucoup plus malheureuse.
>
> Emma pourtant ne **paraissait** pas joyeuse . . .elle était pâle partout.

c. un acte **habituel** ou **répété.**

> Souvent, lorsque Charles était parti, elle **allait** prendre dans l'armoire . . . le porte-cigares en soie verte. Elle le **regardait**, l'**ouvrait** et même elle **flairait** l'odeur . . .

L'imparfait de l'indicatif en français se traduit de plusieurs
façons en anglais:

J'**allais** au marché quand j'ai rencontré Paulette. / I **was going** . . .

J'**allais** au marché, le samedi avec ma tante. / I **used to go** . . .

J'**allais** d'abord au marché et ensuite chez elle. / I **would*** go . . .

***Would** exprime l'habitude ici, sans aucun sens conditionnel.

2. L'imparfait s'emploie pour exprimer un état **non réel** dans:

a. la **condition** d'une hypothèse

Si tu **marchais** plus vite, tu arriverais à l'heure.

On emploie le mode conditionnel dans le **résultat**.

On n'emploie pas **si + conditionnel** en français.
En anglais, pourtant, on emploie le conditionnel
pour l'hypothèse **et** le résultat:

If you **would walk** faster you **would arrive** on time.

La tournure **comme si** [as if] exprime une hypothèse:

Pincez les lèvres **comme si vous alliez** siffler. /
. . . **as if you were going.**

Faites **comme si je n'écoutais pas.** /
. . . **as if I were not listening.**

b. **une suggestion**
Si on y **allait?** / How about going?

c. l'expression d'un **souhait**
La construction **si seulement** [if only] exprime un souhait.

Si seulement tu **comprenais.** / **If only you understood.**

d. une **intention passée**
La construction **aller** [à l'imparfait] + infinitif
exprime une intention inachevée.

> **J'allais expliquer** l'intrigue mais Léon m'a
> interrompu. / **I was going to explain** . . .

L'imparfait du verbe **venir de** exprime un acte
passé terminé **antérieur** à un autre acte passé,
comme le plus-que-parfait.

> Ils **venaient d'entrer** dans la forêt quand le
> soleil parut. / They **had just entered** . . .

EXERCICES / L'Imparfait

A. Complétez la phrase en mettant le verbe entre parenthèses
à l'imparfait.

1. Emma _____ souvent à sa fenêtre. (se mettre)
2. Elle vit un homme qui _____ vers sa maison.
    (se diriger)
3. Il _____ une redingote de velours vert. (porter)
4/5. Rodolphe Boulanger _____ acquérir le chateau
    de la Huchette avec deux fermes qu'il _____
    lui-même. (venir de/cultiver)
6/7. Il _____ seul, et _____ pour avoir au
    moins quinze mille livres de rente. (vivre / passer)

B. Refaites chaque phrase à l'imparfait en ajoutant un des
mots suivants: **d'habitude, toujours, souvent, autrefois.**

1. Cet écrivain s'adresse à ses lecteurs.
2. Ses personnages font des actes inattendus.
3. Je ne peux pas deviner la fin de l'histoire.
4. On dit que ce roman est un chef d'oeuvre.
5. Ses histoires ont lieu en province.
6. Les dénouements semblent être vraisemblables.
7. Cet auteur cherche le mot juste.
8. Il s'agit de rendre le héros intéressant.
9. Lisez-vous des romans ou de l'histoire?

C. Complétez chaque phrase en utilisant le verbe indiqué à l'imparfait.

1. Travaillez comme si / vouloir
2. Ecoutons comme si / devoir
3. Tu souris comme si / aimer
4. Georges parle comme si / être
5. Les enfants courent comme si / craindre
6. Tu manges comme si / mourir
7. Hélène s'habille comme si / aller
8. Je dors comme si / avoir
9. Nous étudions comme si / falloir
10. Nous rions comme si / savoir

D. Récrivez la phrase à l'imparfait en commençant avec l'expression "Si on".

1. Faisons une promenade.
2. Décrivons plus en détail la situation.
3. Finissons cette discussion.
4. Lisons ensemble la pièce.
5. Soyons raisonnables.
6. Recommençons l'histoire.

E. Ajoutez **si seulement** au début de chaque phrase et mettez le verbe à l'imparfait.

1. Elle peut voir Paris.
2. Charles est moins ennuyeux.
3. Ses rêves se réalisent.
4. Rodolphe l'aime.
5. Quelque chose d'intéressant arrive.
6. Elle doit moins d'argent à Lheureux.
7. Le bal ne finit pas si tôt.

LE PASSÉ COMPOSÉ

Le passé composé exprime une action passée qui est terminée.

Flaubert **est né** en 1821. Il **est mort** en 1880.

A. Formes.

Le passé composé se forme avec deux verbes: 1) le présent du verbe **auxiliaire, avoir** ou **être** 2) le participe passé.

1. Le participe passé.

a. Le participe passé se forme selon la terminaison de l'infinitif.

Les verbes en -er ajoutent au radical: -é racont / é

Les verbes en -ir ajoutent au radical: -i ag / i

Les verbes en -re ajoutent au radical: -u rend / u

b. Quelques verbes importants prennent les formes irrégulières suivantes: (Voir aussi l'Appendice).

infinitif	p.p.	infinitif	p.p.
asseoir	assis	ouvrir	ouvert
avoir	eu	paraître	paru
boire	bu	plaire	plu
conduire	conduit	pouvoir	pu
connaître	connu	prendre	pris
devoir	dû	rire	ri
dire	dit	savoir	su
être	été	taire	tu
faire	fait	venir	venu
falloir	fallu	vivre	vécu
mettre	mis	voir	vu
mourir	mort	vouloir	voulu
naître	né		

c. Le participe passé s'accorde en genre et en nombre [dans tous les temps composés]:

-avec l'**objet direct qui précède** le verbe auxiliaire **avoir**.

J'ai pris les photos.

Regardez les photos que j'ai **prises**.

-avec l'**objet direct qui précède** le verbe auxiliaire **être** avec les **verbes pronominaux**.

Emma s'est assise.

-avec le **sujet** du verbe auxiliaire **être**.

Emma est **allée** se promener.
Emma et Rodolphe sont **montés** à cheval.

d. Le participe passé reste **invariable**:

-quand l'objet direct qui précède l'auxilaire avoir est le pronom **en**.

J'ai acheté de belles fleurs.

Tu **en** as **acheté** aussi?

-quand certains verbes pronominaux ont un objet direct **autre** que le pronom réfléchi.

Elles se sont **coupé** les cheveux.

2. Les verbes auxiliaires: **avoir** et **être**.

a. Le verbe **avoir**.

La plupart des verbes forment le passé composé avec **avoir**.

Avoir et **être** forment le passé composé avec **avoir**.

Nous **avons fait** une promenade splendide.
Nous **avons été** au Bois de Boulogne.

b.   Le verbe **être**.

Les verbes intransitifs, de mouvement, forment
le passé composé avec **être**:

   aller, arriver, descendre*, devenir, entrer,
   monter*, mourir, naître, partir, rentrer*,
   rester, retourner, revenir, sortir*, tomber, venir.

   *Ces verbes peuvent être aussi transitifs. Ils ont alors
   un sens différent et ils se conjuguent avec l'auxiliaire **avoir**.

Notez les différences:

Je **suis monté** au 3e étage.	I **went up** to the 3rd floor.
J'**ai monté** le déjeuner.	I **brought** lunch **up**.
Je **suis rentré** tard.	I **came back** late.
J'**ai rentré** la voiture.	I **put** the car **in**.
Diane **est descendue**.	Diane **came down**.
Diane **a descendu** sa valise.	Diane **brought** her suitcase **down**.
Nous **sommes sortis** dimanche.	We **went out** on Sunday.
Nous **avons sorti** nos bicyclettes.	We **took out** our bicycles.

Les verbes **pronominaux** forment le passé composé avec **être**.

   Charles et Emma **se sont mariés**.

3. L'interrogation.
    On forme une phrase interrogative en inversant l'ordre
    du sujet et du **verbe auxiliaire.**

   Avez-vous lu ce roman?

   S'il y a un **nom** sujet, il faut **ajouter un pronom sujet.**

   Flaubert **a-t-il** écrit d'autres romans?

4. La négation.

Les mots négatifs se placent immédiatement devant et après le verbe auxiliare.

Je **n'**ai **rien** compris.

Dans la négation interrogative le deuxième mot négatif suit le pronom sujet.

N'avez-vous **pas** compris?

On exprime le passé récent [un acte terminé **immédiatement** avant le présent] avec le présent du verbe **venir de** suivi de l'infinitif.

Je **viens de recevoir** ta lettre. / **I have just received...**

B.   Emplois.

1.   Le passé composé s'emploie pour des actes passés terminés:
   a.   dans un passé **indéfini**. [Le **passé composé** se nomme aussi le **passé indéfini**.]

      L'auteur **a écrit** des romans et des contes.
   b.   pour la **narration**, une suite d'actions.

      Emma **a couru** chez elle, elle **est entrée**, et elle **est** vite **montée** dans sa chambre puis elle **a fermé** sa porte á clef.

   c.   à un moment précis.

      Flaubert **est mort** en 1880.

   d.   dans un temps qui n'est **pas encore écoulé**.

      J'**ai lu** cinq chapitres aujourd'hui.

   e.   pour une action qui s'est répétée dans une période de **temps défini**.

      Hier j'**ai raconté** l'histoire plusieurs fois.

> Le passé composé se traduit de plusieurs façons en anglais:
>
> Nous **avons vu** l'écrivain célèbre. $\begin{cases} \textbf{we saw} \\ \textbf{we have seen} \\ \textbf{we did see} \end{cases}$

2. Le passé composé remplace le futur antérieur après un **si** de condition.

   Si j'**ai terminé** le chapitre 4 ce soir, m'expliqueras-tu la fin? / **If I have finished** . . .

3. Le **passé composé** (passé **indéfini**) s'emploie dans la langue **parlée**.

   Le **passé simple** (passé **défini**) s'emploie dans la langue **littéraire** et pour des événements historiques lointains.

   Souvent les deux temps sont grammaticalement corrects, le choix de l'un ou de l'autre dépend des nuances de style.

   Napoléon **gagna** ses batailles en Italie.
   Napoléon **a gagné** ses batailles en Italie.

> Le verbe **faillir** au passé composé n'exprime pas un acte terminé; mais un acte qu'on a manqué [failed] de terminer.
>
> Il **a failli** tomber.   He **almost** fell.
> J'**ai failli** m'évanouir!   I **almost** fainted!

A. Mettez au passé composé les verbes entre parenthèses.

1. Flaubert _____ en 1821. (naître)
2. Il _____ longtemps à Rouen. (vivre)
3. Il _____ beaucoup au Moyen-Orient. (voyager)
4. Il _____ à écrire *Madame Bovary* vers 1851. (commencer)
5. Il lui _____ environ six ans pour le terminer. (falloir)
6. Il _____ beaucoup de difficultés. (avoir)
7. Il _____ très découragé. (être)
8. Mais finalement il _____ un chef-d'oeuvre. (écrire)

B. Complétez chaque phrase en utilisant le temps qui convient, le passé composé ou l'imparfait. Faites les changements nécessaires.

1. Quand je _____ ce matin, ma camarade de chambre _____ encore. (sortir, dormir)

2. Je ne _____ pas la déranger, donc je ne la _____ pas. (vouloir, réveiller)

3. Je sais qu'elle _____ très tard hier soir. (rentrer)

4. Je _____ donc mon café et je _____ la porte doucement. (boire, fermer)

5. Je ne _____ pas mon lit. (faire)

6. Je suis sûre que cela ne lui _____ pas quand elle _____ enfin. (plaire, se lever)

C.   Répondez aux questions suivantes en utilisant un pronom objet direct. Faites attention à l'accord du participe passé.

1.   Avez-vous lu la biographie de Flaubert par Sartre?
2.   As-tu visité la cathédrale de Rouen?
3.   Où as-tu mis la photo de Harfleur?
4.   Avez-vous écrit le résumé de l'histoire?
5.   Avez-vous rencontré des auteurs célèbres?

D.   Utilisez l'auxiliaire **avoir** ou **être** avec les verbes ci-dessous pour compléter chaque phrase au passé composé.

1.   Nous _____ dans l'ascenseur jusqu'au 6e étage.

monter

2.   Pourquoi _____ -vous _____ ces chaises au premier étage?

3.   Mon amie _____ avant moi hier soir.

rentrer

4.   Avant de sortir nous _____ nos bicyclettes.

5.   Ma voisine _____ faire des courses à huit heures.

sortir

6.   D'abord elle _____ sa voiture.

7.   Puis elle _____ en ville.

descendre

8.   Au retour elle avait beaucoup de choses qu'elle _____ de la voiture.

E.   Faites une phrase avec chaque verbe réfléchi au passé composé. Faites attention aux accords du participe passé.

1.   s'amuser
2.   se laver
3.   se tromper
4.   se regarder
5.   se parler

6.   se demander
7.   se rendre compte
8.   s'occuper de
9.   s'asseoir

F. Mettez les verbes entre parenthèses au temps qui convient, l'imparfait ou le passé composé. Faites les changements nécessaires.

*Procès, le ministère public contre Gustave Flaubert**

Mon client _____ (aller) chez Lamartine**, et il _____ (trouver) chez lui non seulement un homme qui le _____ (encourager), mais un homme qui lui _____ (dire): "Vous me _____ (donner) la meilleure oeuvre que je _____ (lire) depuis vingt ans." Ce _____ (être), en un mot, des éloges tels que mon client, dans sa modestie, _____ (oser) à peine me les répéter. Lamartine lui _____ (prouver) qu'il avait lu les livraisons, et le lui _____ (prouver) de la manière la plus grâcieuse, en lui en disant des pages tout entières. Seulement Lamartine _____ (ajouter): "En même temps que je vous _____ (lire) sans restriction jusqu'à la dernière page, je _____ (blâmer) les dernières. Vous me _____ (faire) mal, vous me _____ (faire) littéralement souffrir! L'expiation est hors de proportion avec le crime; vous _____ (créer) une mort affreuse, effroyable!

(. . .) Cette puissance de description qui _____ (s'appliquer) aux derniers instants de la mort me _____ (laisser) une indicible souffrance!" Et quand Gustave Flaubert lui _____ (demander): "Mais, monsieur de Lamartine, est-ce que vous comprenez que je sois poursuivi pour avoir fait une oeuvre pareille, devant le tribunal de police correctionnelle, pour offense à la morale publique et religieuse?" Lamartine lui _____ (répondre): "Je crois avoir été toute ma vie l'homme qui, dans ses oeuvres littéraires comme dans ses autres, _____ (comprendre) le mieux ce que c' _____ (être) que la morale publique et religieuse; mon cher enfant, il n'est pas possible qu'il se trouve en France un tribunal pour vous condamner . . ."

Voilà ce qui _____ (se passer) hier entre Lamartine et Flaubert.

Plaidoirie du défenseur, Maître Sénard

*On a accusé Flaubert d"offense à la morale publique," offense à la morale religieuse "à cause de son "histoire des adultères d'une femme de province". C'est l'avocat Sénard qui a présenté la défense. Le tribunal a acquitté Flaubert.

**Alphonse de Lamartine (1790-1869) est un poète romantique célèbre. Voir Appendice III.

A. Les Voyelles [ø] [oe]

   1. Le son [ø].

En français, les lettres **eu** dans une position finale de la syllabe se prononcent [ø]. Ce son ne ressemble à aucun son anglais. Pour produire le son, pincez les lèvres comme si vous alliez siffler [whistle] et dites le son [ə]. Le son [ø] s'écrit aussi: **-eud, -eue, -eut, -eux, -oeu,** par example:

     pl**eu**voir p**eu**t y**eux** b**oeu**fs* dans**eu**se

   2. Le son [oe].

En français, les lettres **eu** devant **r** ou **l** ressemblent généralement au son de la voyelle dans le mot anglais enough. Le son [oe] s'écrit aussi -oei, oeu.

     pl**eu**rer p**eu**r **oei**l b**oeu**f* dans**eu**r

B. Exercices [ø] [oe]

Prononcez les mots suivants en faisant attention à la différence des sons [ø] fermé, et [oe] ouvert.

   1. feu/ feuille
   2. queue/ coeur
   3. deux/ deuil
   4. noeud/ neuf
   5. oeufs/ oeuf
   6. peu/ peur
   7. oeil/ yeux

   *Les mots **oeuf** et **boeuf** se prononcent différemment au singulier et au pluriel; on prononce le **f** au singulier [**boef**] mais non au pluriel.

C.   Les Mots "Maudits" #2.

En français, **maudit** signifie **damné, condamné.** Les mots
suivants sont pour les Anglophones "maudits" en ce sens
qu' on les prononce souvent mal.

Prononcez les mots suivants en faisant attention aux sons
[ø] et [oe]. Utilisez chaque mot dans une phrase.

1.	Europe	[ørɔp]
2.	ennuyeux	[ãnɥijø]
3.	monsieur	[məsjø]
4.	heureux	[ørø]
5.	un oeil	[oenoej]
6.	des yeux	[dezjø]
7.	veulent	[voel]
8.	veut	[vø]
9.	jeune	[joen]
10.	jeu	[jø]

TRAVAUX PRATIQUES

On peut adapter certaines parties des sections A, B et C au
travail oral ou écrit. Utilisez autant que possible le vocabulaire
et la grammaire de cette leçon dans le travail suivant.

A.   Questions.

Répondez par des phrases complètes.

1. Aimez-vous écrire? Des descriptions / portraits
   psychologiques / articles de journaux? Pourquoi?
2. Quelle partie du travail écrit est la plus difficile /
   facile? Trouver un sujet / une introduction / une conclusion?
3. Préférez-vous les devoirs écrits ou oraux? Pourquoi?
4. Nommez quelques chefs-d'oeuvre de littérature, peinture,
   musique, cinéma. Pourquoi sont-ils des chefs-d'oeuvre?
5. Quelles lectures préférez-vous? Histoire, science fiction, roman?
6. Qui est votre auteur préféré? Votre personnage
   préféré? Pourquoi?
7. L'année dernière comment passiez-vous d'habitude le
   dimanche? A dormir / aller à l'église / sortir /
   regarder la télévision?

B. Discussion.

La classe se sépare en groupes de trois personnes pour
jouer une scène ou discuter une des questions ci-dessous.

1. D, et F parlent de ce qu'ils faisaient d'habitude le jour
    de leur anniversaire, les jours de fêtes ou les jours des
    grandes vacances.

2. G, J et H discutent leurs goûts d'autrefois, les passe-
    temps, la nourriture, la musique, les sports qu'ils aimaient.

3. F, étudiant/e explique à G, professeur, pourquoi
    il/elle était absent/e des cours récemment.

C. Composition.

Choisissez un sujet.

1. Décrivez une personne: une tante / un voisin / un être
    imaginaire avec laquelle vous aimiez parler
    autrefois, les raisons pour lesquelles vous aimiez
    parler avec elle, et ce que vous lui disiez.

2. Ecrivez le résumé de l'action d'un roman, d'un film
    ou d'un programme de télévision que vous
    connaissez bien. Les personnages principaux /
    l'intrigue / les thèmes.

3. Décrivez une excursion que vous avez faite seul ou
    avec un(e) ami(e), à la campagne ou en ville, en
    automne ou en été. Décrivez le temps qu'il faisait, les
    couleurs, les bruits, vos sentiments.

BANDE/ Gustave Flaubert, *Madame Bovary*

LECTURE	*La Psychologie de l'intelligence*, Jean Piaget (1896-1980)
VOCABULAIRE	Les Faux amis
GRAMMAIRE	L'Adjectif Qualificatif; L'Adverbe; Le Comparatif; Le Superlatif
PRONONCIATION	Le Son [ə] "E Muet"; Les Mots "Maudits" #3

LECTURE / LA PSYCHOLOGIE DE L'INTELLIGENCE

INTRODUCTION

Psychologue suisse, Jean Piaget est connu pour ses théories sur le développement intellectuel de l'enfant. Selon Piaget, la façon de raisonner des enfants et des adultes est profondément différente. Le texte suivant décrit certaines phases du développement de l'intelligence enfantine et les difficultés qu'ont les enfants à juger les quantités, à faire des comparaisons et à comprendre les rapports.

*   *   *

La pensée intuitive. — L'observation seule permet d'analyser les formes de pensée décrites à l'instant°, car l'intelligence des petits demeure bien trop instable pour qu'on puisse les interroger utilement. Dès 4 ans environ, par contre, de brèves expériences° que l'on fera avec le sujet, en lui faisant manipuler les objets sur lesquels elles portent, permettent d'obtenir des réponses régulières et de poursuivre la conversation. Ce fait à lui seul constitue déjà l'indice° d'une nouvelle structuration.

En effet, de 4 à 7 ans, on assiste à une coordination graduelle des rapports représentatifs, donc à une conceptualisation croissante qui, de la phase symbolique ou préconceptuelle, conduira l'enfant au seuil° des opérations. Mais, chose très remarquable, cette intelligence dont on peut suivre les progrès souvent rapides demeure constamment prélogique. [. . .]

(marginal glosses:) a moment ago · experiments · sign · threshold

Prenons comme exemple une expérience que nous avons faite jadis avec A. Szeminska. Deux petits verres A et A², de forme et de dimensions égales sont remplis d'un même nombre de perles, cette équivalence étant reconnue par l'enfant qui les a lui-même placées, par exemple en mettant d'une main une perle en A chaque fois qu'il en déposait une autre en A², avec l'autre main. Après quoi, laissant le verre A comme témoin, on verse A², en un verre B de forme différente. Les petits de 4-5 ans concluent alors que la quantité des perles a changé, quand bien même° ils sont certains que l'on n'a rien enlevé ni ajouté: si le verre B est mince° et élevé, ils diront qu'il y a "plus de perles qu'avant" parce que "c'est plus haut" ou qu'il y en a moins parce que c'est "plus mince", mais ils s'accorderont à admettre la non-conservation du tout. [. . .]

even if
thin

Supposons un enfant estimant qu'en B les perles sont plus nombreuses qu'en A parce que le niveau a monté: il "centre" ainsi sa pensée, ou son attention, sur le rapport entre les hauteurs de B et de A, et néglige les largeurs. Mais transvasons° B dans les verres C ou D, etc., encore plus minces et plus hauts; il vient nécessairement un moment où l'enfant répondra: "ça fait moins, parce que c'est trop étroit". Il y aura ainsi correction de la centration sur la hauteur par une décentration de l'attention sur la largeur. Dans le cas où le sujet estime la quantité plus petite en B qu'en A à cause de la minceur, l'allongement en C, D, etc., l'amènera au contraire à renverser° son jugement en faveur de la hauteur. Or, ce passage d'une seule centration aux deux successives annonce l'opération: dès qu'il raisonnera sur les deux relations à la fois, l'enfant déduira, en effet, la conservation. Seulement il n'y a encore ici ni déduction ni opération réelle: une erreur est simplement corrigée, mais avec retard et par réaction à son exagération même . . .

let us transfer

reverse

Alignons maintenant six jetons° rouges sur la table, offrons au sujet une collection de bleus et demandons-lui d'en déposer autant que de rouges. De 4 à 5 ans environ, l'enfant ne construit pas de correspondance et se contente d'une rangée° de longueur égale (à éléments plus serrés que le modèle). Vers 5-6 ans, en moyenne, le sujet alignera six jetons bleus en regard° des six rouges. L'opération est-elle alors acquise, comme il le semblerait? Nullement: il suffit de desserrer° les éléments de l'une des séries, ou de les mettre en tas°, etc., pour que le sujet renonce à croire à l'équivalence. Tant que

tokens

row

facing
spread out
pile

dure la correspondance optique, l'équivalence va de soi°: dès   is a matter of course
que° la première est altérée, la seconde disparaît, ce qui nous   as soon as
ramène à la non-conservation de l'ensemble. [. . .]

On comprend . . . pourquoi il y a décalage° vertical entre les   shift
opérations concrètes et les opérations formelles, quand bien
même les secondes répètent en quelque sorte le contenu des
premières: il ne s'agit nullement, en effet, d'opérations de
même difficulté psychologique. Il suffit ainsi de traduire en
propositions un simple problème de sériation entre trois
termes présentés en désordre, pour que cette addition sériale
devienne singulièrement malaisée°, alors qu'elle est bien facile   difficult
dès 7 ans sous forme de sériation concrète et même de
coordinations transitives pensées à propos de l'action. Parmi
les tests de Burt, on trouve le joli exemple que voici: "Édith est
plus claire (ou blonde) que Suzanne; Édith est plus foncée (ou
brune) que Lili; laquelle est la plus foncée des trois?" Or, ce
n'est guère que vers 12 ans que cette question est résolue.
Auparavant, on trouve des raisonnements comme celui-ci:
Édith et Suzanne sont claires, Édith et Lili foncées, alors Lili
est la plus foncée, Suzanne la plus claire et Édith entre deux.
Autrement dit, l'enfant de 10 ans raisonne, sur le plan formel,
comme les petits de 4-5 ans à propos des bâtons à sérier°, et   rods to arrange
ce n'est qu'à 12 ans qu'il rattrape en termes formels ce qu'il sait   in sequence
faire à 7 ans en termes concrets à propos des grandeurs; et la
cause en est simplement que les prémisses sont données à titre
de° pures hypothèses verbales et que la conclusion est à   as
trouver . . . sans recours aux opérations concrètes.

COMPRÉHENSION DU TEXTE

1. Pour quelle raison faut-il observer les petits au lieu de
   parler avec eux pour comprendre leur pensée?

2. Comment un enfant peut-il savoir que deux verres sont
   remplis d'un même nombre de perles?

3. Pour quelle raison l'enfant croit-il que la quantité des
   perles a changé?

4. Dans quelles circonstances un enfant croit-il que six jetons
   rouges sont plus nombreux que six jetons bleus?

5. Quelle est la réponse à la question: "Edith est plus claire
   (ou blonde), que Suzanne; Edith est plus foncée (ou
   brune) que Lili; laquelle est la plus foncée des trois?"

Il existe en français et en anglais un grand nombre de mots semblables venant du latin et gardant le même sens dans les deux langues. Il existe aussi un grand nombre de mots qui ont l'**apparence** d'être semblables mais qui ont des sens très différents. Ce sont les, "faux amis". Les listes suivantes comportent des mots souvent employés incorrectement quand on passe d'une langue à l'autre.

I. FRANÇAIS-ANGLAIS   II. ANGLAIS-FRANÇAIS

Les Noms

un amateur	enthusiast	advice	**un conseil**
une audience	hearing	amateur	**non-professionnel**
un avis	opinion	audience	**l'assistance (f)**
le caractère*	disposition, personality	character [in a play]	**un personnage**
la chance	luck	chance	**l'occasion (f)**
un collège	secondary school	college	**l'université (f)**
une conférence	lecture	conference	**un congrès**
la déception	disappointment	deception	**la tromperie**
une expérience*	experiment	experience	**expérience**
la figure	face	figure	**le corps**
l'humeur	mood	humor	**l'humour**
l'issue (f)	exit	issue	**le numéro**
la lecture	reading	lecture	**une conférence**
la librairie	bookstore	library	**la bibliothèque**
la licence	diploma [M.A.]	license	**le permis**
un médecin	doctor	medicine	**un médicament**
la mémoire*	memory	memory	**un souvenir, la mémoire**
la monnaie	currency, change	money	**l'argent (m.)**
le peuple*	nation, masses, people	people	**les gens, on, le peuple**
une place	public square, seat	place	**un endroit**
un procès	trial	process	**un procédé**
le souvenir	memory	souvenir	**un souvenir**
un type	guy, fellow	type	**le genre**

Les Verbes

achever	to complete	to achieve	**réaliser**
assister à	to attend	to assist	**aider**
attendre	to wait	to attend	**assister à**
dresser	to set up, to train	to dress	**s'habiller**
ignorer	not to know	to ignore	**ne tenir aucun compte de**
injurier	to abuse, to insult	to injure	**blesser**
passer un examen	to take an exam	to pass an exam	**être reçu à un examen**
prétendre	to claim	to pretend	**faire semblant**
prévenir	to warn	to prevent	**empêcher**
réaliser	to achieve	to realize	**se rendre compte**
rester	to remain	to rest	**se reposer**
supporter	to bear, to tolerate	to support	**soutenir**
user	to wear out	to use	**employer, utiliser**

Les Adjectifs

actuel	current, present	actual	**réel, véritable**
confus	embarrassed	annoying	**embêtant**
engagé	committed	confused	**embrouillé**
ennuyeux ennuyeuse	boring	engaged	**fiancé**
large	wide	large	**grand**
passionnant	exciting	passionate	**brûlant, fervent**
propre	clean, own	proper	**convenable**
sensible	sensitive	sensible	**raisonnable**
sympathique	attractive, likeable	sympathetic	**compatissant**
unique	only, single	unique	**singulier**
vulgaire*	common, vulgar	vulgar	**grossier**

*Ces mots expriment deux sens différents selon leur contexte. Un sens est semblable dans les deux langues, l'autre ne l'est pas.

A. Complétez chaque phrase suivante avec le mot qui convient. Faites les changements nécessaires.

1. Nous avons trente pages de _____ pour demain.

  lecture
  conféren

2. Mon frère a son _____ de conduire depuis deux ans.

  licence
  permis

3. Cet enfant est trop _____, il pleure facilement.

  raisonnab
  sensible

4. Mon _____ préféré dans la pièce s'appelle Dominique.

  caractè
  personn

5. A son _____ la conférence a duré trop longtemps.

  avis
  opinion

6. Mon grandpère a _____ comme un éléphant.

  mémoire
  souvenir

7. Malgré mes efforts, je n'ai pas _____ mon but.

  réaliser
  achever

8. Ce médicament peut _____ plusieurs complications.

  empêcher
  prévenir

9. Il faut terminer le _____ pour prouver son innocence.

  procédé
  procès

10. Frédéric s'est _____ avec une Suédoise.

  engagé
  fiancé

11. Ma tante aime _____ avant le dîner.

  rester
  se repose

12. C'est en travaillant beaucoup qu'il _____ une si grande famille.

  supporter
  soutenir

13. La réponse du patron ne semble pas être _____.

  propre
  convenab

14. D'habitude on reste silencieux dans _____.

  librairie
  bibliothèq

15. Ce professeur discute des _____ historiques.

  issue
  question

16. Il y a beaucoup de _____ à la plage.

  peuple
  gens

17. Je n'ai pas l'habitude de _____ trois conférences dans une journée.

  attendre
  assister à

18. Dans ce magasin on vend _____ de confiture anglaise

  type
  sorte

19. Le Bois de Boulogne est _____ très tranquille.

  place
  endroit

B. Répondez à chaque question en utilisant un faux ami.

1. Où va-t-on pour acheter des livres?
2. Chez qui allez-vous si vous êtes malade?
3. Que fait-on dans un laboratoire de sciences?
4. Quels gens pleurent facilement?
5. Dans quel endroit scolaire va-t-on avant d'aller au lycée?
6. Comment s'appelle le seul enfant d'une famille?
7. Quand n'a-t-on pas besoin de nettoyer sa chambre?
8. Pour quelle raison va-t-on chez un expert?

C. Utilisez chaque mot dans une phrase en français. A la fin
    de chaque phrase donnez l'équivalent anglais du faux ami.

1. prétendre
2. engagé
3. souvenir
4. achever
5. propre

6. supporter
7. collège
8. sympathique
9. humeur
10. passionnant

D. Complétez chaque phrase avec un faux ami.

1. Savez-vous son nom? Moi, je l' . . .
2. C'est une femme . . . qui fait beaucoup de politique.
3. Nous allons au concert parce que nous sommes . . .de musique.
4. Je me suis endormi parce que le film était si . . .
5. Ce garçon a la responsabilité de . . . sa famille.
6. Un criminel ne peut être jugé sans . . .
7. Vous avez perdu? Quelle grande . . .
8. Il y a un article intéressant dans le dernier . . . de la revue.
9. Cette personne est tellement aimable, très . . .

E. Trouvez l'équivalent français de chaque mot suivant.

1. advice
2. character
3. chance
4. college
5. lecture
6. library
7. license
8. medicine
9. money
10. people
11. place
12. process
13. type
14. to achieve
15. to assist
16. to pass an examination
17. to pretend
18. to prevent
19. to realize
20. to rest
21. to support
22. actually
23. engaged
24. proper
25. sensible
26. sympathy
27. unique

F. Traduisez les phrases suivantes en utilisant les mots: **gens, peuple, on,** comme il convient.

1. Many people watched the game.
2. The French nation supports the arts.
3. People want to achieve their goals.
4. People don't say that! It is not polite.
5. Young people often have exciting ideas.

G. Traduisez les phrases suivantes en faisant attention d'éviter les faux amis.

1. We are attending the only conference on the subject of memory.
2. It is a unique experience.
3. Some amateurs are supporting exciting research.
4. They realize that many issues remain sensitive.
5. The readings give us a chance to prepare questions.
6. A doctor will describe her current work.
7. People seem not to know how the process of memory works.
8. I bought an issue of the journal of psychology.
9. It supports some sensible theories.

L'adjectif exprime une qualité du nom auquel il est joint.

Jean-Louis est **blond.** Francine est **brune.**

A. Formes.

1. Les adjectifs masculins se terminent avec une consonne ou avec la lettre **e.**

   sec, laid, vif, long, un, français, haut, rouge

2. L'adjectif féminin se forme en ajoutant la lettre **e** à la forme masculin.

   laide, française, haute

   a. si le mot masculin se termine en **e,** on ne change rien:

      rouge, jeune, mince, propre

   b. quelques adjectifs féminins se forment ainsi:

      -er devient **ère:**
         premier, premi**ère**
         cher, ch**ère**
         fier, fi**ère**
      -eux devient **euse:**
         amoureux, amour**euse**
         ennuyeux, ennuy**euse**
      -f devient **-ve:**
         naïf, nai**ve**
         sportif, sporti**ve**
      -x devient **-sse:**
         faux, fau**sse**
         roux, rou**sse**

   c. quelques adjectifs **doublent** la **consonne finale:**
         gentil   gentille
         bon   bonne
         épais   épaisse
         cadet   cadette

d. quelques adjectifs irréguliers se forment ainsi:

beau	belle
blanc	blanche
doux	douce
frais	fraîche
sec	sèche
vieux	vieille

e. quelques adjectifs masculins ont une deuxième forme au singulier, employée devant une **voyelle** ou devant un **h muet**:

beau	bel
nouveau	nouvel
vieux	vieil

3. Le **pluriel** se forme généralement en ajoutant s au singulier.

a. si le singulier se termine en s ou en x on ne change rien.

français   heureux   jaloux

b. certains adjectifs se changent ainsi:

-**eau** ajoute **x**:   nouv**eau**   nouv**eaux**

-**al** devient **aux**:   nation**al**   nation**aux**

Les adjectifs suivants forment le masculin pluriel avec un **s**:
banal, fatal, final, naval

4. L'adjectif s'accorde en genre et en nombre avec le nom.

une histoire passionnante, de vieux amis

B. La Place de l'adjectif.

   1. L'adjectif se place généralement **après** le nom.

      le vin **rouge**, l'Eglise **catholique**, la Maison **Carrée,** le Pont-**Neuf,** la Bibliothèque **nationale**, l'Académie **française**

   2. Quelques adjectifs **précèdent** le nom.

      autre, beau, bon, gros, haut, jeune, joli, mauvais, petit, premier, vieux

      le **premier** étage, le **petit** déjeuner, **bon** marché,

   3. Quelques adjectifs changent de **sens** selon la position **avant** ou **après** le nom.

un **ancien** combattant a **former** soldier (veteran)	un meuble **ancien** **antique** furniture
mon **cher** ami my **dear** friend	un voyage **cher** an **expensive** trip
le **pauvre** homme the **poor** (**unfortunate**) man	une famille **pauvre** a **poor** family
ma **propre** chambre my **own** room	une chambre **propre** a **clean** room

A. Mettez l'adjectif à la forme qui convient avant ou après le nom.

1. français/	la Comédie
2. blanc, bon/	le vin
3. général/	la règle
4. national/	la Bibliothèque
5. principal/	le personnage
6. grand/	le prix
7. bleu/	la Barbe
8. rouge, petit/	le Chaperon
9. Nouveau/	l'Observateur
10. bon/	le marché
11. petit/	le déjeuner
12. amoureux/	la femme
13. vieux/	l'ami
14. roux, joli/	les cheveux

B. Donnez la forme féminine de chaque adjectif suivant.

1. jeune
2. tout
3. étranger
4. ennuyeux
5. vieux
6. faux
7. roux
8. sec
9. doux
10. blanc
11. frais
12. italien
13. gentil
14. beau
15. mince

L'ADVERBE

L'adverbe modifie un verbe, un adjectif ou un autre adverbe. L'adverbe est un mot invariable.

Il vient **nécessairement** un moment où l'enfant répondra: 'ça fait **moins**, parce que c'est **trop** étroit.'

A. Formes.

   1. Généralement on ajoute **-ment** au féminin de l'adjectif:

   première   premiè**rement**

   douce   dou**cement**

   et au **masculin** de l'adjectif qui termine en **i**, **é**, **u**

   vraiment   absolument   spontanément.

   Les adjectifs qui se terminent en **-ant** ou **-ent** se forment ainsi:

   -amment, -emment

   courant   cour**amment**
   évident   évid**emment**
   récent   réc**emment**

   2. Quelques adverbes ont des formes irrégulières:

   précis   précisément
   profond   profondément
   bon   bien
   mauvais   mal
   vite   vite
   fort   fort

B. La Place de l'adverbe.

   La place de l'adverbe varie.

   Généralement l'adverbe se place **après le verbe** dans les temps simples et **après l'auxiliaire** dans les temps composés.

   L'enfant comprend **bien.** Il a **bien** compris.

Les adverbes suivants peuvent modifier un adjectif, ou un adverbe.

	adjectif	adverbe
aussi	aussi beau	aussi rapidement
bien	bien intelligent	bien lentement
fort	fort intéressant	fort peu
si	si sympathique	si vite
très	très difficile	très soigneusement

EXERCICES / Les Adverbes

A. Changez les adjectifs en adverbes.

1.	vrai	11.	premier
2.	évident	12.	franc
3.	bon	13.	entier
4.	mauvais	14.	constant
5.	prudent	15.	absolu
6.	probable	16.	lent
7.	doux	17.	généreux
8.	récent	18.	régulier
9.	délicieux	19.	seul
10.	malheureux	20.	vite

B. Trouvez l'antonyme pour les adverbes suivants.

1. lentement
2. dernièrement
3. bien
4. heureusement

C. Complétez chaque phrase avec un adverbe qui convient.

1. Parlez-vous _____ français?
2. Ne conduis pas trop _____ .
3. La mère aime _____ son enfant.
4. Ne chantez pas si _____ s.v.p.
5. _____ nous ne comprenons pas.

malheureusement
tendrement
doucement
vite
fort
couramment

Une qualité peut être exprimée **sans comparaison**, c.-à-d. au **degré absolu.**

Une qualité peut être exprimée **par comparaison** avec une ou plusieurs autres personnes, objets ou idées, c.-à-d. au **degré relatif.**

Une qualité peut être exprimée au degré le plus haut ou le plus bas, c.-à-d. au **degré superlatif.**

La comparaison indique un rapport d'**égalité**, de **supériorité** ou d'**infériorité.**

Le comparatif et le superlatif s'expriment généralement par un **adjectif** ou un **adverbe.**

Pangloss . . . prouvait que dans ce **meilleur** des mondes possibles, le château de monseigneur le baron était **le plus beau** des châteaux, et madame **la meilleure** des baronnes possibles. [. . .] Ceux qui ont avancé que tout est **bien** ont dit une sottise: il fallait dire que tout est au **mieux.**

Voltaire, Candide

A. Formes.

Les Adjectifs.

1. On forme les degrés différents de comparaison en ajoutant les adverbes **aussi, plus, moins** devant l'adjectif, et la conjonction **que** devant le second élément de comparaison.

   > Candide est **aussi** jeune **que** Cunégonde.
   > Cunégonde est **plus** belle **que** la baronne.
   > Candide est **plus** naïf **que** les autres garçons.

2. On répète le mot comparatif devant chaque adjectif:

   > Candide avait les moeurs **plus** douces et l'esprit **plus** simple que les autres.

3. Quand le deuxième élément de la comparaison n'est pas nommé, on n'utilise pas la conjonction **que**.

J'essaie d'être **plus** raisonnable.

4. On peut ajouter l'adverbe **bien** ou **beaucoup** à **plus** ou à **moins** pour les renforcer.

Candide est **beaucoup plus** naïf que Cunégonde.
La baronne est **beaucoup moins** belle que Cunégonde.
Cette histoire est **bien plus** amusante que l'autre.

5. Pour former le superlatif on ajoute l'article défini, **le**, **la** ou **les** devant l'adjectif et on l'accorde avec le nom.

Pangloss est **le plus** grand philosophe de toute la terre.

6. Les adjectifs **bon**, **mauvais** et **petit** ont quelques formes irrégulières.

absolu	comparatif	superlatif
bon	**meilleur**	le **meilleur**
mauvais	plus mauvais **pire**	le plus mauvais le **pire**
petit	plus petit **moindre**	le plus petit le **moindre**

Je n'ai pas **la moindre** idée!
Madame est la **meilleure** des baronnes possibles.

7. Quand l'adjectif superlatif suit le nom, on répète l'article défini qui s'accorde avec le nom.

Candide avait l'esprit **le** plus simple.
Il avait **les** moeurs **les** plus douces.

Les Adverbes.

1. On forme les degrés différents de comparaison en ajoutant les mots **aussi, si, plus, moins,** généralement après le verbe.

   Ces verres sont **plus** minces et **plus** hauts.
   Il y a **moins** de perles parce que le verre est **plus** mince?

2. Les adverbes **bien, mal, beaucoup** et **peu** ont des formes irrégulières.

absolu	comparatif	superlatif
bien	**mieux**	le **mieux**
mal	plus mal	le plus mal
	pis	le **pis**
beaucoup	plus	le plus
peu	**moins**	le **moins**

Quelques adverbes comparatifs importants:

assez	plus
aussi	si
autant	tant
extrêmement	tellement
même	trop
moins	

A. Complétez chaque phrase avec un mot comparatif,
   superlatif, égal ou inférieur qui convient.

   1. Je suis _____ intelligent qu'Albert Einstein.
   2. Cinquante pour cent est _____ que la moitié.
   3. Mon jumeau est _____ âgé que moi.
   4. Est-ce que les Alpes sont _____ hautes que les Pyrénées?
   5. L'essence coûte _____ cette année que l'année dernière.
   6. Les lapins courent _____ vite que les tortues.
   7. Le céleri coûte _____ cher que le caviar.
   8. La Loire est le fleuve _____ long de France?
   9. Je n'ai pas _____ idée!
   10. Je dépense _____ d'argent pour le cinéma que
       pour les vêtements.
   11. Le film est _____ que le livre. J'aime _____ le film.
   12. Les sports m'intéressent _____ que la cuisine.
   13. Henri est _____ âgé que sa mère.
   14. On donne le prix à _____ actrice.
   15. Le jour _____ court de l'année est en décembre.
   16. Si je joue _____ je perdrai le match.
   17. Si on gagne, tant _____. Si on perd, tant _____.

B. Complétez la phrase avec le mot qui convient: **aussi** ou
   autant.

   1. Est-ce que New York est _____ belle que Paris?
   2. Il y a _____ de jours en avril qu'en juin.
   3. Je comprends _____ bien que toi.
   4. J'ai _____ de travail que toi.
   5. Je travaille _____ que toi.
   6. Tu travailles _____ vite que moi.
   7. J'aime le lait _____ que le café.
   8. Le lait est _____ délicieux que le jus d'orange?
   9. Ma mère est _____ âgée que mon père.
   10. Je ne dors pas _____ que toi.

11. J'aime le film _____ que le livre.
12. Le film est _____ bon que le livre.
13. Il y a _____ de garçons que de filles ici.
14. Je parle _____ que Christine.
15. Je parle _____ lentement que toi.
16. J'ai gagné _____ peu d'argent que Julien.
17. Es-tu _____ sensible que moi?

C. Exprimez d'une autre façon les rapports suivants.

1. Yvette est plus blonde que Madeleine.
2. J'ai la moitié de travail que l'année dernière.
3. Je me suis levé avant Isabelle.
4. Georges est l'aîné, Jacqueline est la cadette, Nicole est la benjamine.
5. Vous préférez les sports d'hiver?
6. J'ai lu soixante pages. Tu as lu soixante pages.

D. Complétez la phrase avec un mot comparatif convenable.

1. On boit _____ de vin en France qu'aux Etats Unis.
2. Notre journal est _____ intéressant que *Le Monde*.
3. Ma maison est _____ grande que la Maison Blanche.
4. _____ ça change, _____ c'est la même chose.
5. _____ on mange, _____ on grossit.
6. Oui, nous comprenons _____ ou _____.
7. Mais c'est de _____ en _____ compliqué.
8. Les enfants aiment _____ la glace que les épinards.

E. Choisissez l'expression qui convient: **de plus en plus, de moins en moins, plus . . . plus,** ou **moins . . . moins,** pour compléter la phrase.

1. _____ ça change, _____ c'est la même chose.

2. Mais vous parlez _____ vite! Je comprends _____.

3. Ce pauvre a _____ à manger.

4. Candide devenait _____ amoureux de Cunégonde.

5. _____ il la voyait, _____ il la trouvait belle.

6. La philosophie de Pangloss lui semble _____ raisonnable.

F. Traduisez les phrases suivantes.

1. Children become more and more sensitive.
2. The more they see, the more they understand.
3. They are more or less reasonable.
4. But the less they read, the less they will want to read.
5. They cry less and less!
6. White as snow. Black as jade.
7. Long as a day without bread.
8. The more he tries, the more he likes it.
9. She runs faster and faster.
10. I shall do my best.
11. All the better! Too bad!
12. Happy New Year! Happy Birthday!
13. Better late than never.
14. The more things change, the more they stay the same.
15. All is for the best in the best of all possible worlds.

A.   La Voyelle [ə], le "e muet"

1.   En français, la prononciation de la lettre **e sans accent écrit** ressemble souvent au son de la voyelle dans le mot **a**bout en anglais.

2.   Règles générales de prononciation.

a.   La lettre **e** sans accent écrit se prononce [ə] au **début** d'un mot quand la syllabe se termine sur la voyelle.

   demain   repas   premier   tenir

b.   La lettre **e** sans accent écrit **ne se prononce pas** à la **fin** d'un mot.

   sortie   amie   vie   développe

c.   La lettre **e** sans accent écrit se prononce [ə] dans les monosyllabes.

   ce   de   je   le   me
   ne   se   te   que

d.   Quand **deux** monosyllabes se suivent on en prononce seulement **un**, généralement le **premier**:

   je ne̸ sais pas   il te le̸ dit

   Exception:
   je sais ce̸ que je veux

3.   Le son [ə] s'écrit aussi:

   ai dans le verbe **faire**, au présent [à la 1ère personne du pluriel] et à tout l'imparfait:

   faisons   faisais   faisait   faisaient

   on dans le mot **monsieur** [mə-sjø]

B. Exercices / [ə]

    1. Soulignez les voyelles qui se prononcent [ə] dans les mots suivants.

       besoin   semaine   nulle   rue   réaction

       faisons   lettre   peser   lever   fais

       domaine   monsieur   féminin   premier

C. Les Mots "Maudits" #3

En français, **maudit** signifie damné, condamné. Les mots suivants sont pour les Anglophones "maudits" en ce sens qu'on les prononce souvent mal.

La lettre **h**.

Dans la plupart des mots en français, la lettre **h** au début d'un mot, est muette. Il y a **élision** avec l'article singulier qui précède, et **liaison** avec l'article pluriel ou l'adjectif qui précède:

    l'Hexagone   l'héroïne   les‿honneurs   un bon‿hôtel

Il y a un certain nombre de mots dont la lettre **h** est "**aspirée**". On ne la prononce pas, mais il n'y a ni élision ni liaison avec les mots précédents.

Prononcez les mots suivants dont la lettre **h** est **aspirée**, en faisant attention de faire un **hiatus** entre l'article et le nom.

1.	les / haillons	11.	le / héros
2.	la / haine	12.	le / hibou
3.	/ haïr	13.	le / hockey
4.	le / hall	14.	la / Hollande
5.	/ hanter	15.	le / homard
6.	les / haricots	16.	la / Hongrie
7.	le / hasard	17.	la / honte
8.	la / hâte	18.	les / hors-d'oeuvre
9.	la / hauteur	19.	/ huit
10.	le / Havre		

Exercices.

Prononcez chaque mot suivant en faisant attention aux **hiatus,**
aux **liaisons** et à **l'élision.**

1. l'hiver   les haricots   les hommes   les hors d'oeuvre
2. les hauteurs   les herbes   les heures   l'huile   le héros
3. les Hollandais   les habitants   les Hongrois   les hasards
4. la haine   la honte   le huit   les hôtels   l'haleine
5. Le Havre   l'humeur   l'Hexagone   l'hôte

TRAVAUX PRATIQUES

On peut adapter certaines parties des sections A, B et C au
travail oral ou écrit. Utilisez autant que possible le vocabulaire
et la grammaire de cette leçon dans le travail suivant.

A.   Questions.

Répondez par des phrases complètes.

1. Qui est la personne la plus grande dans cette salle?
2. Quelles personnes dans cette salle ont les cheveux
   les plus foncés?
3. Qui parle le plus?   le moins?   le mieux?
4. Parlez-vous aussi bien italien que français? Expliquez.
5. Passez-vous plus ou moins de temps que vos amis à
   étudier?   Pourquoi?
6. Qui est le meilleur / le plus mauvais acteur de
   cinéma américain?
7. Faites-vous autant d'exercice que vous voulez?
   Pourquoi?
8. Quel sujet trouvez-vous le plus / le moins
   intéressant? Amis / travail / argent / politique /
   nourriture?   Pourquoi?

B. Discussion.

La classe se sépare en groupes de trois personnes pour jouer une scène ou discuter une des questions ci-dessous.

1. A, D et Y parlent de leurs expériences avec les enfants. A dit qu'elle aime beaucoup mieux passer son temps à jouer et à parler avec les enfants qu'avec les adultes. D dit qu'il est d'accord, mais Y, elle, trouve la compagnie des petits moins passionnante.

2. H, M, et K constituent un comité pour décerner les prix de cinéma. Ils annoncent les décisions pour les prix du meilleur acteur, de la meilleure histoire / musique / photographie.

C. Composition.

Choisissez un sujet.

1. Discutez vos goûts personnels, les choses qui vous attirent chez vos amis, vos passe-temps favoris, vos préférences en musique, en cuisine.

2. Comparez deux ou trois enfants que vous connaissez, du point de vue de l'aspect physique, de l'intelligence, de la personnalité, des intérêts: Laure est plus mince, Edith est plus sympathique, Jean comprend mieux...

3. Comparez votre génération et celle de vos parents, surtout les attitudes envers l'amour, le mariage, le travail, l'education, les étrangers, la religion.

BANDE/ Jean Piaget: *La Psychologie de l'Intelligence*

LECTURE	*Proclamation à l'Armée; Les Adieux de Fontainebleau*, Napoléon Bonaparte (1769-1821)
VOCABULAIRE	Les Mesures
GRAMMAIRE	Le Plus-que-parfait; Le Passé simple; Les Nombres
PRONONCIATION	Les Voyelles nasales; Les Sons [ā] [ō]

LECTURE/ PROCLAMATION À L'ARMÉE, 7 FLORÉAL* AN IV
[26 avril 1796]

INTRODUCTION

   Dans la Proclamation qui suit, le Général Napoléon Bonaparte (né en Corse, ancienne° île italienne, devenue   former française en 1768) s'adressa aux soldats français au cours de la campagne d'Italie. Ce fut un moment de triomphe pour lui. Il avait transformé une armée pauvre et sans discipline en une force victorieuse. Mais il restait encore des villes à conquérir.

   Napoléon resta Général en chef de l'armée française jusqu'en 1804, année où il fut proclamé Empereur. Il fit des réformes importantes dans les domaines de la justice, de l'administration et de l'enseignement. Le Code Napoléon, premier code moderne en France, est encore en vigueur° aujourd'hui. Après   effect de nombreux échecs° militaires, Napoléon fut obligé   failures d'abdiquer. Il fit un discours plein d'émotion à Fontainebleau juste avant de se réfugier à l'île d'Elbe. Il en revint après quelques mois. Mais, vaincu à la bataille de Waterloo en 1815, il dut de nouveau° partir. Il mourut à l'île de Ste Hélène en   again 1821.   *   *   *

   *Floréal, mois du calendrier républicain, établi par la Convention nationale en 1793. Les saisons et les mois sont:

   automne: vendemaire, brumaire, frimaire
   hiver: nivôse, pluviôse, ventôse
   printemps: germinal, floréal, prairial
   été: messidor, thermidor, fructidor

Soldats, vous avez en quinze jours remporté° six victoires, won
pris vingt et un drapeaux, cinquante-cinq pièces de canon,
plusieurs places fortes°, conquis la partie la plus riche du fortress
Piémont°. Vous avez fait quinze mille prisonniers, tué ou province in N. Ital
blessé près de dix mille hommes.

Vous vous étiez jusqu'ici battus pour des rochers stériles,
illustrés par votre courage, mais inutiles à la patrie. Vous
égalez aujourd'hui, par vos services, l'armée de Hollande et du
Rhin. Dénués° de tout, vous avez suppléé à tout. Vous avez deprived
gagné des batailles sans canons, passé des rivières sans ponts,
fait des marches forcés sans souliers, bivouaqué sans eau-de-
vie° et souvent sans pain. Les phalanges républicaines, les brandy
soldats de la liberté étaient seuls capables de souffrir ce que
vous avez souffert. Grâces vous en soient rendues°, soldats! we render thanks
La patrie reconnaissante vous devra sa prospérité. Et si,
vainqueurs de Toulon vous présageâtes l'immortelle
campagne de 1794, vos victoires actuelles en présagent une
plus belle encore.

Les deux armées qui naguère° vous attaquaient avec audace recently
fuient épouvantées° devant vous; Les hommes pervers qui terrified
riaient de votre misère et se réjouissaient dans leur pensée des
triomphes de vos ennemis sont confondus° et tremblants. confounded

Mais, soldats, vous n'avez rien fait puisqu'il vous reste
encore à faire. Ni Turin ni Milan° ne sont à vous: [. . .] [cities in Italy]

Vous étiez dénués de tout au commencement de la
campagne; vous êtes aujourd'hui abondamment pourvus°. Les supplied
magasins pris à vos ennemis sont nombreux. L'artillerie de
siège et de campagne est arrivée. Soldats, la patrie a droit
d'attendre° de vous de grandes choses; justifierez-vous son expect
attente? Les plus grands obstacles sont franchis°, sans doute; overcome
mais vous avez encore des combats à livrer°, des villes à to wage
prendre, des rivières à passer. En est-il° entre vous dont le are there
courage s'amolisse°? En est-il qui préféreraient retourner sur weakens
les sommets de l'Apennin et des Alpes?....Non, il n'en est
point parmi les vainqueurs de Montenotte, de Millesimo, de
Dego et de Mondovi°. Tous brûlent de porter au loin la gloire [cities in Italy]
du peuple français. Tous veulent humilier ces rois orgueilleux
qui osaient méditer de nous donner des fers°. Tous veulent chains

dicter une paix glorieuse et qui indemnise la patrie des
sacrifices immenses qu'elle a faits. Tous veulent en rentrant
dans leurs villages, pouvoir dire avec fierté: "J'étais de° l'armée   belonged to
conquérante de l'Italie!"

Amis, je vous la promets, cette conquête: mais il est° une   there is
condition qu'il faut que vous juriez de remplir, c'est de
respecter les peuples que vous délivrez, c'est de réprimer les
pillages horribles auxquels se portent des scélérats° suscités   scoundrels
par nos ennemis. Sans cela, vous ne seriez pas les libérateurs
des peuples, vous en seriez les fléaux°. Vous ne seriez pas   scourge
l'honneur du peuple français, il vous desavouerait. Vos
victoires, votre courage, vos succès, le sang de nos frères
morts aux combats, tout serait perdu, même l'honneur et la
gloire. Quant à moi et aux généraux qui ont votre confiance,
nous rougirions de commander à une armée sans discipline,
sans frein, qui ne connaîtrait de loi que la force. Mais, investi
de l'autorité nationale, fort de° la justice et par la loi, je saurai assured of
faire respecter par ce petit nombre d'hommes sans courage et
sans coeur les lois de l'humanité et de l'honneur qu'ils foulent
aux pieds°. Je ne souffrirai pas que des brigands souillent° vos   trample / sully
lauriers. Je ferai exécuter à la rigueur le règlement que j'ai fait
mettre à l'ordre. Les pillards seront impitoyablement fusillés°;   executed
déjà plusieurs l'ont été. J'ai eu lieu de remarquer avec plaisir
l'empressement avec lequel les bons soldats de l'armée se sont
portés pour faire exécuter les ordres.

Peuples de l'Italie, l'armée française vient pour rompre° vos   break
chaînes. Le peuple° français est l'ami de tous le peuples. Venez   nation
avec confiance au-devant d'elle; vos propriétés, votre religion
et vos usages° seront respectés....   customs

*   *   *

LES ADIEUX DE FONTAINEBLEAU* 20 AVRIL 1814

Soldats de ma vieille garde, je vous fais mes adieux. Depuis
vingt ans, je vous ai trouvés constamment sur le chemin de
l'honneur et de la gloire. Dans ces derniers temps, comme dans
ceux de notre prospérité, vous n'avez cessé d'être les modèles
de bravoure et de fidélité. Avec des hommes tels que° vous,   such as

*Château près de Paris, lieu préféré de Napoléon.

notre cause n'était pas perdue. Mais la guerre était
interminable. C'eût° été la guerre civile, et la France n'en serait   would have
devenue que   plus malheureuse. J'ai donc sacrifié tous nos
intérêts à ceux de la patrie; je pars. Vous, mes amis, continuez
de servir la France. Son bonheur était mon unique° pensée: il   single
sera toujours l'objet de mes voeux!° Ne plaignez pas mon   wishes
sort°. Si j'ai consenti à me survivre, c'est pour servir encore à   destiny
votre gloire. Je veux écrire les grandes choses que nous avons
faites ensemble! Adieu, mes enfants! Je voudrais vous presser
tous sur mon coeur; que j'embrasse au moins votre
drapeau!° . . .   flag

Adieu encore une fois, mes vieux compagnons! Que ce
dernier baiser° passe dans vos coeurs!   kiss

COMPRÉHENSION DU TEXTE

1. Pour quels exploits militaires Napoléon loua-t-il ses
   soldats?
2. Quelle région de l'Italie avaient-ils vaincue?
3. Quels obstacles les soldats avaient-ils dû surmonter?
4. Comment les armées adversaires avaient-elles changé leur
   attitude envers l'armée français?
5. Quelles villes restèrent à être prises par les Français?
6. Comment la situation des soldats avait-elle été récemment
   améliorée?
7. Napoléon donna-t-il vraiment aux soldats le choix de
   retourner en France sans terminer la campagne?
8. Pourquoi Napoléon répondit-il lui-même aux questions
   qu'il posa?
9. Selon Napoléon, pour quelles raisons les soldats durent-ils
   respecter le peuple vaincu?
10. Comment Napoléon changea-t-il de ton lorsqu'il s'adressa
    au peuple italien?
11. Pourquoi Napoléon appela-t-il son armée d'abord
    "soldats" et ensuite "amis" dans son discours?
12. De quelle punition des criminels parla-t-il?

une balance*	scale	augmenter	to increase
un centimètre	centimeter	bouillir	to boil
un chiffre	figure	compter	to count
un gramme	gram	diminuer	to diminish
la hauteur	height	fondre	to melt
un hectogramme	100 grams	geler	to freeze
un kilogramme (kg) [un kilo]	1.000 grams	grossir	to gain weight, to enlarge
un kilomètre (km)	1.000 meters	maigrir	to lose weight, to grow thin
la largeur*	width		
une livre	pound	mesurer	to measure
la longueur	length	peser	to weigh
un mètre	meter		
un mille	mile		
la moitié	half		
un nombre	number		
le niveau	level		
le poids	weight	carré	square
la profondeur	depth	demi	half
une règle	ruler	épais	thick
la taille	size	impair	odd
la température	temperature	mince	thin
une tonne	ton	pair*	even
le tout	whole	quart	one fourth
		rond	round
		tiers	one third

EXERCICES/ Vocabulaire

A. Complétez chaque phrase avec un mot de la liste à droite.

1. Une tonne _____ plus qu'une livre.
2. Les numéros _____ sont 1, 3, 5, 7, et 9.
3. La glace _____ à 0 degré centigrade.
4. Si on divise en deux parties égales, chacune aura _____ .
5. L'eau, pour _____ , doit atteindre une température de 100 degrés centigrades.
6. On utilise _____ pour mesurer le poids d'un objet.
7. 160 _____ sont l'équivalent de 100 milles.
8. 2,2 livres sont l'équivalent de _____ .
9. Il y a _____ grammes dans un hectogramme.
10. La longueur et la largeur sont égales dans un objet _____ .

kilomètre
peser
bouillir
moitié
cent
balance
fondre
impair
kilogramme
trente
grossir
maigrir
taille
chiffre
niveau
carré
mince
geler

B. Trouvez un antonyme pour chaque mot suivant.

1. épais
2. grossir
3. pair
4. diminuer
5. dernier

Les mots **hecto** et **kilo** viennent du grec.
Hecto = cent.   Kilo = mille.

---

172 Exercices / Vocabulaire
Leçon neuf

Le **plus-que-parfait** marque une action passée terminée avant une autre action passée.

> Napoléon **avait fait** beaucoup de conquêtes avant d'être vaincu.

A. Formes.

Le plus-que-parfait se forme avec deux verbes:

1) l'**imparfait** du verbe **auxiliaire, avoir** ou **être**

2) le participe passé.

> L'ingénieur **avait mesuré** les tuyaux quand il a remarqué les fuites.
>
> The engineer **had measured** the pipes when he noticed the leaks.
>
> Les soldats **étaient venus** à Fontainebleau.
>
> The soldiers **had come** to Fontainebleau.

Les règles d'accord avec le participe passé sont les mêmes que pour le passé composé.

B. Emplois.

Le plus-que-parfait s'emploie:

1. pour indiquer un **acte passé accompli avant un autre** acte passé.

> L'architecte **avait montré** ses dessins aux ouvriers avant de commencer la construction du bâtiment.

2. pour marquer un **acte habituel** accompli avant un autre acte passé.

> Pendant tout l'été les garçons **s'étaient levés** avant nous.

3. pour exprimer une **supposition** ou une condition passée.

> On emploie alors **si** + plus-que-parfait. On emploie le conditionnel passé pour exprimer lé résultat.

>> Si l'eau **avait bouilli** pendant une demi-heure, nous en **aurions eu** trop peu pour notre thé.

>> Si tu **avais pesé** le tout, tu aurais su combien on avait consommé.

4. pour exprimer un **regret passée** on emploie **si** + seulement + verbe.

> Si seulement la couturière **avait pris** des mesures plus précises!

> Si seulement j'**avais mis** de côté le tiers de mon argent!

5. pour exprimer le **discours indirect** au passé.

> Le chauffeur demandait combien de kilomètres nous **avions fait** en un jour.

> Le capitaine disait que son navire **avait transporté** 75 tonnes de blé l'année dernière.

A. Mettez les phrases suivantes au plus-que-parfait en commençant avec les mots "si seulement". Terminez la phrase avec un verbe au conditionnel passé.

1. J'ai maigri/
2. Vous avez mieux calculé/
3. Nous avons divisé le travail avant/
4. La neige n'a pas fondu/
5. Le nombre s'est arrêté/
6. Le poids a changé/
7. La taille a grossi/
8. Les horloges sont précises/
9. Tu as divisé le tout/
10. J'achète cent kilos de pommes/
11. La voiture a consommé moins d'essence/
12. La table carrée a côuté 1.000 Fr.
13. On a multiplié 2,2 par dix/
14. Tu t'es pesé avant/
15. Je suis venu à l'heure/
16. La température est montée/
17. La largeur s'est étendue/
18. Tu savais ma taille/

B. Mettez tous les verbes entre parenthèses au temps convenable: présent, imparfait, conditionnel, passé composé, plus-que-parfait, passé simple ou participe présent.

*La Bataille de Waterloo / L'Inattendu**

Tout à coup, chose tragique, à la gauche des Anglais, à notre droite, la tête de colonne des cuirassiers se cabra avec une clameur effroyable . . . les cuirassiers venaient d'apercevoir entre eux et les Anglais un fossé, une fosse [a **ditch**]. C'était le chemin creux d'Ohain. L'instant _____ (être) épouvantable . . . Presque un tiers de la brigade Dubois _____ (crouler) dans cet abîme. Ceci _____ (commencer) la perte de la bataille. Une

*Voir Appendice II

tradition locale, qui _____ (exagérer) évidemment,
_____ (dire) que deux mille chevaux et quinze cents
hommes _____ (être) ensevelis dans le chemin creux
d'Ohain. Ce chiffre vraisemblablement _____(comprendre)
tous les autres cadavres qu'on _____ (jeter)
dans ce ravin le lendemain du combat. . . .

   Napoléon, avant d'ordonner cette charge des cuirassiers
de Milhaud, _____ (scruter) le terrain, mais ne
_____(pouvoir) voir ce chemin creux qui ne
_____ (faire) pas même une ride à la surface du
plateau. Averti pourtant et mis en éveil par la petite
chapelle blanche qui en marque la chaussée, il _____,
(faire) probablement sur l'éventualité d'un obstacle, une
question au guide Lacoste. Le guide _____ (répondre)
non. On _____ (pouvoir) presque dire que de ce
signe de tête d'un paysan _____ (être) sortie la
catastrophe de Napoléon. D'autres fatalités _____
(devoir) encore surgir. _____ (être) -il possible que
Napoléon gagnât cette bataille? Nous _____(répondre)
que non. Pourquoi? A cause de Wellington? A cause
de Blücher? Non. A cause de Dieu.
   Bonaparte vainqueur à Waterloo, ceci ne _____(être)
plus dans la loi du dix-neuvième siècle . . .
   Il _____ (être) temps que ce vaste homme tombât.

                              Victor Hugo, *Les Misérables*

LE PASSÉ SIMPLE

Le passé simple exprime un acte terminé au passé et qui n'a aucun rapport avec le présent. On l'appelle aussi le **passé défini.** C'est un temps littéraire qu'on rencontre rarement dans la langue parlée et qui s'emploie surtout pour les faits historiques lointains.

> La Bataille de Waterloo **eut** lieu en 1815.

A. Formes.

Le passé simple se forme avec **un** verbe.

1. Le passé simple se forme avec **trois** sortes de terminaisons:

    a. Pour les infinitifs en **-er:**

je	mesur / **ai**
tu	mesur / **as**
il/ elle	mesur / **a**
nous	mesur / **âmes**
vous	mesur / **âtes**
ils/ elles	mesur / **èrent**

    b. Pour les infinitifs en **-ir,** la plupart des infinitifs en **-re** et les verbes **asseoir, voir** et leurs composés:

-ir		**-re**	
je	gross / **is**	j'	entend / **is**
tu	gross / **is**	tu	entend / **is**
il/ elle	gross / **it**	il/ elle	entend / **it**
nous	gross / **îmes**	nous	entend / **îmes**
vous	gross / **îtes**	vous	entend / **îtes**
ils/ elles	gross / **irent**	ils/ elles	entend / **irent**

    Les verbes **venir, tenir** et leurs composés prennent les formes suivantes:

je	**vins**
tu	**vins**
il/ elle	**vint**
nous	**vînmes**
vous	**vîntes**
ils/ elles	**vinrent**

Le verbe **naître** a un radical irrégulier:

je **naqu** / is

c. Pour les infinitifs en **-oir, courir, mourir** et un nombre de verbes en **-re** et leurs composés:

	courir		être
je	cour/ **us**	je	f/ **us**
tu	cour/ **us**	tu	f/ **us**
il/ elle	cour/ **ut**	il/ elle	f/ **ut**
nous	cour/ **ûmes**	nous	f/ **ûmes**
vous	cour/ **ûtes**	vous	f/ **ûtes**
ils/ elles	cour/ **urent**	ils/ elles	f/ **urent**

Plusieurs verbes ont une forme analogue à leur participe passé:

infinitif	p.p.	p. simple
avoir	eu	j' eus*
boire	bu	je bus
connaître	connu	je connus
croire	cru	je crus
devoir	dû	je dus
lire	lu	je lus
paraître	paru	je parus
pouvoir	pu	je pus
recevoir	reçu	je reçus
savoir	su	je sus
se taire	tu	je me tus
vivre	vécu	je vécus
vouloir	voulu	je voulus

*La voyelle se prononce [y] dans toutes les formes du singulier et pluriel.

B. Emplois.

Le passé simple s'emploie.

1. pour une action terminée dans un temps passé tout à fait écoulé.

> Napoléon **naquit** en 1769. Il **mourut** en 1821.

2. pour un événement historique terminé qui n'a aucun rapport avec le présent.

> La bataille de Waterloo **eut** lieu le 18 juin 1815.

3. pour la narration d'une action terminée dans un temps passé tout à fait écoulé.

> Les soldats **sortirent** la nuit pour surprendre l'ennemi.

Passé simple et passé composé se **traduisent souvent de la même façon** en anglais:

> Napoléon **retourna** après son exil.
> Napoléon **returned** after his exile.

> Il **est retourné** après son exil.
> He **returned** after his exile.

EXERCICES/ Le Passé simple

A. Finissez chaque phrase en utilisant le verbe entre parenthèses au passé simple.

1. Napoléon _____ en 1769 en Corse.
   (naître)
2. Il _____ en France pour faire ses études à
   (venir)
   l'école militaire.
3. Ses soldats _____ l'Italie entre 1794 et 1796.
   (envahir)

4. En 1799 il _____ vainqueur aux Pyramides en Egypte.
   (être)

5. Il _____ Empereur des Français en 1804.
   (se déclarer)

6. En 1804 Napoléon _____ promulguer le Code Civil.
   (faire)

7. Plus tard, Napoléon _____ abdiquer.
   (devoir)

8. Il _____ à l'île d'Elbe.
   (s'en aller)

9. La bataille de Waterloo _____ lieu en 1815.
   (avoir)

10. Les Français _____ la bataille.
    (perdre)

11. Napoléon _____ en exil à l'île Sainte-Hélène en 1821.
    (mourir)

B.   Donnez l'infinitif de chacun des verbes suivants.

   1. je fis
   2. tu vins
   3. elle répondit
   4. j'allai
   5. tu fus
   6. il vécut
   7. nous finîmes
   8. elles lurent
   9. ils durent
   10. nous pûmes
   11. j'ouvris
   12. ils apprirent
   13. tu entendis
   14. ils surent
   15. elle envahit
   16. je mangeai
   17. vous bûtes
   18. il gagna
   19. elle s'endormit
   20. il mourut
   21. nous vîmes
   22. nous vînmes
   23. j'aimai
   24. il naquit
   25. elles voulurent
   26. tu compris
   27. il mangea
   28. nous fîmes
   29. nous ouvrîmes
   30. nous eûmes

LES NOMBRES

On peut indiquer les mesures avec les nombres **cardinaux,** les nombres **ordinaux,** ou des designations **approximatives.**

Les Nombres cardinaux

Les nombres cardinaux désignent la quantité.

A. Formes.

    1. Les adjectifs numéraux sont généralement **invariables:**

        un, deux, trois, quatre, cinq, six, sept, huit, neuf, dix

        La taille **deux** et le nombre **deux** représentent **deux** choses différentes.

        Pendant les années **trente** le théâtre fut très vivant en France.

      a. Les nombres **vingt** et **cent** ont un **pluriel.**

        On ajoute un **s** aux multiples de **vingt** et **cent** quand ils ne sont suivis d'aucun nombre.

        J'ai lu *Le Tour du monde en quatre-vingts jours.*

        Deux **cents** milles [**miles**] sont l'équivalent de trois **cent** vingt kilomètres.

      b. Le nombre **un** a une forme féminine: **une.**

        Donnez-moi **un** kilo de farine et **une** livre de beurre.

    2. Les nombres **composés** ont les formes suivantes:

      a. avec un **trait d'union:** trente-deux, quarante-cinq

---

Le système métrique existe en France depuis 1795. Il est utilisé obligatoirement depuis 1840.

b.   avec le mot **et** pour les composés avec **un**: vingt **et** un, cinquante **et** un.

Mais les nombres 81, 91, et 101 s'emploient **sans et.**

Autrefois on avait le droit de voter à vingt **et** un ans.

Aujourd'hui on peut voter à dix-huit ans.

Une loi célèbre existe depuis dix-huit cent quatre-vingt un.

B.   Emplois.

Il y a de nombreuses différences entre le français et l'anglais dans l'emploi des nombres cardinaux.

Les nombres cardinaux s'emploient:

1.   pour désigner **la quantité.**

L'eau bout à 100 degrés centigrades.

La Tour Eiffel a 320,75 mètres de haut.

Devant les nombres 100 [cent] et 1.000 [mille] on **n'emploie pas** l'adjectif **un:**

Mathilde a fait un bénéfice de **cent** pour cent. / ...**a hundred** per cent

Il y a **mille** grammes dans un kilogramme. /...**a thousand**

L'emploi des signes est **contraire** à l'anglais. On emploie un **point** pour séparer les groupes de trois chiffres. On emploie une **virgule** avant les **décimales.**

La France a 58.452.500 d'habitants en 1990.

Il y a 2,2 livres dans un kilogramme.

---

2. pour désigner **la date**

L'ordre des nombres est: jour/ mois/ année.

La libération de Paris eut lieu le 25 août 1944
[25/8/44].

On n'utilise **pas de préposition** en français:

le 25 août / **on** the 25th **of** August

On distingue l'ère chrétienne par les abbréviations qui signifient **avant** et **après** Jésus-Christ:

César conquit la Gaule de 58 à 51 **av. J.-C.** / **B.C.**

Clovis s'établit à Paris vers 508 **apr.J.-C.** / **A.D.**

---

3. pour désigner **l'heure**

Je me lève à **sept** heures et demie.

Le train arrive à **vingt** heures **dix**.

On désigne **l'heure officielle** de O heure [minuit] à **24 heures**.

4. pour désigner la **chronologie** des souverains

Louis XIV [**Quatorze**] mourut en 1715. / . . . **the Fourteenth**

Henri IV [**Quatre**] fut assassiné. / . . . **the Fourth**

Pour le numéro **un** on utilise le nombre ordinal: **premier.**

François I [**Premier**] fit bâtir les châteaux sur la Loire. / . . . **the First.**

Les religions en France sont reparties de la façon suivante:

Catholiques: environ 47.000.000
Musulmans: entre 2.500.000 et 4.000.000
Protestants: 800.000
Juifs: entre 550.000 et 750.000

Les Nombres ordinaux

Les nombres ordinaux désignent la séquence ou l'ordre.

A. Formes.

1. L suffixe **-ième** s'ajoute au nombre cardinal [excepté le nombre **un***].

    Au **troisième** siècle, Paris s'appelait "Lutèce".

2. On supprime le **e final** des nombres **quatre, onze, douze**.

    Je connais les gens aux **quatrième, onzième** et **douzième** étages.

3. On ajoute un **-u** à la fin du nombre **cinq**.

    La **cinquième** République fut fondée en 1958.

4. On change le **f** de **neuf** en **v**.

    Tout le monde connaît la Neuvième symphonie de Beethoven.

5. Le nombre **deux** (2) a deux formes: **deuxième** et **second**.

    Son neveu est en **seconde** au lycée Louis le Grand.

    La **deuxième** guerre mondiale se termina en 1945.

6. L'article défini s'accorde en genre et en nombre avec le nombre ordinal.

    Le deuxième né était un garçon, **la** troisième, une fille.

L'adjectif **premier** s'accorde en genre et en nombre avec le nom qu'il modifie:

Je n'ai entendu que les **premières** paroles des **premiers** discours du **Premier** Ministre à la **première** séance du Parlemen

*Le nombre **un** ne s'utilise pas pour désigner celui qui précède tous les autres. [On dit, cependant, vingt et **unième**, etc.] On emploie **premier**.

B. Emplois.

Les nombres ordinaux s'emploient:

1. pour désigner la séquence.

   Dans l'enseignement français, l'étudiant passe de
   troisième, en **seconde,** et de **première** en terminale,
   avant de se présenter au baccalauréat.

2. comme **noms** pour indiquer un **arrondissement** de
   Paris.

   Le sixième est un quartier d'étudiants. Le **seizième** est
   un quartier résidentiel.

Pour désigner l'ordre des étages dans un immeuble on
commence au **rez-de-chaussée.** "Le rez de chaussée" signifie
l'étage qui est au niveau de la rue.

Rez signifie **ras** [plat]. c.f. **rasoir.**
Chaussée signifie **la rue.**

Le premier étage signifie celui qui est directement au-dessus du
rez-de-chaussée.

Les Quantités approximatives

Les quantités approximatives s'expriment par des **suffixes** et
des **adverbes.**

A. Formes.

Les Suffixes.

1. Le suffixe **-aine** + **de** s'ajoute au nombre cardinal
   pour former un **nom féminin approximatif*.** L'article
   indéfini précède.

   Le Tour de France dure **une vingtaine de** jours / . . . **about twenty**

*Excepté une **douzaine** qui peut signifier **précisément** douze.

2. On supprime le **e** final des nombres **trente, quarante,** etc.

> Le mot **quarantaine** vient de l'ancienne habitude d'isoler les malades contagieux pendant 40 jours.

3. On change le **x final** de **six** et **dix** en **z.**

> DeGaulle fut Président de la République Française **une dizaine** d'années.

4. On ajoute le suffixe **-ée + de** au nom pour désigner le contenu.

> J'ai avalé une **cuillerée de** sucre, une **gorgée de** café et une **poignée de** bonbons. /
> ...**spoonful, gulp, handful**

5. Le nombre **mille** (1.000) se dit **un millier + de.**

> **Un millier de** votes a déterminé l'élection. /
> about a thousand...

Les adverbes.

1. Les mots **à peu près, environ,** et **vers** expriment un sens approximatif, [en anglais: **about, around**].

> Il y a **à peu près** 225 salles dans le musée du Louvre.

> Il y a **environ** 9.000.000 habitants dans la région parisienne.

> **Vers** l'année 276 apr. J.-C. les Barbares entrèrent dans la ville de Paris.

L'Hexagone est un nom donné à la France en raison de sa forme. Les six "côtés" sont:

1) La Manche, la mer du Nord
2) la plaine du Nord
3) le Rhin, le Jura, les Alpes
4) la mer Mediterranée
5) les Pyrénées
6) l'océan Atlantique

A. Répondez aux questions suivantes en utilisant des nombres précis ou approximatifs.

    1. Quelle est la date de votre anniversaire? de celui de votre mère?
    2. Quel est votre numéro de téléphone?
    3. Quelle est votre adresse? votre code postal?
    4. Quelle est la limite de vitesse sur les routes nationales en milles? en kilomètres?
    5. A quelle vitesse roulez-vous d'habitude?
    6. Combien paye-t-on un litre d'essence actuellement?
    7. Quel est le prix d'entrée du cinéma?
    8. Combien de personnes y a-t-il dans cette salle maintenant? Approximativement?
    9. Combien d'étages y a-t-il dans ce bâtiment? A quel étage sommes-nous?
   10. En quelle année Napoléon est-il né?

B. Faites des phrases avec les mots et les nombres suivants. Faites les changements nécessaires.

    1. 12/ oeufs/ coûter
    2. bureau/ être/ 6/ étage
    3. Eiffel/ avoir/ 300m/ haut
    4. Louis XIV/ naître/ 17/ siècle
    5. chauffeur/ conduire/ km/ heure
    6. musée Pompidou/ terminer/ 1977

C. Ecrivez en toutes lettres l'heure selon l'horaire officiel et les dates selon l'indication.

    1. 2 p.m.   8:30 p.m.   10:45 a.m.   12 midnight
    2. 26/8/44   14/7/89   9/10/36   20/2/71
    3. 1066 A.D.   42 B.C.   1985 A.D.

D. Ecrivez en toutes lettres les mesures suivantes.

    1. 50%   4. 1.000 gr.
    2. 1/2   5. 200 km.
    3. 1/3   6. 100°

A. Les Voyelles nasales / Règles générales

1. En français, il y a un son nasal quand les groupes **voyelle + m** ou **voyelle + n**, se trouvent à la fin d'un mot ou sont suivis d'une consonne.

2. Il y a **quatre** sons nasaux en français.

    Nous buvons **un bon vin** blanc.

3. Les symboles pour les quatre sons sont:

    [ã] an, dans, temps, Provence
    [õ] on, dont, ton, long
    [ɛ̃] vin, pain, bien, point, province
    [œ̃] un, humble, commun

4. Une voyelle devant une double consonne, **mm** ou **nn** n'est **pas** nasale.

immortel	[i-mɔr-tɛl]
innocent	[i-nɔ-sã]
femme	[fam]
Sorbonne	[sɔr-bɔn]

    Exceptions: immangeable, immanquable,
    emmener

5. Le groupe **voyelle + m** ou **n** n'est pas nasal quand il est suivi d'une voyelle.

image	[i-maʒ]
inutile	[i-ny-til]

6. On ne prononce pas la consonne **m** ou **n** dans un son nasal.

    bonbon   chanson   Alain   Jean   avion

B. Les Voyelles nasales [ã] [õ]

1. Le son [ã].

En français les lettres **a** ou **e** + **m** ou **n** [+ consonne] se prononcent [ã]. Ce son ressemble au son de la voyelle dans le mot anglais **haunt**. Le son [ã] s'écrit aussi **amp, anc, ant, emp, ent,** etc.

nuance   champagne   ensemble

2. Le son [õ].

En français, les lettres **o** + **m** ou **n** [+ consonne] se prononcent [õ]. Ce son ressemble un peu au son de la voyelle dans le mot anglais donkey. Le son [õ] s'écrit aussi **onc, ond, ons, ont,** etc.

son   conte   avons   monde

Le son [õ] est plus "fermé" que le son [ã]. Les lèvres sont pincées pour le prononcer. Comparez les mots suivants:

[ã]	[õ]
dans	dont
sans	son
ment	mont
banc	bon
rang	rond

C. Exercices [ã] [õ]

1. Soulignez les voyelles qui se prononcent [ã] dans les mots suivants.

sang   commence   français   même

Jean   Jeanne   j'en   remplir

2. Soulignez les voyelles qui se prononcent [ō] dans les mots suivants.

fontaine   honneur   homme   vont

vent   vient   vante   vont

nombre   nom   nommer

allons   honte   plomb   subjonctif

TRAVAUX PRATIQUES

On peut adapter certaines parties des sections A, B et C au **travail oral ou écrit**. Utilisez autant que possible le vocabulaire et la grammaire de cette leçon dans le travail suivant.

A.   Questions.

Répondez par des phrases complètes.

1. Nommez quelques objets carrés dans cette salle.
2. Nommez quelques choses qui sont rondes.
3. Aimez-vous les tranches [slices] de pain épaisses ou minces?
4. Quelle est la hauteur [en mètres] de votre chambre? Quelle est sa largeur?
5. Le système métrique est-il utile? Pourquoi?
6. Quelle est la température chez vous en hiver? en été?

B. Discussion.

La classe se sépare en groupes de trois personnes pour jouer une scène ou discuter une des questions ci-dessous.

1. A, B et C sont à une vente aux enchères [**auction**]. On y vend des antiquités, des tables, des horloges, des tapis, etc. Le commissaire priseur [auctioneer] décrit les mesures, les qualités et la valeur des objets. Les acheteurs font leurs offres en augmentant, peu à peu, les prix.

2. F, G et H parlent d'un discours [en utilisant le plus-que-parfait] qu'ils avaient entendu ensemble. On avait discuté 1) la construction d'une nouvelle piscine municipale, ou 2) l'importance de voyager quand on est jeune ou 3) l'influence de la télévision.

C. Composition.

Choisissez un sujet.

1. Faites le portrait d'un personnage historique. Présentez ses mérites, ses habitudes, ses faiblesses et quelques statistiques intéressantes.

2. Ecrivez une lettre où vous décrivez une cérémonie à laquelle vous avez assisté, par exemple un dîner d'adieu, un mariage, la remise de diplômes [graduation].

3. Ecrivez une composition au plus-que-parfait en commençant par une proposition au conditionnel passé ou par une des phrases suivantes: Napoléon n'aurait pas été exilé si / L'armée aurait gagné la bataille si /

BANDE/ Napoléon Bonaparte, *Les Adieux de Fontainebleau*

Les Musiciennes   Henri Matisse (1869-1954)
Courtesy of the Fogg Art Museum, Harvard University

LEÇON DIX

LECTURE | *L'Histoire du soldat,*
Igor Stravinsky (1882-1971)
C.F. Ramuz (1878-1947)

VOCABULAIRE | L'Argent
GRAMMAIRE | Les Adjectifs et les Pronoms démonstratifs
PRONONCIATION | Les Sons [ɛ̃] [œ̃]

LECTURE / L'HISTOIRE DU SOLDAT

INTRODUCTION

Dans l'oeuvre qui suit, un simple soldat se laisse séduire par le diable°. Stravinsky, un des plus grands compositeurs du vingtième siècle, et Ramuz, auteur suisse, ont concu l'*Histoire du soldat* (1918), spectacle de musique, de théâtre et de danse.

devil

La scène suivante comprend trois personnages: le soldat, le diable et le lecteur°. Celui-ci° joue le rôle de narrateur et de porte-parole° du soldat. La musique, surtout du violon, enrichit le récit°. Le soldat, un jeune homme simple, revient à son village à pied, au cours d'une permission° militaire. Il porte dans son sac à dos° parmi ses possessions précieuses, son violon, symbole de sa liberté et de son âme. En route, le soldat rencontre un petit vieux. Ce vieux, c'est le diable qui cherche à dominer absolument le soldat, d'abord en lui enlevant son violon, ensuite en l'attirant chez lui. On verra le diable subjuguer tout à fait le soldat qui perdra tout ce qui lui est cher.

reader/the latter
mouthpiece
tale
leave
knapsack

*   *   *

LE DIABLE - Donnez-moi votre violon.
LE SOLDAT - Non!
LE DIABLE - Vendez-le-moi.
LE SOLDAT - Non!
LE DIABLE (. . . prenant dans la main droite le livre qu'il
a sous le bras gauche) - Changez°-le-moi contre
ce livre.

LE SOLDAT - Je sais pas° lire.   je **ne** sais pas

LE DIABLE - Vous ne savez pas lire? ça ne fait rien.

    C'est un livre . . . on n'a pas besoin

    de savoir lire pour le lire.

    C'est un livre, je vais vous dire,

    qui se lit tout seul; il se lit pour vous.

    On n'a qu'à l'ouvrir, on sait tout.

    C'est un livre . . . c'est un coffre-fort°   strong box

    On n'a qu'à l'ouvrir, on tire dehors° . . .   pull out

    Des titres!°   stocks

    Des billets!

    DE L'OR!

LE SOLDAT - Faudrait° me le montrer d'abord.   il faudrait

LE DIABLE - Je suis parfaitement d'accord. (Il tend le livre

    au soldat, qui se met à lire, bougeant° les lèvres et   moving

    suivant les lignes avec le doigt.)

LE LECTEUR - (. . .)

    Pas° moyen d'y rien comprendre.   il n'y a pas

LE SOLDAT - Je lis, c'est vrai; mais je ne comprends pas.

LE DIABLE - Essayez toujours, ça viendra.

LE SOLDAT - Et puis aussi, monsieur, si ce livre vaut tant

    d'argent, mon violon, à moi, il m'a coûté dix francs.

LE DIABLE - Ce que c'est quand même que l'honnêteté°!   what honesty

    Elle va vous récompenser

    en vous faisant faire une bonne affaire.°   a good business deal

    L'occasion n'est pas ordinaire.

    Dites que oui, profitez-en . . .

LE SOLDAT - Oh! bien, si vous y tenez° tant! (Il donne le   are so eager

    violon au diable et se met à lire dans le livre.)

LE LECTEUR - (. . .)

    bourse° du samedi 31 . . . Quel jour est-ce qu'on   stock market

    est? on est un mercredi, le mercredi 28 . . .

    C'est un livre qui est en avance.

    C'est un livre qui dit les choses avant le temps,

    drôle ça!

LE DIABLE (brusquement, après avoir inutilement essayé de

    jouer)-

    Dis donc, tu vas venir chez moi.

LE SOLDAT - Pour quoi faire?

LE DIABLE (montrant le violon) - Tu ne vois pas?

    Je n'ai pas encore le coup.°   get it yet

    Tu me donnes vite deux ou trois leçons

    et je te ramène à la maison.

LE SOLDAT - Où est-ce que c'est ça, chez vous?

LE DIABLE - Tout près d'ici, de tes côtés.°   over your way

LE SOLDAT - C'est que je n'ai que quinze jours, rien que
    quinze jours de congé.°   leave

LE DIABLE - Ce sera pour toi à peine un détour.
    Et puis j'ai ma voiture: tu seras rendu plus vite
    qu'à pied.

LE SOLDAT - Et ma fiancée qui m'attend?

LE DIABLE - Puisque tu arriveras à temps . . .

LE SOLDAT - On sera logé?

LE DIABLE - Logé, nourri, soigné, rafraîchi, dorloté°,   pampered
    ma voiture pour te ramener,
    deux ou trois jours, un tout petit détour,
    après quoi riche pour toujours . . .

LE SOLDAT - Qu'est-ce qu'on aura à manger?

LE DIABLE - La cuisine est au beurre et de première qualité.

LE SOLDAT - On aura de quoi° boire?   something

LE DIABLE - Rien que du vin bouché.°   corked [good]

LE SOLDAT - Et on aura de quoi fumer?

LE DIABLE - Des cigares à bagues en papier doré°.   with gold bands
    (Le rideau se baisse.)

LE LECTEUR - Eh bien!
    C'est comme vous voudrez, je vous dis; et il
    a suivi le vieux chez lui.
    (. . .)

LE LECTEUR - Ah! brigand! bougre de brigand!°   dirty cheater
    Je sais qui tu es, à présent.
    Je comprends, j'y ai mis° du temps.   took
    Ça n'est pas trois jours, c'est trois ans! . . .

Je l'ai écouté bêtement; et c'est vrai que j'avais bien faim et que
j'étais bien fatigué. Ça n'explique pourtant pas pourquoi je l'ai
écouté, est-ce qu'on fait attention à ce que les gens qu'on ne
connaît pas vous disent? on leur répond: "Je ne vous connais
pas", au lieu de quoi, je l'ai écouté . . .
J'aurais dû me méfier de lui, au lieu de quoi je l'ai écouté,
bêtement je l'ai écouté et je lui ai donné mon violon; ah!
malheureux que je suis! et à présent qu'est-ce que je vais faire?

COMPRÉHENSION DU TEXTE.

1. Quel échange le diable propose-t-il au soldat?

2. Selon le soldat pourquoi le livre du diable lui est-il inutile?

3. En quoi le soldat ressemble-t-il à un enfant quand il lit?

4. Comment le diable s'y prend-il pour cajoler le soldat?

5. Pourquoi le soldat cède-t-il au désir du diable?

6. Combien de jours de congé le soldat a-t-il?

7. Pourquoi veut-il rentrer chez lui?

8. Pendant combien de temps le diable a-t-il gardé le soldat?

9. Qu'est -ce que le soldat a perdu en cédant au diable?

l'addition (f)	check [in restaurant]	acheter	to buy
les affaires (f)	business	compter	to count
l'argent (m)	money	coûter	to cost
argent de poche	spending money	dépenser	to spend
une banque	bank	devoir	to owe
un billet	paper bill	emprunter	to borrow
la Bourse	stock market	épargner	to save
une caisse	cash-box, cashier	faire des	to save
un centime	1/100 of franc	économies	
un chèque	check	gagner	to earn
un carnet de c.	checkbook	louer	to rent
un client*	customer	payer	to pay
une facture	bill [of sale]	prêter	to lend
les frais (m)	expenses	toucher*	to cash a check
un franc	franc	un chèque	
un impôt	tax	valoir	to be worth
un jeton	token	vendre	to sell
une location*	rental		
la monnaie*	change, currency		
un porte-monnaie	wallet		
le prix	price		
un reçu	receipt		
le revenu*	income	bon marché	inexpensive, cheap
la valeur	worth, value	cher, chère	expensive
un vendeur	salesman	fauché (fam)	broke
		gratuit	free
		pauvre	poor
		riche	rich

La valeur relative du franc et du dollar:

juillet 1980	4,0 francs =	
juillet 1982	6,7 francs =	
juillet 1984	8,6 francs =	un dollar
juillet 1986	7,1 francs =	
juillet 1988	6,0 francs =	
juillet 1990	5,6 francs =	

A. Faites des phrases avec les mots suivants. Faites tous les changements nécessaires.

  1. argent de poche/ porte-monnaie/ dépenser
  2. prix/ nourriture/ augmenter
  3. difficile/ épargner/ argent
  4. jeton/ utiliser/ téléphone
  5. louer/ voiture/ coûter
  6. les affaires/ la Bourse/ politique
  7. payer/ caisse/ repas
  8. addition/ restaurant/ incroyable
  9. fauché/ spectacle/ gratuit
 10. frais/ voyage/ prix
 11. je/ prêter/ emprunter
 12. franc/ valoir/ dollar
 13. tu/ devoir/ 100 francs
 14. impôts/ revenu/ beaucoup
 15. vendeur/ donner/ reçu
 16. toucher/ chèque/ location
 17. acheter/ vêtements/ bon marché
 18. prix/ cher/ vendre
 19. faire des économies/ acheter/ disques
 20. gagner/ dépenser/ fortune

B. Chaque mot suivant a plus d'un sens. Mettez chaque mot dans deux phrases pour montrer les différences de sens. [Utilisez un dictionnaire, s'il le faut.]

  1. prix
  2. cher
  3. billet
  4. toucher
  5. bourse
  6. caisse
  7. gagner
  8. devoir
  9. changer
 10. argent

LES ADJECTIFS DÉMONSTRATIFS

Les adjectifs démonstratifs désignent généralement la personne ou la chose en question.

Si **ce** livre vaut tant d'argent, mon violon à moi, il m'a coûté dix francs.

A. Formes.

	singulier		pluriel
m	**ce, cet**		**ces** these, those
f	**cette** this, that		

1. On fait l'accord en genre et en nombre avec le nom que l'adjectif modifie.

   Cet homme n'achetera ni **ce** chapeau ni **cette** cravate à cause de **ces** prix élevés.

   Le masculin singulier **cet** s'emploie devant les mots commençant par une voyelle ou par un h muet.

2. On ajoute les adverbes **-ci, -là** après le nom pour préciser une chose ou pour opposer deux choses. **Ci** désigne quelque chose de **proche, là,** quelque chose d'**éloigné.**

   Payez à cette caisse**-ci,** non pas à celle-**là.**

B. Emplois.

   L'adjectif démonstratif s'emploie:

1. pour désigner un nom qui vient d'être mentionné.

   Nous lisons l'histoire d'un soldat. **Ce** soldat est naïf.

2. pour désigner un moment ou un lieu proche.

Cet après-midi je travaille. **Ce** soir j'irai au théâtre.

3. pour insister sur un nom, avec un sens respectueux ou péjoratif.

Je ne veux rien dire à **cet** individu!

EXERCICES/ Les Adjectifs démonstratifs

A. Composez des phrases dans lesquelles vous combinez les mots suivants avec l'adjectif démonstratif approprié.

acheter/ pain/ après-midi

Nous achèterons du pain **cet** après-midi.

1. banque/ fermer/ samedi
2. enfants/ dépenser/ argent
3. utiliser/ jetons/ téléphone
4. où/ mettre/ chèque
5. client/ payer/ prix

LES PRONOMS DÉMONSTRATIFS

Les pronoms démonstratifs montrent ou représentent une personne, une chose ou une idée.

Où est-**ce** que c'est ça, chez vous?

A.   Formes.

	singulier			pluriel		
	m	f		m	f	
simple	**celui**	**celle**	the one	**ceux**	**celles**	the ones
	celui-ci	**celle-ci**	this one	**ceux-ci**	**celles-ci**	these
composées	**celui-là**	**celle-là**	that one	**ceux-là**	**celles-là**	those

	neutre	
simple	**ce**	it
composées	**ceci**	this
	cela	that
	(ça)	it, that

1.   Le pronom démonstratif **s'accorde en genre et en nombre** avec le nom qu'il remplace.

2.   On ajoute **-ci -là** au pronom pour préciser la chose représentée par le pronom. **Ci** désigne ce qui est proche, **là**, ce qui est éloigné.

3.   **Ce** devient **c'** devant **e**, **ç** devant **a**.

B. Emplois.

1. **Celui, celle, ceux, celles** ne s'emploient jamais seuls.

Ils sont suivis en général:

a. par une **proposition relative:**

> **Celui qui** est à droite vaut 9 fr., **celui qui** est devant vous coûte 15 fr.

b. par un complément **prépositionnel**

> Comparez le prix actuel avec **celui de** l'année dernière.

2. Quand on a nommé deux choses, **celui-ci (the latter)** représente la dernière nommée (comme étant le plus proche), **celui-là (the former)**, désigne la première nommée.

> On emploie une monnaie différente au Japon et en France. **Celle-là** s'appelle le "yen", **celle-ci** s'appelle le "franc".

-On n'emploie jamais **ci** ou **là** si le pronom est suivi d'une proposition ou d'un complément.

> **Celle de** France et **celle de** Japon sont différentes.

3. **Ce** s'emploie:

a. devant un pronom relatif **qui, que, dont,**

> **Ce qui** ne coûte aucun effort n'a aucune valeur. (sujet)

> Vous rembourserez **ce que** vous avez emprunté à la banque. (objet)

> Le marchand n'a pas trouvé **ce dont** tu as besoin? (objet)

b. avec le verbe **être**, comme **sujet**.

-**C'est** avec **article** + nom désigne les personnes ou les choses.

[**Il est/ elle est sans** article s'emploie pour la nationalité, la religion, le titre ou la profession d'une personne.]

C'est une Française. **Elle est** française.
She is French.

C'est un compositeur. **Il est** compositeur.
He is a composer.

C'est une actrice. **Elle est** actrice.
She is an actress.

-**Ce** s'emploie avec le **pronom tonique**.

$$
\text{c'est}\left\{\begin{array}{l} \text{moi} \\ \text{toi} \\ \text{lui, elle} \\ \text{nous} \\ \text{vous} \end{array}\right.
$$

ce sont eux, elles

Qui a gagné? **C'est toi.**

Elles sont arrivées? Oui, **ce sont** elles.

-**Ce** s'emploie avec les **noms propres**.

Qui a construit l'immeuble? **C'est Joseph** qui l'a construit.

Qui a trouvé mon porte-feuille? **C'est Elisabeth** qui l'a trouvé.

4. **C'est . . . qui, c'est . . . que** s'emploient pour **mettre en relief** n'importe quel élément de la phrase, sauf le verbe. L'ordre des mots change selon la partie que l'on veut souligner.

> **C'est** précède la partie en question: préposition, ou nom, et **qui** ou **que** la suit.

> Charlotte aime Henri.
> **C'est** Charlotte **qui** aime Henri.
> **C'est** Henri **que** Charlotte aime.

5. **Ceci, cela, ça** sont des mots neutres dont on se sert en général pour représenter une pensée ou un fait.

> *Ceci* va vous intéresser.
> Qu'est-ce que **cela** veut dire?

Ça forme familière de **cela,** est très courant dans la langue parlée pour exprimer une idée générale. On le traduit en anglais selon le **contexte:**

Ça ne fait rien.	That doesn't matter. It's all right.
Ça va? Oui, ça va.	How are you? O.K.
Comment **ça** va?	How are you?
Comme-ci, comme-**ça.**	So-so.
Ça vaut la peine.	It's worth it.
Ça alors!	Well!
Qu'est-ce que c'est que **ça?**	What is that?
Ça m'est égal.	I don't care. It's all the same to me.
Ça suffit.	That's enough.
Ça y est?	Finished? Do you get it?

A. Répondez aux questions suivantes en remplaçant le nom
   par un pronom démonstratif.

   1. Comment s'appelle la monnaie qui est employée en France?
   2. Est-il plus facile de réduire les frais de nourriture ou
      les frais de vêtements?
   3. Est-ce que les places gratuites sont difficiles à obtenir?
   4. Gardez-vous tous les reçus de tous vos achats?
      Lesquels gardez-vous?
   5. Quels prix sont plus élevés, les prix de Paris ou ceux de Tokyo?
   6. A quel guichet est-ce qu'on vend les jetons de téléphone?
   7. A quelle heure les banques de ta ville ouvrent-elles?
   8. Veux-tu dépenser ton argent ou l'argent de ta soeur?

B. Récrivez les phrases en employant **c'est . . . qui** ou
   c'est . . . que pour mettre en relief un élément de la phrase:

   La dame en rose a un revenu considérable.
   C'est la dame en rose **qui** a un revenu considérable.

   1. Un vieux méchant veut prendre son argent.
   2. A Paris, ils toucheront votre chèque sans difficulté.
   3. Savez-vous que le prix de l'or a beaucoup augmenté
      cette année?
   4. Dans cette histoire le diable tente le soldat par la richesse.
   5. A la fin de la scène, le soldat a compris son erreur.
   6. Tu as loué cet appartement?
   7. Mon frère dépense la moitié de son argent de poche en disques.

C. Inventez une phrase justifiant l'emploi des expressions
   suivantes:

      ex: Ça alors! Elle a couru vingt kilomètres.

   1. cela m'est égal
   2. ça vaut la peine
   3. ça va
   4. ça suffit
   5. cela ne fait rien
   6. cela veut dire

D. Complétez la phrase par le démonstratif convenable:
adjectif, pronom ou nom.

1. _____ banque est fermée le samedi.
2. _____ enfants ont dépensé trop d'argent.
3. Utilisez _____ jeton pour le téléphone.
4. Vous pouvez rester ou venir, _____ m'est égal.
5. J'ai trouvé tout sauf _____ _____ j'ai besoin.
6. _____ est toi qui as chanté si bien?
7. Non, _____ sont eux.
8. _____ va vous intéresser. Les marchés seront
ouverts toute la journée.

E. Traduisez les phrases suivantes.

1. The one I want is green.
2. We bought these in Paris and those in Montréal.
3. Show me the one you like.
4. Please give me the one on the left.
5. We saw the ones you spoke about.
6. Stravinsky and Ramuz wrote the work. The former
was born in Russia, the latter, in Switzerland.

PRONONCIATION

A. Les Voyelles nasales [ɛ̃] [œ̃]

1. Le son [ɛ̃].

   En français les lettres **i** + **m** ou **n** [+ consonne] se prononcent [ɛ̃]. Ce son ressemble au son de la voyelle dans le mot anglais **amber**. Le son [ɛ̃] s'écrit aussi **aim, ain, aind, ains, aint, eim, ein, eins, ien, iens, ient,** etc.

   pain   américain   bien   faim   province

2. Le son [œ̃].

   En français le lettres **u** + **m** ou **n** [+ consonne] se prononcent [œ̃]. Ce son ressemble un peu au son de la voyelle dans l'expression familière anglaise pour dire **oui: uh, huh.**

   un parf**um** l**un**di comm**un**

B. Exercices/ [ɛ̃] [œ̃]

1. Soulignez les voyelles qui se prononcent [ɛ̃] dans les mots suivants.

   craindre   lingerie   inutile   jambe   rien

   humain   fontaine   vin   souviens   Provence

   tiens   tiennent   immangeable   province

2. Soulignez les voyelles qui se prononcent [œ̃] dans les mots suivants.

   humble   un   une   brune

C. Révision

1. Trouvez cinq mots pour chaque voyelle nasale.

2. Répétez chaque son nasal dans les mots suivants.

[ɛ̃] fin faim feint province
[ã] cent sans sang sent Provence
[õ] long l'on l'oncle
[œ̃] un humble

TRAVAUX PRATIQUES

On peut adapter certaines parties des sections A, B et C au
travail oral ou écrit. Utilisez autant que possible le vocabulaire
et la grammaire de cette leçon dans le travail suivant.

A. Questions.

Répondez par des phrases complètes.

1. Comment peut-on gagner de l'argent de poche?
2. Aimez-vous dépenser votre argent? Pour quels objets?
3. Quels spectacles sont gratuits dans votre ville?
4. Quels sont les frais qui augmentent le plus avec
   l'inflation?
5. Que faites-vous si vous êtes fauché?
6. Quels magasins dans votre ville sont bon marché? chers?
7. Comment peut-on passer une journée agréable sans
   dépenser un centime?
8. Quelles histoires de tentation connaissez-vous?
9. Quelles sont les tentations les plus fortes?
10. En quoi la publicité est-elle une forme de tentation?

B. Discussion.

La classe se sépare en groupes de trois personnes pour jouer une scène ou discuter une question ci-dessous.

1. Trois amis discutent les problèmes de l'inflation. Chacun doit supprimer un plaisir ou un luxe auquel il/elle est habitué/e: le cinéma/ les disques/ les vêtements chers/ les repas au restaurant. Ils cherchent comment faire des économies.

2. A, B et C se rencontrent dans la rue. Elles se parlent en utilisant toutes les expressions possibles avec "ça". Ça alors! Ça ne fait rien, et ainsi de suite.

3. X, B et C parlent du diable et du soldat. X dit que c'est le soldat qui était faible. B pense que c'est la faute du diable. C, lui, soutient que ce sont tous les deux qui sont sans principes et qu'on ne peut pas blamer celui-ci plus que celui-là.

C. Composition.

Choisissez un sujet.

1. Décrivez les circonstances d'une tentation dans votre vie, comment vous avez réagi, résisté ou cédé.

2. Donnez votre point de vue sur quelques histoires de tentation célèbres: Adam et Eve, Faust . . .

BANDE/ Igor Stravinsky, *L'Histoire du Soldat*

Portrait de la Marquise de Lignières [d'après] Hyacinthe Rigaud (1659-1743)
Courtesy of the Fogg Art Museum, Harvard University

LECTURE	*Le Bourgeois Gentilhomme,* Molière (1622-1673)
VOCABULAIRE	L'Enseignement
GRAMMAIRE	Le Subjonctif; Les Verbes impersonnels
PRONONCIATION	Les Mots "Maudits" #4

LECTURE / LE BOURGEOIS GENTILHOMME

INTRODUCTION

Molière, le plus grand auteur comique français, se moque des défauts de l'individu et de la société sous le règne de Louis XIV. Dans *Le Bourgeois Gentilhomme,* Monsieur Jourdain, un bourgeois ignorant mais riche, veut se faire "gentilhomme" et acquérir tous les raffinements et les connaissances des aristocrates. Il espère se cultiver° avec l'aide de nombreux maîtres°: de musique, de danse, de philosophie. La leçon avec le maître de philosophie nous révèle l'ignorance comique et étonnante de Monsieur Jourdain, aussi bien que la futilité de ses ambitions sociales.

° become cultured
° teachers

*   *   *

— MAÎTRE DE PHILOSOPHIE: Que voulez-vous donc que je vous apprenne?

— MONSIEUR JOURDAIN: Apprenez-moi l'orthographe.

— MAÎTRE DE PHILOSOPHIE: Très volontiers.

— MONSIEUR JOURDAIN: Après, vous m'apprendrez l'almanach, pour savoir quand il y a de la lune et quand il n'y en a point.

— MAÎTRE DE PHILOSOPHIE: Soit°. Pour bien suivre votre pensée et traiter cette matière en philosophe, il faut commencer selon l'ordre des choses, par une exacte

° so be it

Molière est le pseudonyme de Jean-Baptiste Poquelin. Ses comédies sont souvent présentées à Versailles devant le roi Louis XIV (1642-1715), le Roi Soleil. La Comédie Française, théâtre parisien où se jouent les pièces du répertoire classique, est fondée à cette époque, au "Grand siècle".

connaissance de la nature des lettres, et de la différente manière de les prononcer toutes. Et là-dessus° j'ai à vous dire que les lettres sont divisées en voyelles, ainsi dites voyelles parce qu'elles expriment des voix; et en consonnes, ainsi appelées consonnes parce qu'elles sonnent avec les voyelles, et ne font que marquer les diverses articulations des voix. Il y a cinq voyelles ou voix: A, E, I, O, U.   **on that point**

— MONSIEUR JOURDAIN: J'entends° tout cela.   **understand**

— MAÎTRE DE PHILOSOPHIE: La voix A se forme en ouvrant fort la bouche: A.

— MONSIEUR JOURDAIN: A, A. Oui.

— MAÎTRE DE PHILOSOPHIE: La voix E se forme en rapprochant la mâchoire° d'en bas de celle d'en haut: A, E.   **jaw**

— MONSIEUR JOURDAIN: A, E, A, E. Ma foi! oui. Ah! que cela est beau!

— MAÎTRE DE PHILOSOPHIE: Et la voix I en rapprochant encore davantage les mâchoires l'une de l'autre, et écartant° les deux coins° de la bouche vers les oreilles: A, E, I.   **spreading corners**

— MONSIEUR JOURDAIN: A, E, I, I, I, I. Cela est vrai. Vive la science!

— MAÎTRE DE PHILOSOPHIE: La voix O se forme en rouvrant les mâchoires, et rapprochant les lèvres par les deux coins, le haut et le bas: O.

— MONSIEUR JOURDAIN: O, O. Il n'y a rien de plus juste. A, E, I, O, I, O. Cela est admirable! I, O, I, O.

— MAÎTRE DE PHILOSOPHIE: L'ouverture de la bouche fait justement comme un petit rond qui représente un O.

— MONSIEUR JOURDAIN: O, O, O. Vous avez raison. O. Ah! la belle chose, que de savoir quelque chose!

— MAÎTRE DE PHILOSOPHIE: La voix U se forme en rapprochant les dents sans les joindre entièrement, et allongeant les deux lèvres en dehors, les approchant ainsi l'une de l'autre sans les joindre tout à fait: U.

— MONSIEUR JOURDAIN: U, U. Il n'y a rien de plus véritable: U.

— MAÎTRE DE PHILOSOPHIE: Vos deux lèvres s'allongent comme si vous faisiez la moue°: d'où vient que si vous la voulez faire à quelqu'un, et vous moquer de lui, vous ne sauriez lui dire que: U.   **were pouting**

— MONSIEUR JOURDAIN: U, U. Cela est vrai. Ah! que° n'ai-je étudié plus tôt, pour savoir tout cela?   **[why]**

— MAÎTRE DE PHILOSOPHIE: Demain, nous verrons les autres lettres, qui sont les consonnes.

— MONSIEUR JOURDAIN: Est-ce qu'il y a des choses aussi curieuses qu'à celles-ci?

— MAÎTRE DE PHILOSOPHIE: Sans doute. La consonne D, par exemple, se prononce en donnant du bout° de la langue au-dessus des dents d'en haut: Da.

tip

— MONSIEUR JOURDAIN: Da, Da. Oui. Ah! les belles choses! les belles choses!

— MAÎTRE DE PHILOSOPHIE: l'F en appuyant° les dents d'en haut sur la lèvre de dessous: Fa.

pressing

— MONSIEUR JOURDAIN: Fa, Fa. C'est la vérité. Ah! mon père et ma mère, que je vous veux de mal!

— MAÎTRE DE PHILOSOPHIE: Et l'R, en portant le bout de la langue jusqu'au haut de palais°, de sorte qu'étant frôlée° par l'air qui sort avec force, elle lui cède, et revient toujours au même endroit, faisant une manière de tremblement: Rra.

palate/ grazed

— MONSIEUR JOURDAIN: R, R, Ra; R, R, R, R, R, Ra. Cela est vrai! Ah! l'habile homme que vous êtes! et que° j'ai perdu de temps! R, R, R, Ra.

[how much]

— MAÎTRE DE PHILOSOPHIE: Je vous expliquerai à fond° toutes ces curiosités.

in detail

— MONSIEUR JOURDAIN: Je vous en prie. Au reste, il faut que je vous fasse une confidence. Je suis amoureux d'une personne de grande qualité, et je souhaiterais que vous m'aidassiez° à lui écrire quelque chose dans un petit billet° que je veux laisser tomber à ses pieds.

help/ letter

— MAÎTRE DE PHILOSOPHIE: Fort bien.

— MONSIEUR JOURDAIN: Cela sera galant, oui.

— MAÎTRE DE PHILOSOPHIE: Sans doute. Sont-ce des vers° que vous lui voulez écrire?

verse

— MONSIEUR JOURDAIN: Non, non, point de vers.

— MAÎTRE DE PHILOSOPHIE: Vous ne voulez que de la prose?

— MONSIEUR JOURDAIN: Non, je ne veux ni prose ni vers.

— MAÎTRE DE PHILOSOPHIE: Il faut bien que ce soit l'un, ou l'autre.

— MONSIEUR JOURDAIN: Pourquoi?

— MAÎTRE DE PHILOSOPHIE: Par la raison, Monsieur, qu'il n'y a pour s'exprimer que la prose, ou les vers.

— MONSIEUR JOURDAIN: Il n'y a que la prose ou les vers?

— MAÎTRE DE PHILOSOPHIE: Non, Monsieur: tout ce qui n'est point prose est vers; et tout ce qui n'est point vers est prose.

— MONSIEUR JOURDAIN: Et comme l'on parle qu'est-ce que c'est donc que cela?

— MAÎTRE DE PHILOSOPHIE: De la prose.

— MONSIEUR JOURDAIN: Quoi? quand je dis: "Nicole, apportez-moi mes pantoufles°, et me donnez mon bonnet de nuit", c'est de la prose?

slippers

— MAÎTRE DE PHILOSOPHIE: Oui, Monsieur.

— MONSIEUR JOURDAIN: Par ma foi! il y a plus de quarante ans que je dis de la prose sans que j'en susse* rien, et je vous suis le plus obligé du monde de m'avoir appris cela.

-Acte II, scène iv.

*Subjonctif imparfait du verbe *savoir*.

COMPRÉHENSION DU TEXTE

1. Quel sujet Monsieur Jourdain choisit-il pour la leçon avec son maître de philosophie?
2. Selon le maître de philosophie par où faut-il commencer pour apprendre l'orthographe?
3. Quelles catégories fondamentales de sons le maître explique-t-il à Monsieur Jourdain?
4. Comment Monsieur Jourdain montre-t-il son ignorance aussi bien que son enthousiasme pour des connaissances.
5. Quelle confidence Monsieur Jourdain fait-il à son maître?
6. De qui Monsieur Jourdain est-il amoureux?
7. Comment son maître pourra-t-il aider Monsieur Jourdain?
8. Pourquoi est-ce ridicule de déclarer "Je ne veux ni prose ni vers."?
9. Quelle forme de langage Monsieur Jourdain utilise-t-il depuis longtemps, sans le savoir?
10. Pensez-vous que M. Jourdain va réaliser son ambition? Pourquoi?

> Depuis le Moyen âge jusqu'à la Révolution, c'est l'Eglise qui s'occupe de l'enseignement en France. Après la Révolution, c'est l'Etat qui en a la charge. Par les décrets et les lois de 1802 et 1808, Napoléon crée la structure de l'Université ainsi que celle des Facultés et des Lycées.

le baccalauréat	[examination and
le bachot	diploma at the end
le "bac"	of Lycee study]
une bourse	scholarship, grant
un collège*	junior high school,
un concours	contest
un cours	course
un ancien* élève	alumnus
l'enseignement	education
un examen	examination
la Faculté*	[Graduate School]
le droit	law
les lettres	liberal arts
la médecine	medicine
une licence*	diploma [roughly equivalent to M.A.]
un lycée	high school [about two years beyond U.S.]
un maître/ une maîtresse	teacher
une note*	grade
un professeur	professor
la rentrée	return [to school/from summer vacation]

apprendre/ par coeur	to learn to memorize
assister à*	to attend
comprendre	to understand
échouer	to fail
enseigner	to teach
ignorer*	not to know
s'inscrire	to register
passer* un examen	to take an exam
être reçu à un examen	to pass an exam

analphabète	illiterate
autodidacte	self-taught
confessionnel*	parochial
doué	gifted

La Sorbonne, faculté des lettres et sciences humaines de l'Université de Paris, est un établissement public, fondé en 1257 par Robert de Sorbon. L'enseignement supérieur [l'Université] est gratuit en France.

A. Trouvez un synonyme pour chaque mot suivant.

    1. la Faculté
    2. illettré
    3. le bac
    4. cultivé
    5. ne pas savoir

B. Faites une phrase avec chacun des mots suivants.

    1. bourse
    2. concours
    3. apprendre par coeur
    4. rentrée
    5. doué
    6. autodidacte
    7. Faculté
    8. enseigner
    9. passer un examen
    10. ancien élève

En France l'enseignement est obligatoire
de l'âge de six ans à l'âge de seize ans.

Le subjonctif est le mode verbal de la **subjectivité,** du **doute,** de la **nécessité,** de la **volonté,** du **sentiment** et du **possible.**

Le subjonctif apparaît surtout dans les propositions **subordonnées,** précédé de la conjonction **que.**

> Que voulez-vous donc que je vous **apprenne**?

A. Formes.

Le subjonctif est un **mode** du verbe comme le sont l'indicatif et le conditionnel. Le mode subjonctif a deux **temps** dans la langue parlée: le **présent** et le **passé.**

> Il faut que l'élève **apprenne** l'orthographe.
> Je ne crois pas que l'élève **ait appris** l'orthographe.

1. Le **subjonctif présent.**

   a. Les **verbes réguliers**

   Pour former le présent du subjonctif, on prend le verbe au présent de l'indicatif à la troisième personne du pluriel, on supprime la terminaison et on ajoute les terminaisons:
   -e, -es, -e, -ions, -iez, -ent.

que j'	enseign/ e	que je	finiss/ e	que j'	entend/ e
que tu	enseign/ es	que tu	finiss/ es	que tu	entend/ es
qu'il/ elle	enseign/ e	qu'il/ elle	finiss/ e	qu'il/ elle	entend/ e
que nous	enseign/ ions	que nous	finiss/ ions	que nous	entend/ ions
que vous	enseign/ iez	que vous	finiss/ iez	que vous	entend/ iez
qu'ils/ elles	enseign/ ent	qu'ils/ elles	finiss/ ent	qu'ils/ elles	entend/ ent

   Le présent du subjonctif et le présent de l'indicatif des verbes en -er sont identiques sauf à la 1ère et à la 2ème personnes du pluriel. Le contexte indique de quel mode il s'agit.

b. Les verbes irréguliers les plus importants: **avoir, être, aller, faire, devoir, pouvoir, savoir, vouloir** et les autres sont conjugués dans l'Appendice IV.

2. Le subjonctif passé.

Le subjonctif passé se forme avec le verbe **auxiliaire** au **présent** du subjonctif + le participe passé.

Nous ne croyons pas que cet étudiant **ait échoué.**

Bien que Michèle se **soit inscrite,** elle n'est pas venue.

B. Emplois.

1. Le subjonctif s'emploie:

a. avec les expressions de **volonté, nécessité, doute, sentiment.**

volonté:	aimer mieux, vouloir
nécessité	commander
	défendre
	exiger
	ordonner
	préférer

Je **veux que vous écriviez** les réponses avant de sortir.

Le maître **exige que nous sachions** les règles par coeur.

J'aimerais mieux que tu réfléchisses avant de décider.

doute: ne pas croire
              nier
              douter

Vous **ne croyez pas** qu'**ils aient enseigné** à la Faculté de Droit?

Elle **nie que tu saches** qui a obtenu la bourse.

sentiment: avoir honte
                   avoir peur*
                   craindre*
                   être content, désolé, heureux
                   s'étonner
                   désirer
                   souhaiter

Nous avons peur que le concours ne **soit** terriblement difficile.

Je crains qu'elle n'**ait échoué** à son bac.

Ils sont contents que les enfants surdoués **puissent** s'inscrire.

b.   avec les **conjonctions subordonnées:**

à condition que   jusqu'à ce que
afin que   pour que
à moins que*   pourvu que
avant que*   quoique
bien que   sans que
de peur que*

*Ces expressions s'emploient avec le **ne pléonastique.**
Ne se place devant le verbe, **sans exprimer la négation:**

Venez avant qu'il **ne soit** trop tard./ . . .
before it **is** too late.

Denis étudie nuit et jour, de peur qu'il **n'échoue**. . .
that he **will fail.**

A moins qu'il n'obtienne de très bonnes notes, il
n'aura pas de bourse.

Bien qu'il soit très cultivé, mon professeur ne
connaît pas la poésie chinoise.

Je partirai avec toi, **pourvu que tu me dises**
les détails.

c.   avec les **expressions impersonnelles:**

il faut que
il vaut mieux que
il est nécessaire que
il est possible que

Il faut bien **que** ce **soit** l'un ou l'autre.

Il **vaut mieux que vous reveniez** avant la
rentrée.

d.   avec les **superlatifs:**

C'est la chose **la plus vaine** qui **soit** au monde!

La **meilleure** réponse que **tu puisses** faire, c'est
le silence.

e.   avec les propositions **subordonnées relatives:**

Montrez-moi un homme **qui soit** plus cultivé
que lui.

Apprenons autre chose **qui soit** plus intéressant.

f.   avec les **propositions indépendantes:** Le subjonctif exprime un ordre ou un désir à la 3e personne où l'impératif n'existe pas.

Vive la différence! **Soit!**

Vive le roi! [Je voudrais que le roi **vive!**]

Que Dieu vous **bénisse.**

Que la lumière **soit.**

"Honni **soit** qui mal y pense." C'est la devise de l'ordre de la Jarretière crée par Edouard III.

---

2.   La **concordance des temps** avec le subjonctif.

On emploie le **présent du subjonctif** si le verbe principal est au présent, au futur ou au conditionnel présent.

Il **fait** ses devoirs. Je veux **qu'il fasse** ses devoirs.

Il **fera** ses devoirs. Je veux **qu'il fasse** ses devoirs demain.

Il **ferait** ses devoirs. Je voudrais **qu'il fasse** ses devoirs.

On emploie le **passé du subjonctif** si le verbe principal est à un **temps composé.**

Il **a fait** ses devoirs. J'aurais voulu qu'il **ait fait** ses devoirs.

A. Récrivez les phrases ci-dessous en ajoutant au début de chaque phrase: **Il faut que.**

> Ex: **Je comprends** cette leçon.
> Il faut **que je comprenne** cette leçon.

1. Nous apprenons l'orthographe.
2. Je finis la lecture ce soir.
3. Monsieur Jourdain écrit une lettre.
4. Son maître lui dit ce que c'est que la prose.
5. Les étudiants passent leurs examens.
6. Les étudiants sont reçus à leurs examens.
7. Tu choisis tes cours pour l'année prochaine.
8. Vous faites un diplôme pour devenir avocat.
9. L'étudiant reçoit une bourse pour continuer sa recherche.
10. Les filles peuvent suivre les cours de mathématiques.
11. Nous étudions ce soir.

B. Récrivez la phrase en remplaçant le verbe souligné par chaque verbe qui le suit.

1. Il faut que vous passiez cet examen. (finir/ lire/ écrire)

2. Je ne crois pas que ce lycée ait des élèves surdoués. (recevoir/ vouloir)

3. Elle a peur que vous n'arriviez avant nous. (se lever/ apprendre/ être)

4. Pourvu que nous ayons les renseignements, nous répondrons. (savoir/ comprendre)

5. Ils sont contents que tu enseignes ce sujet. (faire/ étudier)

C. Faites des phrases en utilisant les conjonctions
subordonnées avec les verbes et les pronoms suivants.

1. à condition que
   vouloir (vous)
   pouvoir (nous)

2. pour que
   faire (vous)
   savoir (il)

3. sans que
   savoir (il)
   comprendre (nous)

4. à moins que
   finir (je)
   faire (tu)

5. pourvu que
   venir (tu)
   écrire (je)

6. jusqu'à ce que
   venir (vous)
   recevoir (elle)

7. bien que
   être (je)
   avoir (elle)

8. quoique
   avoir (nous)
   devoir (vous)

9. avant que
   partir (je)
   lire (vous)

D. Mettez le verbe au mode [subjonctif, indicatif, impératif]
et au temps appropriés.

1. Voulez-vous que je vous _____ la logique? (apprendre)

2. Sans que vous le _____ , il l'a fait depuis longtemps. (savoir)

3. Si je vous _____ une confidence, la garderez-vous? (faire)

4. _____ -moi une confidence, je suis discret. (faire)

5. J'ai peur que nous _____ au dernier examen. (échouer)

6. Il ne croit pas que je _____ en France neuf fois. (aller)

7. Il faut que je vous _____ une confidence. (faire)

8. C'est le plus grand effort qu'il _____ faire. (pouvoir)

9. Connaissez-vous un homme qui _____ plus cultivé? (être)

10. J'ai peur que notre examen _____ difficile. (être)

11. Que voulez-vous que je _____ ? (faire)

12. Quoique les analphabètes ne _____ pas lire, ils pensent comme
nous. (savoir)

13. Je ne crois pas que tu _____ la question. (comprendre)

14. C'est dommage qu'il _____ si facilement. (rougir)

15. J'ai peur que vous _____ trop vite. (boire)

16. Nous espérons que tu _____ huit heures par jour. (dormir)

17. Je crains qu'il _____ depuis longtemps. (attendre)

18. Elle aimerait mieux que nous _____ la fenêtre. (fermer)

19. _____ la différence! (vivre)

20. Je suis content qu'elle _____ m'accompagner. (vouloir)

21. _____ -moi votre secret, je suis discret. (dire)

LES VERBES IMPERSONNELS

Les verbes impersonnels expriment une action sans sujet précis.

A. Formes.

Les verbes impersonnels ont tous le pronom sujet à la 3e personne du singulier **il**.

> **Il** y a douze étudiants dans cette classe.
> **Il faut** apprendre par coeur le poème.

B. Emplois.

Les verbes impersonnels s'emploient avec l'infinitif, l'indicatif et le subjonctif.

> **Il s'agit de passer** un examen bientôt.
> **Il est probable** que vous **serez** reçu à l'examen.
> Mais **il faut que** vous **appreniez** beaucoup de choses.

Les verbes impersonnels s'emploient pour exprimer le temps qu'il fait.

> **Il pleut** beaucoup dans cette région.
> **Il neige** très peu dans le Midi.
> J'aime aller à la plage quand **il fait** beau.

Les expressions suivantes s'emploient avec l'**indicatif**:

> Il est certain que
> Il est évident que
> Il est probable que
> Il me semble que

Les expressions suivantes s'emploient avec le **subjonctif:**

Il est douteux que
Il est important que
Il est nécessaire que
Il est possible que
Il est temps que
Il faut que
Il semble que
Il se peut que
Il vaut mieux que

L'expression **il est** s'emploie:

pour dire l'heure: **Il est** neuf heures.

pour les contes de fées: **Once upon a time . . .**
Il était une fois.

Il y a exprime plusieurs sens différents:

Il y a un professeur ici.	**There is . . .**
Il y a trois étudiants ici.	**There are . . .**
Il y a trois kilomètres d'ici au lycée.	**It is . . .**
Il y a quelques semaines, vous vous êtes inscrit.	A few weeks **ago . . .**
Il y a plus de quarante ans que je dis de la prose.	I **have been . . .**
Qu'est-ce qu'**il y a**?	What **is the matter?**
Il n'y a pas de quoi.	[Don't mention it.]

A. Complétez la phrase par une expression impersonnelle.

    1. _____ ne pas y toucher.

    2/3. _____ une condition que _____ vous
        juriez de remplir.

    4. _____ sur la ville.

    5. _____ trouver une règle.

    6. _____ plus de quarante ans que je dis de la prose.

    7. _____ en été.

    8. _____ neuf heures du matin.

    9. Enfin, _____ qu'il mette sa vie en ordre.

   10. _____ une fois, une princesse malade.

B. Complétez la phrase en employant un verbe au mode qui
    convient.

    1. Il est douteux que _____ .

    2. Il se peut que _____ .

    3. Il s'agit de _____ .

    4. Il y avait _____ .

    5. Il convient _____ .

    6. Il faut que _____ .

    7. Il faut _____ .

    8. Il fait _____ .

    9. Il est important que _____ .

   10. Il est honteux que _____ .

A.   Les Mots "Maudits" #4

En français, maudit signifie **damné, condamné.** Les mots suivants sont pour les Anglophones "maudits" en ce sens qu'on les prononce souvent mal.

Prononcez les mots suivants en faisant attention au son **final.** Utilisez chaque mot dans une phrase.

1. fils   [fis]

2. fille   [fij]

3. nez   [ne]

4. Jeanne   [ʒan]

5. Jean   [ʒã]

6. Sorbonne   [sorbon]

7. hiver   [ivɛr]

8. américaine   [amerikɛn]

On peut adapter certaines parties des sections A, B et C au **travail oral ou écrit**. Utilisez autant que possible le vocabulaire et la grammaire de cette leçon dans le travail suivant.

A. Questions.

Répondez par des phrases complètes.

1. Quelle forme du snobisme trouvez-vous la plus insupportable? Le snobisme de l'intelligence/ de l'argent/ du goût [taste]/ du rang social? Pourquoi?
2. Quelles connaissances faut-il avoir pour être vraiment "cultivé"?
3. Jusqu'à quel âge la scolarité devrait-elle être obligatoire? Pourquoi?
4. Devrait-on donner des leçons particulières aux élèves surdoués [exceptional]? Pourquoi?
5. Devrait-on organiser des cours pour les gens du troisième âge [senior citizens]? Pourquoi?
6. Etes-vous naturellement "littéraire" ou "scientifique"? Expliquez.

B. Discussion.

La classe se sépare en groupes de trois personnes pour jouer une scène ou discuter une des questions ci-dessous.

1. J veut écrire une lettre d'amour, ou d'affaires, ou faire une demande de bourse. Il demande à ses amis H et M de l'aider dans la rédaction de la lettre.

2. C est élève en français. A et B lui expliquent comment prononcer certains sons difficiles surtout pour les Anglophones.

C. Composition.

Choisissez un sujet.

1. Discutez la proposition: Il faut/ ne faut pas/
    que tous ceux qui le veulent puissent avoir une
    éducation universitaire.

2. Discutez: Il faut/ ne faut pas/ que le gouvernement
    donne des subventions [support] à l'enseignement
    privé.

BANDE/ Molière, *Le Bourgeois Gentilhomme*

LECTURE	*De La Démocratie en Amérique,* Alexis de Tocqueville (1805-1859)
VOCABULAIRE	Le Travail
GRAMMAIRE	Le Verbe DEVOIR
PRONONCIATION	Le Son [r]

LECTURE / *DE LA DÉMOCRATIE EN AMÉRIQUE*

INTRODUCTION

Dans sa grande oeuvre, Alexis de Tocqueville, aristocrate français, étudie les institutions et les moeurs° américaines. Frappé° par certaines attitudes envers le travail et par les conditions de travail qu'il avait observées, Tocqueville consacre une partie du livre à ce sujet. Ses réflexions sur le travail s'appliquent à la société industrielle moderne en général aussi bien qu'à celle du dix-neuvième siècle. Dans l'extrait suivant, Tocqueville analyse les conditions de travail, la division du travail, les rapports entre l'employé et l'employeur et leurs effets déplorables sur la vie de l'ouvrier.

customs
struck

*   *   *

Que doit-on attendre d'un homme qui a employé vingt ans de sa vie à faire des têtes d'épingles°? et à quoi peut désormais° s'appliquer chez lui cette puissante intelligence humaine, qui a souvent remué° le monde sinon à rechercher le meilleur moyen de faire des têtes d'épingles!

pins
thereafter

moved

Lorsqu'un ouvrier a consumé de cette manière une portion considérable de son existence, sa pensée s'est arrêtée pour jamais près de l'objet journalier de ses labeurs; son corps a contracté certaines habitudes fixes dont il ne lui est plus permis de se départir°. En un mot, il n'appartient plus à lui-même, mais à la profession qu'il a choisie. C'est en vain que les lois et les moeurs ont pris soin de briser° autour de cet homme toutes les barrières et de lui ouvrir de tous côtés mille chemins différents vers la fortune; une théorie industrielle plus

he may no
longer give up

break down

puissante que les moeurs et les lois l'a attaché à un métier et souvent à un lieu qu'il ne peut quitter. Elle lui a assigné dans la société une certaine place dont il ne peut sortir. Au milieu du mouvement universel, elle l'a rendu immobile.

On a reconnu que quand un ouvrier ne s'occupait tous les jours que du même détail, on parvenait° plus aisément, plus   arrived
rapidement et avec plus d'économie à la production générale de l'oeuvre.

On a également reconnu que plus une industrie était entreprise en grand, avec de grands capitaux un grand crédit, plus ses produits étaient à bon marché°.   inexpensive

Je ne vois rien dans le monde politique qui doive préoccuper davantage le législateur que ces deux nouveaux axiomes de la science industrielle.

Quand un artisan se livre sans cesse et uniquement à la fabrication° d'un seul objet, il finit par s'acquitter de ce travail   manufacture
avec une dextérité singulière. Mais il perd, en même temps, la faculté générale d'appliquer son esprit à la direction du travail. Il devient chaque jour plus habile et moins industrieux, et l'on peut dire qu'en lui l'homme se dégrade à mesure que l'ouvrier se perfectionne.

Ainsi donc, dans le même temps que la science industrielle abaisse sans cesse la classe des ouvriers, elle élève celle des maîtres.

Tandis que° l'ouvrier ramène de plus en plus son   whereas
intelligence à l'étude d'un seul détail, le maître promène chaque jour ses regards sur un plus vaste ensemble, et son esprit s'étend en proportion que celui de l'autre se resserre°. Bientôt   contracts
il ne faudra plus au second que la force physique sans l'intelligence; le premier a besoin de la science, et presque de génie pour réussir. L'un ressemble de plus en plus à l'administrateur d'un vaste empire, et l'autre à une brute.

En 1841, un an après la publication de la seconde partie de *De La Démocratie en Amérique*, la loi en France fixe la journée de travail en atelier à **12 heures** pour les enfants âgés de 12 à 16 ans, et a **8 heures** pour ceux âgés de 8 à 12 ans. En 1936 la loi instaure la semaine de 40 heures. En 1990 la durée de travail hebdomadaire est de 39 heures.

COMPRÉHENSION DU TEXTE

1. Comment arrive-t-on à fabriquer des produits rapidement et à bon marché?
2. Comment le manque de variété dans le travail influence-t-il le développement de l'ouvrier?
3. Quelle activité Tocqueville donne-t-il comme exemple d'un travail monotone?
4. Comment le développement de l'industrie augmente-t-il l'écart entre les ouvriers et les patrons?
5. Quelles lois existent actuellement pour protéger les ouvriers?
6. Quelles sont les activités différentes des ouvriers dans l'illustration des épingliers?

Les épingliers au dix-huitième siècle. Il faut dix-huit opérations pour faire une bonne épingle. La figure #1 à droite représente un Tourneur de têtes. La figure #2 au milieu montre un Coupeur de têtes.

Description des arts et métiers, Paris, 1761.

un artisan	artisan, craftsman	embaucher	to hire
un cadre	junior executive, management personnel	employer	to employ
		fabriquer	to manufacture
		faire la grève	to strike
une carrière	career	gagner	to earn
le chômage	unemployment	licencier*	to lay off
les congés payés	paid vacation	mettre à la porte	to fire
un emploi	job, work	payer	to pay
une entreprise	business, firm	prendre la retraite	to retire
une industrie	industry	produire	to produce
la main d'oeuvre	labor, manpower	renvoyer	to dismiss, fire
un métier	trade, occupation	toucher*	to receive, collect
un ouvrier	worker	travailler	to work
un patron*	boss		

Les Emplois, les métiers, les professions

une pause café	coffee-break		
un P.D.G. [président-directeur-général]	company president	un agriculteur	farmer
		un artiste	artist
		un avocat	lawyer
un poste	position	un conducteur	driver
une profession	profession	un commerçant	merchant
un salaire	wage	un employé de bureau	office worker
le SMIC [salaire minimum de croissance]	minimum wage	un enseignant	teacher
		un fonctionnaire*	civil servant
une société*	company	un ingénieur	engineer
un syndicat*	union	un mécanicien	mechanic
le taux horaire	hourly rate	un menuisier	carpenter
le travail	work, job, labor	un pompier	fireman
le travail à la chaîne	assembly line	un restaurateur	restaurant owner
		un sténodactylo	secretary
une usine	factory	un technicien	technician
		un vendeur	sales person

> En janvier 1986 le taux horaire minimum en France est de 29,91 francs. Le taux horaire *minimum wage* est de $3.80 aux Etats-Unis. Un franc vaut environ 18 centimes américains en 1990.

A. Trouvez un synonyme pour chaque mot ci-dessous.
   Utilisez chaque synonyme dans une phrase.

   1. travailleur
   2. employer
   3. toucher
   4. vacances
   5. poste
   6. occupation
   7. entreprise
   8. engager
   9. renvoyer
   10. sans travail

B. Trouvez pour chaque mot suivant un nom, un adjectif,
   un verbe ou un adverbe de la même famille.

   1. vendeur
   2. chômeur
   3. salarié
   4. emploi
   5. produire
   6. travailler
   7. commerce
   8. enseigner

C. Faites des phrases avec les mots ci-dessous. Faites tous les
   changements nécessaires.

   1. employé/ devoir/ gagner
   2. congés payés/ durer/ semaines
   3. travailler/ société/ étranger
   4. patron/ payer/ salaire
   5. ouvrier/ grève/ taux horaire
   6. chômage/ toucher/ assurance
   7. licencier/ ouvriers/ technicien
   8. je pense/ métier/ intéressant
   9. travail à la chaîne/ industrie/ automobile
   10. embaucher/ main d'oeuvre/ usine
   11. travail/ ennuyeux/ changer
   12. syndicat/ argent/ conditions
   13. gagner/ taux
   14. P.D.G./ entreprise/ important
   15. employer/ cadres/ouvrier
   16. pause café/ fois/ jour
   17. retraite/ âge/ raisonnable
   18. grève/ souvent/ usine
   19. pompier/ travail/ dangereux
   20. je/ préférer/ carrière
   21. médecin/ avocat/ gagner
   22. fonctionnaire/ emploi/ permanent

   En France la durée des congés payés est de cinq semaines.

Le verbe **devoir** exprime des sens et des nuances différents selon le **temps**, le **mode** et le **contexte** du verbe.

Les équivalents du verbe **devoir** en anglais sont **nombreux** et **nuancés: must, have to, supposed, ought, should, owe.**

Aux Etats-Unis, un homme riche croit **devoir** à l'opinion publique de consacrer ses loisirs à quelque opération d'industrie . . . ou à quelques **devoirs** publics.

A. Formes.

1. Le **radical** du verbe **devoir change.**

INDICATIF

Présent	je dois	nous	devons
Imparfait	je devais	nous	devions
Passé simple	je dus	nous	dûmes
Futur simple	je devrai	nous	devrons
Passé composé	j'ai dû	nous	avons dû
Plus-que-parfait	j'avais dû	nous	avions dû

CONDITIONNEL

Présent	je devrais	nous devrions
Passé	j'aurais dû	nous aurions dû

SUBJONCTIF

Présent	que je doive	que nous devions
Imparfait	que je dusse	que nous dussions

PARTICIPE

Présent	devant
Passé	dû, due

2. Le verbe **devoir** comme **auxiliaire** est toujours suivi **directement** de l'infinitif.

   Je **dois travailler** ce soir.

3. Le verbe **devoir** comme verbe principal [**to owe**] est suivi d'un **objet direct**.

   Je **dois** 50 francs au syndicat.

4. A la forme **féminine** du participe passé on supprime l'accent **circonflexe** dû: due.

B. Emplois.

1. Le verbe **devoir** peut exprimer l'**obligation**, la **nécessité**, l'**intention**, la **probabilité**, la **supposition**, un **conseil**, le **jugement**, la **dette** et d'autres sens.

2. Un **seul** temps ou mode verbal peut exprimer **plusieurs** sens selon le contexte.

3. **Devoir** exprime souvent un sens analogue à **falloir**.

   Devoir s'emploie avec l'**infinitif**.

   Nous **devons être** à l'usine à 8 heures.

   Falloir s'emploie avec l'infinitif.

   Il nous **faut être** à l'usine à 8 heures.

   Falloir s'emploie avec le **subjonctif** dans une **proposition subordonnée**.

   Il **faut que** nous **soyons** à l'usine à 8 heures.

   Devoir et **falloir** peuvent exprimer une **nécessité** et une **obligation morale**.

   Tu **dois dire** la vérité.
   Il **faut que** tu **dises** la vérité.

TABLEAU DES EMPLOIS ET DES SENS DU VERBE **DEVOIR**

[Ces verbes peuvent se traduire de **plusieurs** façons en français et en anglais. Les exemples ci-dessous serviront de **points de repère**.]

INDICATIF

PRÉSENT

Je **dois** vous dire que le patron n'embauche plus. I **must** tell you that the boss isn't hiring anymore.	OBLIGATION
Je **dois** toucher mon assurance maladie pour payer le médecin. I **have to** collect my medical insurance to pay the doctor.	NÉCESSITÉ
Je **dois** voir le contremaître à 3 heures. I **am supposed** to see the foreman at 3 o'clock.	INTENTION FUTURE
Il **doit** être ennuyeux de faire des épingles. It **must** be boring to make pins.	PROBABILITÉ
Je **dois** 200 francs à mon avocat. I **owe** 200 francs to my lawyer.	DETTE

IMPARFAIT

Je **devais** travailler la nuit. I **had to** work at night.	OBLIGATION
Je **devais** prendre mon congé de maladie. I **had to** take sick leave.	NÉCESSITÉ
Je **devais** voir le chef de service ce matin. I **was supposed** to see the department manager this morning.	INTENTION PASSÉE
Je **devais** être épuisé quand j'ai dit cela. I **must have** been exhausted when I said that.	PROBABILITÉ
Je **devais** mon emploi aux petites annonces. I **owed** my job to the classified ads.	DETTE

FUTUR

Je **devrai** changer de travail quand nous
déménagerons.   OBLIGATION
I **shall have to** change jobs when we move.

PASSÉ COMPOSÉ

J'**ai dû** prendre mes vacances en août.
I **had to** take my vacation in August.   OBLIGATION

J'**ai dû** trouver un emploi plus près de chez moi.
I **had to** find a job closer to home.   NÉCESSITÉ

L'artisan **a dû** être très habile.
The craftsman **must have** been very skilled.   PROBABILITÉ

J'**ai dû** beaucoup d'argent au bureau de
placement.   DETTE
I **owed** a lot of money to the employment
agency.

CONDITIONNEL

PRÉSENT

Je **devrais** faire un effort.   OBLIGATION
I **should** make an effort.

Ce métier **devrait** être intéressant.   PROBABILITÉ/
That trade **should** be interesting.   SUPPOSITION

Tu **devrais** travailler moins.   CONSEIL
You **ought** to work less.

PASSÉ

J'**aurais dû** réclamer un contrat.   JUGEMENT
I **should have** asked for a contract.

J'**aurais dû** gagner plus que le SMIC.
I **should** [supposedly] **have** earned more than   SUPPOSITION
the minimum wage.

SUBJONCTIF

PRÉSENT

Bien **que je doive** travailler dur j'aime mon
métier.
Although I **have to** work hard I like my job.   NÉCESSITÉ

IMPARFAIT*

Dussé*-je faire des épingles je préfère le travail
au chômage.
Even if I had to make pins I prefer work to   PROBABILITÉ
unemployment.

*Forme rarement employée.

C. **Devoir** est aussi un **nom** masculin qui signifie
l'**obligation** et le **travail**:

Quels sont les **devoirs** principaux d'un P.D.G.?
What are the main **duties** of a company   OBLIGATION
president?

As-tu fini tes **devoirs** de mathématiques?
Have you finished your math **homework**?   TRAVAIL

A. Faites des phrases en utilisant **devoir** dans autant de temps
et de modes différents que possible.

1. je/ devoir prendre/ retraite
2. le patron/ devoir embaucher/ ouvriers
3. les usines/ devoir fermer/ réparations
4. le syndicat/ devoir protéger/ membres
5. cet ouvrier/ devoir gagner/ salaire
6. le P.D.G./ devoir travailler/ beaucoup
7. le métier/ devoir être/ intéressant
8. les ouvriers/ devoir faire/ grève
9. tout le monde/ devoir payer/ impôts
10. un salarié/ devoir toucher/ SMIC
11. vous/ devoir chercher/ poste
12. tu/ devoir se reposer/ vacances
13. les enfants/ devoir travailler/ moins
14. nous/ devoir changer/ l'année dernière
15. je/ devoir perdre/ épingles
16. tu/ devoir toucher/ assurance maladie
17. les cadres/ devoir étudier/ poste
18. le chômage/ devoir diminuer/ déjà

B. Ajoutez le verbe **devoir** au temps et au mode du verbe
souligné. Récrivez la phrase en faisant tous les changements
nécessaires.

Ex. Après six mois ces artisans <u>étaient</u> très habiles.
Après six mois ces artisans <u>devaient être</u> très habiles.

1. Mon père <u>gagnait</u> plus que mon grand-père.
2. J'ai <u>changé</u> de poste trois fois cette année.
3. Nous <u>voyons</u> le chef de service tous les jours.
4. Le patron nous <u>aurait dit</u> les résultats des négociations.
5. Après quatre heures de travail tu <u>prendras</u> une pause
café.
6. L'usine <u>fermait</u> pendant les congés payés.
7. Cette entreprise <u>fabrique</u> beaucoup d'appareils
scientifiques.
8. Les employés <u>partiront</u> tout de suite après la réunion.

9. Après six mois ce métier était devenu monotone.
10. Nous avons obtenu une augmentation cette année.
11. Vous ne feriez pas un travail à temps complet?
12. Les femmes ne travaillent pas la nuit.

C. Récrivez les phrases ci-dessous en remplaçant l'expression
    soulignée par le verbe **devoir** au temps et au mode que
    conviennent. Faites tous les changements nécessaires.

Ex. Je suppose que c'est ennuyeux de faire des épingles.
     Cela doit être ennuyeux de faire des épingles.

1. Les artisans étaient obligés de répéter la même tâche.
2. L'ouvrier a probablement perdu la faculté de penser à
   son travail.
3. Le travail devenait probablement de plus en plus
   spécialisé.
4. On avait besoin de faire des lois pour protéger les
   artisans.
5. Le maître a besoin d'utiliser son esprit.
6. L'ouvrier avait besoin de développer sa force
   physique.
7. Je vous conseille de lire Tocqueville.

D. Traduisez de plusieurs façons les phrases suivantes pour
    indiquer les emplois et les sens différents de **devoir**.

Ex. Je **dois** voir le patron.

    I **must** see the boss.
    I **have** to see the boss.
    I **am supposed** to see the boss.

1. Je devais prendre mon congé de maladie.
2. Mon voisin a dû prendre sa retraite.
3. Tu devrais te reposer.
4. Les P.D.G. auraient dû gagner plus que les cadres.
5. Vous avez dû trouver un autre poste.
6. On a dû apprendre ce métier au Japon.
7. Le taux horaire devra augmenter.
8. J'ai fait mon devoir.
9. Nos enfants font leurs devoirs le soir.
10. On a dû se rencontrer déjà.

E.   Complétez les phrases suivantes deux fois pour indiquer deux sens différents.

Ex.   Je dois   /toucher mon chèque aujourd'hui.

/faire des heures supplémentaires.

1.   Nous avons dû/
2.   Les syndicats devaient/
3.   Le salaire doit/
4.   A cause du chômage les usines ont dû/
5.   Ces sociétés doivent/
6.   A mon avis tu devrais/
7.   Malheureusement je devais/
8.   Un garagiste doit/
9.   Le travail à la chaîne doit/
10. Le SMIC a dû/
11. J'aurais dû/
12. Vous savez que vous devriez/

F.   Traduisez en français en faisant attention au temps et au mode convenables du verbe **devoir**.

1.   My neighbor must have found a job today.
2.   You should have told me!
3.   You owe me an explanation!
4.   She must be content.
5.   She should be content.
6.   Her new trade must be interesting.
7.   She was not supposed to work at night.
8.   She had to sign a contract.
9.   She had to be early today.
10. Her son ought to find a new position too.

A. Le Son [r]

Le son [r] ne ressemble à aucun son anglais.

1. Méthode pour produire le son [r] en français:

   a. Mettez la langue dans une position plate, normale.
   b. Mettez la **pointe** de la langue **contre les dents inférieures.**
   c. Répétez le mot français: **air, air, air.**

2. La prononciation du son [r] est plus ou moins facile selon sa position dans un mot.

   a. A la **fin** d'un mot: devoir   jour   chômeur
   b. Au **milieu** d'un mot: Paris   Amérique   opéra
   c. Au **début** d'un mot: repos   rester   raison

3. Règles générales.

   a. Le son [r] à la fin d'un mot s'écrit **-r, -rd, -re, -rps, -rs, -rt,** etc.

   voir   bord   corps   alors   court
   [La lettre **r** ne se prononce pas dans le mot **monsieur.**]

   b. La lettre **r** précédée de l'**e** sans accent **écrit** ne se prononce généralement pas.

   travailler   gagner   cahier   ouvrier   boulanger

   Exceptions: Le **r** final se prononce dans les mots suivants:

   amer   cher   enfer   fier   hier   hiver   mer   revolver   ver

B. Exercices/ [r]

1. Soulignez le **r** à la fin des mots où le **r** se prononce.

   a. soeur   air   chercher   choisir
   b. amour   aimer   amer   haïr   hiver
   c. monsieur   acteur   atelier
   d. acheter   parler   devoir
   e. coeur   fier   carrière
   f. gagner   mer   chômeur

On peut adapter certaines parties des sections A, B et C au **travail oral ou écrit.** Utilisez autant que possible le vocabulaire et la grammaire de cette leçon dans le travail suivant.

A. Questions.

Répondez par des phrases complètes.

1. Travaillez-vous actuellement?   Combien d'heures par semaine?
2. Comment avez-vous trouvé votre emploi?   Par un/e ami/e ?   Par un parent?   Dans les petites annonces?
3. Trouvez-vous votre patron sympathique?   Pourquoi?
4. Quel travail préféreriez-vous?   Dans un bureau?   En plein air?   Parmi des gens de votre âge?
5. Quels sont les métiers les plus intéressants?   Les plus ennuyeux?   Pourquoi?
6. Quels sont les métiers les plus durs?   Les plus respectés?   Pourquoi?
7. Quels métiers semblent influencer le plus ceux qui les pratiquent?   Sports?   Danse?   Comment?
8. Définissez l'attitude de votre famille à l'égard du travail. Celle de votre génération. Celle des Américains en général.
9. Quels sont les principaux devoirs d'un bon patron?   D'un bon employé?

B. Discussion.

La classe se sépare en groupes de trois personnes pour jouer une scène ou discuter une des questions ci-dessous.

1. A, B et C parlent de la carrière qui les intéresse le plus et des raisons de leur choix: désir d'aider les autres/ désir de gagner un salaire élevé/ satisfaction intellectuelle/ gôut de la solitude/ goût de l'aventure.

2. G, patron, a une entrevue avec H, employé éventuel. G décrit le travail, l'horaire, le salaire. J, un employé, entre et décrit le travail qui doit être fait en réalité. H pose des questions sur le travail qu'il devra faire.

3. T prétend que certains métiers sont strictement masculins ou féminins. R, une femme, et S, un homme, ne sont pas d'accord.

C. Composition.

Choisissez un sujet.

1. Les magasins devraient/ne devraient pas être ouverts le dimanche.

2. Décrivez les avantages et les inconvénients des machines qui aident ou remplacent les êtres humains: l'automobile, la machine à coudre, l'ascenseur.

3. Discutez: On devrait/ne devrait pas/ prendre sa retraite à 65 ans.

BANDE/Alexis de Tocqueville, *De La Démocratie en Amérique*

Chez les peuples démocratiques, où il n'y a point de richesses héréditaires, chacun travaille pour vivre, ou a travaillé, ou est né de gens qui ont travaillé. L'idée du travail, comme condition nécessaire, naturelle et honnête de l'humanité, s'offre donc de tout côté à l'esprit humain.

Non seulement le travail n'est point en déshonneur chez ces peuples, mais il est en honneur; le préjugé n'est pas contre lui, il est pour lui. Aux Etats-Unis, un homme riche croit devoir à l'opinion publique de consacrer ses loisirs° à quelque   leisure
opération d'industrie, de commerce ou à quelques devoirs publics. Il s'estimerait malfamé° s'il n'employait sa vie qu'à   disreputable
vivre. C'est pour se soustraire° à cette obligation du travail   remove
que tant de riches Américains viennent en Europe: là, ils trouvent des débris de sociétés aristocratiques parmi lesquelles l'oisiveté° est encore honorée.   idleness

LECTURE	*Les Mots*, Jean-Paul Sartre (1905-1980)
VOCABULAIRE	La Famille
GRAMMAIRE	La Possession
PRONONCIATION	Les Sons [j] [l]; Les Mots "Maudits" #5

LECTURE/ LES MOTS

INTRODUCTION

Dans son autobiographie, *Les Mots* (1964), Jean-Paul Sartre, philosophe célèbre et représentant principal de la philosophie existentialiste* en France, raconte des souvenirs d'enfance. Pour lui, enfant singulier°, les mots étaient plus réels que les unusual gens. Il décrit son désir d'avoir ses propres livres et sa frustration devant les mots qu'il ne savait pas lire. Sa mère cependant lui racontait souvent des histoires. Mais Sartre n'avait pas encore compris que ce n'était pas elle qui les avait inventées et qu'elles se trouvaient dans les livres. L'enfant adorait écouter la voix de sa mère, mais son plaisir est devenu déception° quand la spontanéité de son récit a disparu. disappointment

* * *

Je ne savais pas encore lire, mais j'étais assez snob pour exiger° d'avoir *mes* livres. [Mon grand-père me donna deux demand livres de contes folkloriques...] Je voulus commencer sur l'heure° les cérémonies d'appropriation. Je pris les deux petits at once volumes, je les flairai°, je les palpai, les ouvris négligemment sniffed "à la bonne page"° en les faisant craquer. En vain: je n'avais right page pas le sentiment de les posséder. J'essayais sans plus de succès de les traiter en poupées°, de les bercer, de les embrasser, de dolls les battre. Au bord des larmes, je finis par les poser sur les genoux de ma mère. Elle leva les yeux de son ouvrage: "Que veux-tu que je te lise, mon chéri? *Les Fées*"° Je demandais, fairies incrédule: "*Les Fées*, c'est *là-dedans*?" Cette histoire m'était

*L'existentialisme est une doctrine philosophique selon laquelle c'est l'homme lui-même, qui crée ses propres valeurs, qui est libre de faire ses propres choix, et qui est responsable de ses actions.

familière: Ma mère me la racontait souvent, quand elle me débarbouillait°, en s'interrompant pour me frictionner à l'eau de Cologne, pour ramasser°, sous la baignoire, le savon qui lui avait glissé des° mains et j'écoutais distraitement le récit trop connu. Je n'avais d'yeux que pour Anne-Marie°, cette jeune fille de tous mes matins. Je n'avais d'oreilles que pour sa voix troublée par la servitude. Je me plaisais à ses phrases inachevées, à ses mots toujours en retard, à sa brusque assurance, vivement défaite et qui se détournait en déroute pour disparaître dans un effilochement° mélodieux et se recomposer après un silence. L'histoire, ça venait par-dessus le marché°. C'était le lien de ses soliloques. Tout le temps qu'elle parlait nous étions seuls et clandestins, loin des hommes, des dieux et des prêtres, deux biches au bois, avec ces autres biches, les Fées. Je n'arrivais pas à croire qu'on eût° composé tout un livre pour y faire figurer cet épisode de notre vie profane°, qui sentait le savon et l'eau de Cologne.

    Anne-Marie me fit asseoir en face d'elle, sur ma petite chaise; elle se pencha, baissa les paupières°, s'endormit. De ce visage de statue sortit une voix de plâtre. Je perdis la tête: qui racontait? quoi? et à qui? Ma mère s'était absentée: pas un sourire, pas un signe de connivence°, j'étais en exil. Et puis, je ne reconnaissais pas son langage. Où prenait-elle cette assurance? Au bout d'un instant j'avais compris: c'était le livre qui parlait. Des phrases en sortaient qui me faisaient peur. C'étaient de vrais mille-pattes°, elles grouillaient° de syllabes et de lettres, étiraient° leurs diphtongues, faisaient vibrer les doubles consonnes; chantantes, nasales, coupées de pauses et de soupirs°, riches en mots inconnus. Elles s'enchantaient d'elles-mêmes et de leurs méandres sans se soucier de moi. Quelquefois elles disparaissaient avant que j'eusse pu° les comprendre. D'autres fois j'avais compris d'avance et elles continuaient de rouler noblement vers leur fin sans me faire grâce° d'une virgule. Assurément, ce discours ne m'était pas destiné. Quant à l'histoire, elle s'était endimanchée°. Le bûcheron°, la bûcheronne et leurs filles, la fée, toutes ces petites gens, non semblables, avaient pris de la majesté. On parlait de leurs guenilles° avec magnificence. Les mots déteignaient sur° les choses, transformant les actions en rites et les événements en cérémonies. [...] Quand elle cessa de lire, je lui repris vivement les livres et les emportai sous mon bras sans dire merci.

COMPRÉHENSION DU TEXTE

1. Pourquoi était-ce snobisme de la part de l'enfant de vouloir avoir ses propres livres?
2. Quels efforts a-t-il faits pour "posséder" les livres?
3. Pourquoi a-t-il apporté les livres à sa mère?
4. Pourquoi est-il étonné de trouver *les Fées* dans un livre?
5. Que faisait la mère d'habitude en racontant des histoires à son fils?
6. Pourquoi la mère s'interrompait-elle souvent?
7. Pour l'enfant qu'est-ce qui a plus d'importance que l'histoire?
8. Où le garçon se met-il cette fois pour écouter le récit?
9. Pourquoi le garçon pense-t-il que sa mère s'est endormie?
10. A quoi ressemble la voix de sa mère quand elle lit?
11. Quelles sortes d'êtres les mots représentent-ils?
12. Qu'est-ce qui faisait peur à l'enfant?
13. Quels changements *les Fées* subissent-elles?
14. Quels sont les contrastes les plus importants entre le premier et le second paragraphes?

> La famille moyenne française comprend 2,3 enfants.
> Depuis la première guerre mondiale, au cours de laquelle la France
> a perdu plus d'un million d'habitants, jusqu'à une époque récente,
> la population française n'a augmenté que très lentement.

Population en millions:

	1900	1939	1975	1985	1990
France	40,6	41,3	52,8	55,5	58,4
Etats-Unis	75,9	131	213,8	238,8	260,1

un célibataire	bachelor	élever (enfants)	to raise (children)
un/e cousin/e	cousin	épouser	to marry
un enfant	child	se fiancer avec	to become engaged
un petit-enfant	grandchild	gâter	to spoil
l'époux,		grandir	to grow up
l'épouse	spouse	se marier avec	to marry
la femme	wife, woman	naître	to be born
un/e fiancé/e	fiance/e	[p.p.né]	born
les fiançailles (f)	engagement	vieillir	to grow old
la fille	daughter, girl		
la belle-fille	daughter in-law		
la petite-fille	granddaughter		
le fils	son		
le petit-fils	grandson		
le frère	brother		
le gendre	son in-law	aîné**	eldest, older
un jumeau,		benjamin**	youngest
une jumelle	twin	bien élevé	well brought up
la lune de miel	honeymoon	cadet**,	younger
le mari	husband	cadette	
la marraine	godmother	nouveau-né	newborn
la mère	mother	puîné	next eldest
la belle-mère	mother in-law,	unique*	only, single
	stepmother		
la grand-mère	grandmother		
le neveu	nephew		
la nièce	niece		
une noce	wedding		
un parent*	relative, parent		
le parrain	godfather		
le père	father		
le beau-père	father in-law,		
	stepfather		
le grand-père	grandfather		
la soeur	sister		
la tante	aunt		
un veuf	widower		
une veuve	widow		

Ces mots s'emploient comme **nom avec l'article.

A. Donnez l'équivalent masculin de chaque mot suivant.

1. femme
2. fille
3. belle-mère
4. belle-fille
5. jumelle
6. fiancée
7. cousine
8. nièce
9. benjamine
10. veuve
11. marraine

B. Complétez les phrases suivantes par le terme de parenté approprié.

1. La soeur de mon père est/
2. La mère de ma mère est/
3. Le fils de ma tante est/
4. Le mari de ma fille est/
5. Les fils de mon frère sont/
6. Les enfants de mes fils sont/
7. L'homme/ la femme avec qui je vais me marier est/
8. La femme de mon fils est/
9. Les filles de mon frère sont/
10. La mère de ma femme est/

C. Finissez chaque phrase.

1. Ces personnes ont annoncé leurs fiançailles/
2. Je connais des jumeaux qui/
3. Mon oncle célibataire habite/
4. Souvent on dit qu'un enfant unique/
5. Si j'étais l'aîné(e)/
6. Mon grand-perè est veuf depuis
7. Nous aimons cette fille parce que/
8. Madame Dupont (née Dupuis) connaît/
9. Leurs enfants sont si gâtés/
10. Le benjamin peut toujours/

D. Répondez à chaque question par une phrase complète.

1. Est-ce qu'un célibataire a un gendre? Pourquoi?
2. Comment s'appelle l'époux de votre mère?
3. Votre père a-t-il un gendre?
4. Combien de petits-enfants vos grands-parents ont-ils?
5. Où votre arrière grand-mère est-elle née?
6. Est-ce que votre grand-père est veuf?

On peut exprimer la possession par un adjectif, un pronom, une préposition, un verbe ou un article.

> Ce qui m'appartient t'appartient!
> Pourquoi ces mots qui nous opposent:
> le tien, le mien, le mien, le tien?
> Paul Géraldy, *Dualisme*

LES ADJECTIFS POSSESSIFS

A. Formes.

un seul objet possédé		plusieurs objets possédés
__m__	__f__	__m/f__
mon	ma	mes
ton	ta	tes
son	sa	ses
__m/f__		__m/f__
notre		nos
votre		vos
leur		leurs

1. En français, l'adjectif possessif **s'accorde en genre et en nombre avec l'objet possédé,** personne ou chose.

    En anglais, le mot possessif s'accorde avec **le possesseur.**

    Georges aime **son** père, **sa** mère, et **ses** grands-parents. /his

    Béatrice aime **son** père, **sa** mère et **ses** grands-parents. /her

Ne pas confondre **leur, adjectif possessif,** avec **leur, pronom objet indirect.**

> **Leur** oncle **leur** parle affectueusement.
> **Their** uncle speaks **to them** with affection.

2. On emploie la forme **masculine** au singulier devant un mot **féminin singulier** commençant par une voyelle ou un **h muet.**

Son amie Annette est bien élevée.
Sa meilleure **amie** s'appelle Thérèse.
Connaissez-vous **son histoire** célèbre?
Sa longue **histoire** est passionnante.

> La prononciation de la voyelle en notre, votre est [ɔ], ouvert comme le o en objet. La voyelle en nos, vos est [o] fermé comme le o en chose.

B. Emplois.

1. L'adjectif possessif s'emploie:

a. devant le nom indiquant l'objet possédé, **personne** ou **chose.**

Vos parents sont nés à Bordeaux.
Dans **ses** musées, la France montre **sa** richesse artistique.

Il faut **répéter** l'adjectif devant **chaque** nom.

Toute ma famille viendra, **mes** oncles, **mes** tantes, **mon** gendre, **ma** belle-soeur, et **mes** petits-fils.

b. avec les **mots indéfinis on, tout le monde,
    chacun** à la 3e personne du singulier, et avec
    chacun au pluriel.

> **On** doit honorer **ses** parents.
> **Tout le monde** peut obtenir **son** certificat à l'Hôtel de Ville.
> **Chacun son** gôut.
> Les nouveaux-nés ont **chacun leur** [son] besoin.

Pour éviter la confusion à la 3e personne du singulier
quand il y a deux noms, on **ajoute** un **pronom
personnel** pour préciser le rapport.

> La serveuse parlait à M. Perrin de **son** gendre
> **à lui** [pas à elle].

c. avec l'adjectif **propre** devant le nom pour
    renforcer l'idée de possession.

> C'est agréable d'avoir **sa propre** chambre et **son
> propre** fauteuil./..one's own

2. L'**article défini** s'emploie pour exprimer la possession:

a. devant les noms qui désignent les **parties du corps.**

> Ce chocolat fait venir l'eau à **la** bouche./ . . . makes
> **my** mouth water

> Lève **la** main quand tu veux parler, s.t.p./ raise
> **your** hand . . .

> René se lave **le** visage./. . . is washing **his** face

Quand le sujet et l'objet sont différents, on emploie l'**article défini** pour la partie du corps et le **pronom objet indirect** pour indiquer le possesseur.

> Sa soeur **lui** lave **le** visage.
> His/her sister is washing his/her face.

> Le savon **lui** glisse **des** mains.
> The soap slips out of **his/her** hands.

Quand un **autre** adjectif modifie le nom, on emploie l'**adjectif possessif**.

> Jean sourit à sa fiancée et regarde **ses** beaux yeux.

> Jacqueline frotte **son** pied gauche.

b. avec les expressions qui désignent les **facultés de l'âme.**

> Ma belle-soeur **a la mémoire** très bonne.

c. avec les expressions **avoir mal, faire mal, avoir chaud, avoir froid.**

> Jean se repose parce qu'il **a mal au dos.**/ . . . **his back** aches.

> Cette nouvelle me **fait mal au coeur.**/ . . . **breaks my heart.**

LES PRONOMS POSSESSIFS

A. Formes.

un seul objet possédé		plusieurs objets possédés	
m	f	m	f
le mien	la mienne	les miens	les miennes
le tien	la tienne	les tiens	les tiennes
le sien	la sienne	les siens	les siennes
le nôtre	la nôtre	les nôtres	
le vôtre	la vôtre	les vôtres	
le leur	la leur	les leurs	

1. En français, le pronom possessif **s'accorde en genre et en** nombre avec le nom qu'il **représente.**

    En anglais le mot possessif s'accorde avec le **possesseur.**

    Albert dit que sa cousine est gâtée, Robert pense que **la sienne** l'est aussi.

2. L'article défini devant le pronom possessif suit les règles normales de la **contraction.**

    J'écris à mon père et tu écris **au** tien.
    Nicole envoie des fleurs à ses parents et **aux** miens.

Autres façons d'exprimer la possession.

On peut exprimer la possession par les prépositions, les verbes et le pronom relatif suivants:

1. Les prépositions **de, chez** s'emploient pour exprimer la possession.

    a. **De + nom** s'emploie en français comme on emploie en anglais **nom + apostrophe + s.**

        J'aime mieux la bague **de Paulette** que celle **de Nicole.**/ . . . **Paulette's** . . . **Nicole's ring**

        La queue **de ce chien** est très longue/ **dog's tail** . . .

b. **Chez** s'emploie pour désigner **la maison** ou **la propriété** de quelqu'un.

Nous allons **chez Louise.**/. . . **to Louise's** [house]
Viens **chez moi** ce soir./. . . **to my house**

> La préposition **chez** vient de l'ancien français
> **chiese, maison** qui vient du latin **casa: maison.**

2. Les verbes **appartenir à, être à,** et **posséder,** expriment la possession

Cette radio **appartient à** Jean./ . . . **belongs to**
Ces clefs **sont à moi.**/ . . . **are mine**
Les Martin **possèdent** une jolie maison./ . . . **own**

3. Le pronom relatif **dont,** employé avec article et nom, exprime la possession.

a. **Dont** se place directement après son antécédent.
Voilà ma voisine **dont** je connais le gendre./ . . . **whose son in-law**

b. **Dont** ne s'emploie jamais avec un autre mot possessif.
Mon professeur **dont** je connais **la** femme, habite chez sa belle-mère./ . . . **whose wife**

c. **Dont** s'emploie pour les personnes et les choses.
J'ai vu la cathédrale **dont** les vitraux datent du 13ème siècle./ . . . **whose stained glass windows.**

A. Remplacez l'adjectif possessif et le nom par un pronom possessif.

   1. Veux-tu jouer avec mes cartes?
   2. J'aimerais voir ta collection de timbres.
   3. Nous avons acheté nos cadeaux chez Marie.
   4. N'êtes-vous pas allé dans son magasin?
   5. Le choix est meilleur que dans la boutique des soeurs Dupont.
   6. Ses cousins habitent à 5km de la plage.
   7. Veux-tu avoir tes livres?
   8. Appelez mon fils si votre fils est en retard.
   9. Ta cousine et ma cousine sont gâtées.

B. Complétez la phrase en employant l'adjectif possessif ou l'article défini qui convient.

   1. On doit honorer _____ parents.
   2. Tante Nicole a enlevé _____ manteau parce qu'il fait si chaud.
   3. Alain n'ose pas ouvrir _____ bouche devant son grand frère.
   4. Dis-moi, où est _____ amie Paulette?
   5. Roger se brosse _____ dents avant de se coucher.
   6. Mon oncle aime parler de _____ gendre.
   7. Leur grand-mère commence à perdre _____ mémoire.

C. Refaites les phrases suivantes en utilisant **être à**, **posséder** ou **appartenir à** pour indiquer la possession. Faites les changements nécessaires.

   1. J'ai cette voiture depuis longtemps.
   2. Est-ce que ces photos sont les vôtres?
   3. Le piano dans le salon est celui du fils aîné.
   4. Beaucoup de dictionnaires viennent de la bibliothèque.
   5. Le gendre de Madame Verdun conduit une voiture verte.

D. Mettez un adjectif possessif à la place des mots soulignés.

1. On annonce les fiançailles <u>de la fille des Durocher</u>.
2. J'ai vu les neveux <u>de mes voisins</u>.
3. Madame, je vous présente la belle-mère <u>de Philippe</u>.
4. Le petit-fils <u>de M. Blin</u> s'appelle Benoit.
5. Nous voulons regarder l'alliance <u>de ta marraine</u>.

E. Combinez les deux phrases en une seule en utilisant **dont** pour exprimer la possession.

1. Mon neveu a épousé une Anglaise. Je connais bien sa famille.
2. J'aime bien cette vieille maison. Tu vois le toit derrière les arbres.
3. Nous avons passé la soirée chez Anne. Ses enfants sont bien élevés.
4. Voilà Paul. Sa fiancée a quatre frères.
5. Connais-tu mon ami? Son beau-père est né au Japon.
6. Je vais épouser Jacques. Son frère est encore célibataire.

F. Utilisez chaque mot suivant dans une phrase.

1. propre
2. propriété
3. approprier
4. propriétaire

G. Dites de deux façons différentes les phrases suivantes.

1. Ce livre n'est pas le vôtre.
2. Je vais à ma maison.
3. C'est le tien?
4. Oui c'est le mien.

H. Traduisez en français.

1. Raise your hand when you want to talk.
2. René is washing his face.
3. His sister is washing his face.
4. The soap always slips out of her hands.
5. They went to Simone's together.
6. What is mine is yours. [What belongs to me belongs to you.]

A. Les Sons [j] [l]

   1. Le son [j].

En français, les lettres **i** + **lle** à la fin d'un mot, ou la lettre **i** + **voyelle** ressemblent au son dans le mot anglais **yes**.

      vieille   **débrouiller**   **concierge**   **appareil**   **yeux**   **ail**

      action [aksjō]   pension [pāsjō]

      Exceptions: mille, tranquille, ville

   2. Le son [l].

En français la lettre **l** au début d'une syllabe et devant une voyelle se prononce **l**. Il faut **éviter** de prononcer le **l** anglais.

Méthode pour produire le [l] français:

   a. Mettez la pointe de la langue contre le palais derrière les dents **supérieures**.

   b. Répétez les mots **elle, elle, elle**: l'aile, l'aile

En anglais la pointe de la langue se place contre les dents **inférieures**.

Répétez les mots suivants en faisant attention à la différence entre le français et l'anglais.

anglais	français
elegant	élégant
election	élection
feel	fil
meal	mille

Répétez: il   cil   ville   tranquille   placard   immeuble   aile

B. Exercices [j] [l]

1. Prononcez les mots qui ont le son [j].

    hier   tiens   action   aile
    bien   débrouiller   convient   cil
    pied   feuille   fil   yeux

2. Prononcez les mots qui ont le son [l].

    loger   aile   couleur   tableau
    mille   fille   allons
    feuille   tranquille   élégant

C. Les Mots "Maudits" #5

En français, "maudit" signifie **damné, condamné.** Les mots
suivants sont, pour les Anglophones, "maudits" en ce sens
qu' on les prononce souvent mal.

Prononcez les mots suivants en faisant attention aux
voyelles, aux consonnes et aux liaisons. Utilisez chaque
mot dans une phrase.

1. aux Etats-Unis   [ozetazyni]
2. vécu   [veky]
3. faisons   [fəzõ]
4. ayant   [ejã]
5. démocratie   [demokrasi]
6. haïr   [**air**]
7. eu   [**y**]
8. premier étage   [prəmjɛretaʒ]
9. Champs-Elysées   [ʃãzelize]

On peut adapter certaines parties des sections A, B et C au travail oral ou écrit. Utilisez autant que possible le vocabulaire et la grammaire de cette leçon dans le travail suivant.

A. Questions.

Répondez par des phrases complètes.

1. De quelles personnes votre famille se compose-t-elle?
2. Avez-vous un parent favori? Donnez les raisons de votre préférence.
3. Quel parent est le plus comique/ sérieux/ sensible/ paresseux/ original?
4. Qui vous a lu des histoires pendant votre enfance? Quels souvenirs en avez-vous?
5. Préférez-vous avoir votre propre chambre ou partager une chambre? Pourquoi?

B. Discussion.

La classe se sépare en groupes de trois personnes pour jouer une scène ou discuter une des questions ci-dessous.

1. S et R se sont mariés avant d'avoir terminé leurs études universitaires. Ils discutent le pour et le contre de leur situation avec H qui pense au mariage.

2. H et I parlent de la discipline des jeunes enfants. Elles disent qu'il faut être très sévère avec les petits pour former des adolescents bien élevés. K suggère que c'est en leur donnant la liberté qu'on forme des jeunes gens agréables et honnêtes.

C. Composition.

Choisissez un sujet.

1. Discutez les avantages et les désavantages d'être enfant unique. La vie solitaire/ tranquille/ ennuyeuse/ égoïste.

2. Composez un dialogue entre deux enfants en train de partager leurs jouets: billes [marbles], poupées, petites voitures, animaux en peluche [stuffed animals].

3. Racontez l'historie d'une soirée en famille ou tous vos parents étaient réunis.

BANDE/ Jean-Paul Sartre, *Les Mots*

La Mi-Carême sur les Boulevards   Camille Pissarro (1830-1903)
Courtesy of the Fogg Art Museum, Harvard University

LEÇON QUATORZE

LECTURE	*Conférence de Presse; Mémoires,* Charles de Gaulle (1890-1970)
VOCABULAIRE	La Presse
GRAMMAIRE	L'Interrogation; Les Pronoms personnels
PRONONCIATION	Les Sons [ʒ] [ɲ]

LECTURE/ CONFÉRENCE DE PRESSE, 5 SEPTEMBRE 1961

INTRODUCTION

Au moment où le Président de Gaulle a tenu la conférence
de presse qui suit, la France était au milieu de la guerre en
Algérie, l'Angleterre n'était pas encore membre du Marché
commun°, et on discutait alors, comme on le fait encore   Common Market
actuellement, le pour et le contre des essais nucléaires.
L'Algérie a obtenu son indépendance en 1962, le Marché
commun continue à s'étendre, et les risques de l'énergie
nucléaire inquiètent de plus en plus le monde entier.

Dans ses *Mémoires,* de Gaulle exprime l'affection profonde
qu'il a pour son pays. Président de la Ve République°, il fut   [established
un des hommes d'état les plus importants de la politique   in 1958]
française. Pendant la deuxième guerre mondiale il fut à la tête
de la Résistance contre l'Allemagne, puis le chef du
gouvernement provisoire en France (1944-1945). Il fut élu° à la   elected
présidence en 1959 et réélu en 1965. Il démissionna° en 1969.   resigned
De Gaulle a toujours cru profondément à la grandeur de la
France qui est vouée, selon lui, à un destin exceptionnel.

*   *   *

[La conférence de presse est tenue au Palais de l'Elysée. Le président de
Gaulle demande aux journalistes réunis de poser d'abord toutes leurs
questions. Ensuite il organisera ses réponses.]

2e question.
Est-ce que vous estimez que la reprise° des essais nucléaires   resumption
par l'Union Soviétique rend la recherche d'une solution
pacifique plus difficile, moins difficile, ou bien n'a-t-elle pas
énormément d'importance?

3ᵉ question.

Le Général de Gaulle **juge-t-il** souhaitable ou opportun qu'un pacte international vienne consacrer le tracé° actuel des frontières allemandes et en garantir le respect? — boundary line

4ᵉ question.

Etant donné votre préoccupation de maintenir la base de Bizerte° au service de la défense occidentale , **avez-vous pris** en considération la possibilité de négocier sa cession aux forces de l'O.T.A.N.°? — [Tunisian city] — NATO

5ᵉ question.

Quelle est votre position en ce qui concerne la souveraineté sur le Sahara?

6ᵉ question.

L'action de l'O.N.U.° au Katanga **est-elle** conforme au droit à l'autodétermination? — U.N.

8ᵉ question.

Il y a quelques semaines vous avez dit aux parlementaires que vous vouliez vous débarrasser de° la question algérienne avant la fin de cette année. — get rid of

Comment entendez-vous résoudre le problème algérien?

9ᵉ question.

Est-ce que le Général de Gaulle approuve la décision britannique d'adhérer° au Marché commun? — join

11ᵉ question.

Quelle est la position française en ce qui concerne la proposition anglo-américaine sur la suspension des essais nucléaires dans l'atmosphère?

question 9 est répétée:

Q. **Approuvez-vous** la décision de la Grande-Bretagne d'adhérer au Marché commun?

R. De tout temps, les participants du Marché commun, qui sont six, ont souhaité que d'autres, et en particulier la Grande-Bretagne, se joignent au traité de Rome°, qu'ils en assument les obligations et que, je pense, ils en reçoivent les avantages. — [established the Common Market]

Nous savons très bien quelle est la complexité du problème, mais il semble que tout porte maintenant à l'aborder° et, pour ma part, je n'ai qu'à m'en féliciter, non seulement au point de vue de mon pays, mais je crois aussi au point de vue de l'Europe et, du même coup, au point de vue du monde.

discuss

Conclusion de la conférence de presse:

La France est en train d'accomplir le plus grand effort de renouvellement qu'elle se soit jamais imposé. Elle poursuit son essor° technique, économique, social. Elle multiplie sa jeunesse et en développe l'instruction. Elle achève outre-mer° son oeuvre de décolonialisation. Elle reprend son poids international. Elle modernise ses moyens de défense.

rise

overseas

Là tout ne va pas, évidemment, sans difficultés ni secousses, car l'affaire est par elle-même très dure. D'ailleurs nous revenons de loin. Enfin, tout ce qu'il y a de parti pris, d'intérêts particuliers, de passions, de routines, est inévitablement touché. Comme l'Etat a subi° de graves crises et un long abaissement, il advient° que, dans les corps qui sont à son service, apparaissent encore des négligences et des défaillances. Même, on y vit des dissidences, comme les syndicats°, etc.. . . Mais tout cela n'est que de l'écume° flottant sur les profondeurs. [. . .]

suffered

happens

unions

foam

Telle est la France d'aujourd'hui. Assurément, on peut déplorer que les moyens relatifs dont elle dispose se trouvent limités par rapport à ceux qui furent les siens à d'autres époques de l'Histoire. Combien souvent, je puis le dire en aurai-je moi-même éprouvé le chagrin et l'inconvénient! Mais ces moyens, pourvu que les Français persévèrent, ils sont en train de les recouvrer. En tout cas et dès à° présent, au milieu des peuples qui tous, oui tous, portent leur fardeau°, comme nous-mêmes portons le nôtre, je crois que la nation française est vraiment digne° de la France.

henceforth

burden

worthy

Le Palais de l'Elysée est la résidence du Président de la République française.

MÉMOIRES-L'APPEL

Toute ma vie, je me suis fait une certaine idée de la France. Le sentiment me l'inspire aussi bien que la raison. Ce qu'il y a, en moi, d'affectif° imagine naturellement la France, telle° la princesse des contes ou la madone aux fresques de murs, comme vouée° à une destinée éminente et exceptionnelle. J'ai d'instinct l'impression que la Providence l'a créée pour des succès achevés ou des malheurs exemplaires. S'il advient° que la médiocrité marque, pourtant, ses faits et gestes, j'en éprouve la sensation d'une absurde anomalie, imputable aux fautes des Français, non au génie de la patrie. Mais aussi, le côté positif de mon esprit me convainc que la France n'est réellement elle-même qu'au premier rang; que notre pays, tel qu'il est, parmi les autres, tels qu'ils sont, doit, sous peine de danger mortel, viser° haut et se tenir droit. Bref, à mon sens°, la France ne peut être la France sans la grandeur.

emotional/as

called

happens

aim/ opinion

Cette foi° a grandi en même temps que moi dans le milieu où je suis né. Mon père, homme de pensée, de culture, de tradition, était imprégné du sentiment de la dignité de la France. Il m'en a découvert° l'Histoire. Ma mère portrait° à la patrie une passion intransigeante à l'égal de sa piété religieuse. Mes trois frères, ma soeur, moi-même, avions pour seconde nature une certaine fierté anxieuse au sujet de notre pays. Petit Lillois° de Paris, rien ne me frappait davantage que les symboles de nos gloires: nuit descendant sur Notre-Dame, majesté du soir à Versailles, Arc de Triomphe dans le soleil, drapeaux conquis frissonnant à la voûte° des Invalides. Rien ne me faisait plus d'effet que la manifestation de nos réussites nationales: enthousiasme du peuple au passage du Tsar de Russie, revue de Longchamp, merveilles de l'exposition, premiers vols de nos aviateurs. Rien ne m'attristait plus profondément que nos faiblesses et nos erreurs révélées à mon enfance par les visages et les propos; abandon de Fachoda[1], affaire Dreyfus[2], conflits sociaux, discordes religieuses. Rien ne m'émouvait autant que le récit de nos malheurs passés . . .

faith

[taught]/ brought

[de Gaulle's birthplace, Lille]

dome

[1]Village du Soudan, que la France a cédé à l'Angleterre à la suite d'une crise diplomatique en 1898.

[2]Dreyfus, officier français juif°, fut accusé d'espionnage, condamné, (1894), grâcié (1899) et ensuite réhabilité (1906). L'affaire a divisé la société française en deux factions hostiles.

Jewish

1. Dans quel endroit la conférence de presse est-elle tenue?
2. De quelles parties du monde les journalistes parlent-ils au Président de Gaulle?
3. Que pense-t-il de la décision de la Grande Bretagne d'adhérer au Marché commun? Pourquoi?
4. De quels renouvellements en France de Gaulle parle-t-il?
5. Quelles difficultés faut-il surmonter selon de Gaulle?
6. Comment selon de Gaulle la France des années soixante est-elle différente de la France à d'autres époques de l'histoire?
7. A quels êtres extraordinaires de Gaulle compare-t-il la France?
8. Qu'est-ce que la madone et la princesse des contes de fées symbolisent?
9. Quel rang la France occupe-t-elle selon de Gaulle?
10. Quels termes religieux de Gaulle utilise-t-il pour parler de la France?
11. Quels sont les symboles de la gloire française mentionnés par de Gaulle?
12. Quels différents aspects de l'histoire française ces symboles représentent-ils?
13. De quelles faiblesses de son pays de Gaulle s'attriste-t-il?

Le Marché commun, communauté économique européenne, existe depuis 1958. Les membres actuels sont l'Allemagne fédérale, la Belgique, le Danemark, l'Espagne, la France, la Grande Bretagne, la Grèce, l'Irlande, l'Italie, le Luxembourg et les Pays-Bas, et le Portugal.

un abonnement	subscription	demander	to ask
une bande dessinée	comic strip	écrire	to write
un compte rendu	review	expliquer	to explain
une enquête	investigation, survey	exprimer	to express
un exemplaire*	copy	imprimer	to print
un journal	newspaper	lire	to read
un kiosque	newsstand	poser	to ask
un lecteur*		publier	to publish
une lectrice	reader	rédiger	to edit, to write
les manchettes (f)	headlines		
une nouvelle	news		
un numéro*	issue		
les petites annonces classées	classified ads		
la presse	press		
la publicité	advertising		
un reporter	reporter		
une revue	review, periodical	épuisé	sold out
un sondage	opinion poll	hebdomadaire	weekly
les titres (m)	headlines	mensuel	monthly
la une	front page	quotidien	daily

"Sait-on que l'on peut lire 25.000 mots à l'heure, mais qu'on ne peut en entendre que 9.000? On reçoit donc plus d'informations en lisant qu'en écoutant!"

Jacques Fauvet, *Le Monde*
5-5-72

Le Monde et Le Figaro sont des quotidiens à gros tirages. Le prix de vente d'un numéro du *Monde* en 1990 est 4,5F, environ 80¢ américains.

A. Trouvez un synonyme pour chaque mot suivant. Utilisez les mots dans une phrase.

    1. les manchettes
    2. une enquête
    3. un journaliste
    4. un exemplaire
    5. rédiger

B. Complétez chaque phrase en utilisant le vocabulaire de cette leçon.

    1. Je vais au kiosque pour/
    2. J'achète le journal surtout parce que/
    3. D'abord je lis/
    4. Parfois les titres/
    5. On regarde les petites annonces pour/
    6. La partie la plus intéressante est/
    7. Parfois les comptes rendus/
    8. Si mon journal préferé est épuisé,/
    9. L'avantage d'un hebdomadaire, c'est/
  10. Voulez-vous un abonnement à/
  11. Connaissez-vous les bandes dessinées de/
  12. Avez-vous le numéro/
  13. On achète un abonnement parce que/
  14. J'aime les bandes dessinées parce que/
  15. A mon avis les sondages/
  16. Une revue mensuelle que j'aime s'appelle/
  17. En général la publicité/
  18. D'habitude les lecteurs/

Le Nouvel Observateur et *L'Express* sont des hebdomadaires importants, en vente dans les grandes villes du monde.

Les mots interrogatifs, **pronoms**, **adjectifs** et **adverbes**, servent
à poser une question sur une personne ou une chose.
L'interrogation est **directe** ou **indirecte**.

L'INTERROGATION DIRECTE

Comment entendez-vous résoudre le problème algérien?

A.   Formes.

1.   Les pronoms interrogatifs **qui, que, lequel, laquelle,
   lesquels, lesquelles** ont des formes indentiques aux
   pronoms relatifs.

   a.   Les formes simples:

	personnes	choses
sujet:	qui[1]	---[4]
objet direct:	qui[2]	que[5]
objet d'une prépositon:	qui[3]	quoi[6]

[1]**Qui** est à l'appareil?/   **who**

[2]**Qui** voyez-vous?/   **whom**

[3]Avec **qui** joues-tu?/   **whom**

[4]----Il n'y a pas de forme simple pour une chose comme sujet.

[5]**Que** veux-tu?/   **what**

  Qu'as-tu?/   **what**

[6]De **quoi** s'agit-il?/   **what**

b.   Les formes renforcées:

	personnes	choses
sujet:	qui est-ce qui[1]	qu'est-ce qui[4]
objet direct:	qui est-ce que[2]	qu'est-ce que[5]
objet d'une préposition:	[à] qui est-ce que[3]	[à] quoi est-ce que[6]

La forme **renforcée** est la plus employée dans la **langue parlée**.

Forme renforcée			Forme simple	
[1]**Qui est-ce qui** a vu les titres?/	who		**Qui** a vu les titres?/	who
[2]**Qui est-ce que** vous voyez?/	whom		**Qui** voyez-vous?/	whom
[3]**A qui est-ce que** tu parles?/	to whom		**A qui** parles-tu?/	to whom
[4]**Qu'est-ce qui** arrive?/	what		----------	
[5]**Qu'est-ce que** cela veut dire?/	what		**Que** veut dire cela?/	what
[6]**A quoi est-ce que** cela sert?/	what		**A quoi** cela sert-il?/	what

c.   Les formes composées.

	singulier		pluriel	
sujet, objet direct:	m	lequel	m	lesquels
	f	laquelle	f	lesquelles
objet d'une préposition:	m	auquel duquel	m	auxquels desquels
	f	à laquelle de laquelle	f	auxquelles desquelles

--Ces formes servent pour les personnes et les choses:

Tu connais ces journalistes?   **Lequel** écrit de Londres? /
                                                                Which one?

Vous êtes abonné à cinq revues!   **Lesquelles?**/
                                                                Which ones?

Ce numéro s'adresse aux étrangers.   **Auxquels?**/
                                                                To which ones?

Nous parlions des bandes dessinées.   **Desquelles?** /
                                                                About which ones?

2. L'**adjectif** interrogatif s'accorde en genre et en nombre avec le nom qu'il accompagne.

	singulier	pluriel
m	quel	quels
f	quelle	quelles

Quel jour sommes-nous?
Quelle heure est-il?
Quels journaux lisez-vous?
Quelles langues parlent-ils?

3. L'**adverbe** interrogatif est **invariable**.

Combien d'exemplaires reste-t-il?
Comment dit-on "1789" en français?
Où se trouve le kiosque?
Pourquoi lisez-vous cela?
Quand a-t-on fait ce sondage?

B. L'Ordre des mots.

Dans une phrase interrogative on peut garder l'ordre sujet-verbe ou on peut utiliser l'inversion, verbe-sujet.

1. Le sujet se place **avant** le verbe quand:

a. on exprime l'interrogation par l'**intonation.**

Les nouvelles sont bonnes?
Pardon? Vous êtes vraiment photographe?

b. on exprime l'interrogation en disant **est-ce que** au début de la phrase.

Est-ce-que vous lisez *Le Monde*?
Est-ce-que le kiosque ferme à six heures?

c. on exprime l'interrogation en ajoutant **n'est-ce pas** à la fin de la phrase.

Un abonnement coûte 75 francs, **n'est-ce pas**?
Vous approuvez la décision, **n'est-ce pas**?

d. le sujet n'est ni un pronom personnel ni **ce** ni **on**. Le sujet est alors **repris** par un pronom personnel après le verbe.

Le journaliste pose-t-**il** trop de questions?
Charles a-t-**il** répondu quand même?
Le sondage représente-t-**il** tout le pays?

[On ajoute un **t** entre le verbe et le pronom lorsque le verbe se termine par un **e** ou un **a**.]

e. le sujet est un **mot interrogatif.**

Qui a rédigé ces articles?

2. Le sujet se place **après** le verbe:

a. dans les phrases interrogatives directes, si le sujet est un **pronom personnel.**

Lisez-vous *Le Figaro* tous les jours?
Comprends-tu l'essai sur l'économie?

A la 1ère personne, l'inversion est rare dans la langue courante. On utilise **est-ce-que**, excepté dans les expressions:

Où **suis-je?** Que **sais-je?** Que **puis-je?**

Dans les temps composés, le sujet suit le **verbe auxiliaire.**

Avez-vous pris toutes ces photos?
Avais-tu regardé les bandes dessinées?

b. dans les phrases interrogatives directes qui commencent par un mot interrogatif.

Pourquoi achetez-vous six journaux?
Combien de pages y **a-t-il** dans ce numéro?
Comment dit-on "question" en français?

L'INTERROGATION INDIRECTE

L'interrogation indirecte s'exprime dans une proposition
dépendante.

1. L'interrogation indirecte s'exprime par le verbe **se
    demander,** par les verbes qui suggèrent un sens
    d'information: **savoir, ignorer, dire,**

    Je me demande ce qu'elle fait en ce moment.
    J'ignore ce que tu penses de ce compte rendu.

2. On ne peut pas utiliser la **forme renforcée** dans
    l'interrogation indirecte. L'interrogation est alors
    exprimée par **le verbe** et non par le mot interrogatif.

    Qu'est-ce que cela veut dire?
    Elle **se demande** ce que cela veut dire.

3. Il y a un **changement de pronoms** à la forme
    indirecte. On peut introduire l'interrogation avec **si.**

    L'éditeur m'a demandé "**Aimez-vous** mon journal?"

    L'editeur m'a demandé **si j'aimais** son journal.

    Les journalistes **lui** ont dit "**Que pensez-vous** de
    notre sondage?"

    Les journalistes **lui** ont demandé **ce qu'elle pensait**
    de leur sondage.

A. Posez une question qui correspond à la réponse.

1. De Gaulle fut Président de la République française.
2. Les journalistes posent leurs questions au début de la conférence de presse.
3. Cette conférence de presse a lieu au Palais de l'Elysée.
4. Le Palais de l'Elysée est la résidence du Président de la République.
5. De Gaulle tient la conférence de presse pour renseigner les journalistes et le public.
6. L'Algérie a obtenu son indépendance en 1962.
7. Cela veut dire "Organisation des Nations unies."
8. Je lis *Le Monde* et *Le Figaro*.
9. Oui, j'en ai.
10. Non, je n'en veux pas.
11. J'ai mal à la tête.
12. Oui, tu peux t'asseoir.
13. C'est un journal qui paraît une fois par semaine.
14. C'est une revue qui paraît une fois par mois.
15. Il est né à Lille.
16. Il s'agit des souvenirs de l'auteur.

B. Traduisez les phrases suivantes en utilisant le pronom, l'adjectif ou l'adverbe qui convient.

1. What time is it?
2. What is that?
3. What do you want?
4. What is going on?
5. What day is today?
6. What? I do not understand.
7. What do I know?
8. What is it about? Tell me.
9. How are you?
10. How old is she?
11. Where is l'Elysée?
12. Where am I?
13. What is the matter?

LES PRONOMS PERSONNELS

Les pronoms personnels désignent une personne à la 1ère, 2e et 3e personne, ou une chose ou une idée à la 3e personne.

A.   Formes.

Les formes des pronoms personnels varient selon leur fonction grammaticale: **sujet, objet direct, object indirect, objet de préposition.**

Le marchand de journaux vend *Le Monde* à Madame Lapresse. / **Il le lui** vend.

Madame Lapresse rentre à la maison pour lire les nouvelles. / **Elle y** rentre pour **les** lire.

fonction	singulier			pluriel		
personne:	1ère	2e	3e	1ère	2e	3e
			m f			m f
sujet:	je	tu	il elle	nous	vous	ils elles
objet direct:	me	te	le la	nous	vous	les
objet indirect:	me	te	lui	nous	vous	leur
objet d'une préposition:	moi	toi	lui elle	nous	vous	eux elles
réfléchi:	me	te	se	nous	vous	se
tonique [disjonctif]	moi	toi	lui elle soi	nous	vous	eux elles

1.   **Je** devient **j'** devant une **voyelle** ou un **h muet.**

Quand **j'**écris, **j'h**ésite quelquefois.

2. Les formes **toniques**, accentuées, **disjonctives** (non jointes au verbe) sont: **moi, toi, lui, elle, soi, nous, vous, eux, elles.**

   Moi, je préfère rester avec **eux.**

3. Les formes de la 1ère et 2e personnes du pluriel **nous vous,** ne changent pas, quelle que soit leur fonction.

   Nous nous sommes amusés à couper le bois **nous-**mêmes.

4. Les formes de la **3e personne** singulier et pluriel, objet **indirect,** ne changent pas selon le genre.

Tu parles **à Marie.**	Je parle **à Pierre.**
Tu **lui** parles.	Je **lui** parle.
Tu parles **aux filles.**	Je parle **aux garçons.**
Tu **leur** parles.	Je **leur** parle.

   Ne pas confondre **leur** pronom indirect, **invariable,** avec **leur** adjectif possessif, variable.

   Cette loi **leur** représente **leurs** droits fondamentaux.

   ---

5. Les objets **me, te, le, la, se,** s'élident devant une voyelle.

   Il **m'**aime, il **t'**aime, il **l'**aime, il s'aime.

6. Il n'y a pas de contraction entre les pronoms **le, les** et les prépositions **à, de.**

   Elle se met **à le** rédiger.

   Nous avons besoin **de les** consulter.

B. L'Ordre des mots.

1. Les pronoms sujets se placent **avant** le verbe dans une phrase déclarative.

   Ils essayent de raconter l'histoire simplement.

   a. Suivant les mots **peut-être, aussi, à peine,** placés au début de la phrase, on fait l'inversion sujet-verbe.

   Peut-être **avez-vous** lu le même article.

2. Le sujet se place **après** le verbe dans une phrase interrogative.

   Pourquoi **parlons-nous** de ça?

3. Les pronoms objet direct et objet indirect se placent dans l'ordre suivant.

me te se nous vous	devant	le la les	devant	lui leur	devant	y	devant	en

   a. Le pronom objet **précède** le verbe dans un **temps simple.**

   Je **les** achète.

   Il faut **répéter** le pronom devant chaque verbe.

   Je **les** achète, je **les** lis, et puis je **les** jette.

   b. Le pronom objet **précède** le **verbe auxiliaire** dans un **temps composé.**

   Nous **les** avons lus ensemble.

   Il y a **accord** entre le pronom objet direct qui **précède** le verbe et le **participe passé.**

   Isabelle a pris une belle photo.
   Je l'ai vue.

c. Le pronom objet **précède** le verbe dans une phrase **interrogative.**

> **Les** as-tu lus?   M'avez-vous écrit vraiment?

d. Le pronom objet **précède l'infinitif** dans une phrase avec une proposition infinitive.

> Le reporter vient nous **les** rendre.

> Je voudrais **le** connaître.

> Mais avec les verbes de **perception,** l'objet précède le verbe principal.

> Nous **vous** écoutons taper à la machine.

e. Le pronom objet **précède** le verbe dans un **impératif négatif.**

> Ne **me le** montrez pas! Ne **m'en** parlez jamais!

f. Le pronom objet **suit** le verbe dans une phrase impérative. L'objet **direct** précède l'objet **indirect.**
La 1ère et la 2e personnes sont à la forme **tonique.** On ajoute un **tiret** entre les mots.

> Regardez-**le.**   Prends-**les.**   Dites-**le-moi.**
> Regardez-**moi.**   Dépêche-**toi.**   Taisons-**nous.**

C. Emplois.

Les pronoms personnels s'emploient pour représenter les personnes, les choses et les idées. Ils remplacent généralement un nom.

1. Les pronoms sujets **je, tu, on, nous, vous** s'emploient seulement pour les personnes.

> L'emploi du singulier, **tu,** ou du pluriel, **vous,** dépend du rapport personnel entre les individus.
>
> On emploie **tu** [tutoyer] pour les membres de la famille, les amis intimes, les enfants et les animaux.
>
> On emploie **vous** [vouvoyer] pour les gens à qui on montre du respect, ou qu'on ne connaît pas bien, ou avec qui on n'a pas un rapport intime. **Vous** est aussi le pluriel de **tu.**
>
> "Ce qui le gênait . . . c'était à la fois le désir et la crainte de **tutoyer** Edouard."
> André Gide, *Les Faux-monnayeurs*
>
> "Puis cessant d'employer ce "vous" insolite chez des écoliers de Sainte-Agathe,
> —**Tu** es un vrai camarade. dit-il, et il lui tendit la main."
> Alain Fournier, *Le Grand Meaulnes*

2. Les pronoms objets s'emploient:

   a. pour indiquer l'**objet** de l'action. C'est l'emploi le plus fréquent.

      Je **les** mange.   Il **la** jette.   Nous **le** prenons.

   b. pour exprimer un objet neutre ou une idée exprimée.

      Comme tu **le** dis, nous sommes en pleine crise.

3. Les pronoms toniques s'emploient:

   a. après le verbe **être**, surtout dans la construction **c'est . . . qui** [**que**].

      C'est elle qui fait l'enquête ou **c'est lui?**

   b. après une **préposition.**

      Sans toi, je serais bien triste.
      L'achèteras-tu **pour eux?**

c. après **que** dans une comparaison.

> Tu lis plus vite **que moi.**
> Jean répond plus souvent **que toi.**

d. après **que** dans l'expression **ne . . . que.**

> Il **n'**y a **qu'eux** qui ont cru le sondage.
> Je **ne** veux **que lui** comme confident.

e. pour **préciser** ou **insister.**

> **Moi-même,** je vous le jure.
> **Ils** viendront ce soir, **lui** à bicyclette, **elle**
> à pied.
>
> **Toi** et **lui, vous** voulez toujours avoir raison!

f. pour faire une réponse **elliptique.**

> Qui est à la porte? **Moi.**
> Qui ose dire "non"? **Lui.**

4. **En** s'emploie comme pronom généralement pour
    remplacer la préposition **de** + nom [it, them, some].
    En s'emploie:

a. pour désigner les idées, les choses, et, parfois,
    les personnes.

> Que pensez-vous **de** l'énergie solaire comme
> solution?
>
> **Qu'en** pensez-vous?
>
> Je m'occuperai **des lecteurs.**
> Je m'**en** occuperai.

b. pour remplacer l'article **partitif** + **nom.**

> Buvez-vous **de l'eau?** Voulez-vous **du sucre?**
> Oui, j'**en** bois beaucoup. Non, je n'**en** voudrais pas.

c. pour indiquer le **lieu** d'où l'on **vient.**

> Tu viens **du bureau.**
> Tu **en** viens.

d. pour remplacer tout un **groupe de mots**.

> Il demande ce que je pense **de la conférence de presse**.

> Il demande ce que j'**en** pense.

e. pour désigner une **quantité**.

> On doit alors ajouter le chiffre.

> Combien de photos a-t-elle prises? Elle **en** a pris trois.

> Il n'y a **pas accord** avec le participe passé.

5. Y s'emploie comme pronom généralement pour remplacer la préposition **à + nom** [it, there].

Y s'emploie:

a. pour indiquer le lieu où l'on va, **dans** lequel on se trouve.

> Je vais **au bureau**.
> J'**y** vais.

> Je suis **dans ma chambre** et je reste **là**.
> J'**y** suis, j'**y** reste.

b. pour remplacer tout un groupe de mots.

> Je penserai **à la réponse** que nous pourrons faire dans l'interview.
> J'**y** penserai.

> On n'emploie **jamais** y pour désigner une **personne**.

> Je pense **à Jean**.   Je pense **à Jeanne**.

> Je pense **à lui**.   Je pense **à elle**.

A. Remplacez les noms objets par des pronoms.

    1. Les éditeurs lisent les journaux tous les jours.
    2. Le lecteur a cherché un emploi dans les petites annonces.
    3. Je trouve étonnants les résultats des sondages récents.
    4. Le candidat a répondu franchement aux journalistes.
    5. Le candidat a répondu franchement aux questions.
    6. Montre les titres à Fréderic!
    7. L'étudiant ne va pas renouveler son abonnement l'année prochaine.
    8. Il y a trop de publicité dans ce magazine.
    9. Il n'y a plus de journaux au kiosque.
   10. Le marchand vend la revue mensuelle.
   11. Nous rentrons à la maison pour lire les nouvelles.
   12. Peux-tu me dire objectivement sa réponse?
   13. Je n'ai pas vu les bandes dessinées aujourd'hui.
   14. Non, il n'y a pas de nouvelles.
   15. Montrez la revue aux lecteurs italiens.
   16. Pensez-vous à votre soeur?
   17. Que pensez-vous de cette publicité?
   18. J'ai entendu parler de la nouvelle revue.
   19. Il n'y a que les lecteurs réguliers qui comprennent ce style.
   20. Tu ne lis pas plus vite que Xavier.

B. Mettez les phrases suivantes à l'impératif. Ensuite mettez les impératifs au négatif.

    1. Tu me regardes.
    2. Tu me le dis.
    3. Vous lui parlez.
    4. Tu te tais.
    5. Tu me tutoies.
    6. Vous me montrez la photo.
    7. Vous me racontez des histoires.
    8. Nous lisons l'horaire ensemble.

C. Refaites chaque phrase en utilisant un pronom tonique.

1. Colette lit aussi vite que Bernard.
2. Tu as rédigé cet essai?
3. Qui a téléphoné?
4. Sans Hélène, nous serons perdus.
5. Tu sais toujours tout!
6. Avec ces journalistes nous parlons sans hésiter.
7. Tu ne veux pas me tutoyer?
8. Je le ferai, bien sûr.

D. Refaites chaque phrase en utilisant le pronom **en**.

1. Je ne sais pas ce que je pense de ton idée.
2. Ils parlent sans cesse de l'argent.
3. Moi, j'ai besoin d'argent.
4. Charlotte a trois numéros anciens.
5. Nous lisons deux journaux et nous buvons trois tasses de café.
6. Est-ce que tu t'occuperas des enfants?
7. Je me souviens de notre conversation.

E. Répondez à chaque question en remplaçant le nom par un pronom qui convient. Faites les autres changements nécessaires.

1. Peux-tu me dire les nouvelles?
2. Quand as-tu reçu ces exemplaires?
3. Avez-vous envoyé les caricatures aux candidats?
4. Est-ce que l'on parle encore de Watergate?
5. As-tu besoin de ce numéro?
6. Viens-tu du bureau ou vas-tu au bureau?
7. Pensent-ils aux membres du Marché Commun?
8. Lisez-vous *Le Monde*?
9. As-tu lu les petites annonces?
10. Parlez-vous souvent aux journalistes?
11. As-tu pris ces photos?
12. En voulez-vous à Henri?
13. Est-ce que vous vouvoyez votre professeur?
14. Est-ce que vous tutoyez vos camarades?
15. Est-ce qu'on tutoie les étrangers?

PRONONCIATION

A. Les Sons [ʒ] [ɲ]

   1. Le son [ʒ].

En français la lettre **g** devant **e** ou **i**, et la lettre **j** devant une voyelle ressemblent au son dans les mots anglais pleasure, vision.

     bourgeois régime privilège justice jugement

Il faut éviter le son **d** en français.

Comparer: January, George/   janvier, Georges

   2. Le son [ɲ].

En français les lettres **gn** ressemblent au son des mots annual, Daniel en anglais.

     si**gn**er pei**gn**e oi**gn**on i**gn**orer

B. Exercices/ [ʒ] [ɲ]

   1. Prononcez les mots suivants avec le son [ʒ].

     juin juillet janvier joli âge biologie
     suffrage bourgeois agir rougir Gide

   2. Prononcez les mots suivants avec le son [ɲ].

       campagne dignité Bourgogne
       champignon Agnès Espagne vignoble
       magnifique montagne Montaigne

On peut adapter certaines parties des sections A, B et C au **travail oral ou écrit**. Utilisez autant que possible le vocabulaire et la grammaire de cette leçon dans le travail suivant.

A. Questions.

Répondez par des phrases complètes.

1. Lisez-vous un journal quotidien, un magazine ou une revue hebdomadaire ou mensuelle? Lesquels? Pourquoi?

2. Quelle partie lisez-vous d'abord? Politique, sport, mode, bandes dessinées? Pourquoi?

3. Qu'est-ce qui influence davantage votre opinion, la presse ou la télévision? Comment?

4. Les journaux consacrent-ils trop de place aux faits divers, aux crimes, aux accidents? Expliquez.

5. De Gaulle compare la France à la madone et à la princesse des contes de fées. A qui ou à quoi peut-on comparer les Etats-Unis?

6. Quels lieux ou quels monuments symbolisent la gloire américaine? La chute du Niagara, la Statue de la Liberté? Expliquez.

7. De Gaulle écrit "la France ne peut être la France sans la grandeur". Pensez-vous qu'il en est de même pour les Etats-Unis? Grandeur morale, économique, artistique, militaire?

B. Discussion.

La classe se sépare en groupes de trois personnes pour jouer une scène ou discuter une question ci-dessous.

1. T est écrivain, auteur d'un best-seller. On fait une conférence de presse à la télévision, en posant des questions sur le sujet du livre, les ressemblances avec la réalité et les souvenirs personnels de l'auteur.

2. J joue au tennis. Elle vient de remporter un championnat. Les reporters lui posent des questions dans une interview: sur sa forme, sa stratégie, ses avantages, ses faiblesses, ses débuts, son entraîneur, son adversaire.

C. Composition.

Choisissez un sujet.

1. Ecrivez le scénario d'une interview sérieux ou humoristique entre un reporter et une vedette de cinéma, ou un chef de syndicat, un candidat politique ou un autre personnage connu.

2. Décrivez un incident célèbre ou personnel qui a suscité en vous de la fierté ou de la honte pour votre pays. Qui y participait? Pour ou contre qui ou quoi?

BANDE/ Charles de Gaulle, *Mémoires*

L'Homme-orchestre. (1695) Larmessin. *B.N. Cabinet des Estampes, Paris (Cliché Rigal).*

LEÇON QUINZE

LECTURE	*Green*, Paul Verlaine (1844-1896)
	Morceaux Choisis, Claude Debussy (1862-1918)
VOCABULAIRE	Les Arts
GRAMMAIRE	Les Verbes pronominaux; La Voix passive
PRONONCIATION	Les Sons [ɥ] [w]

LECTURE/ GREEN

INTRODUCTION

La poésie de Paul Verlaine exprime souvent des sentiments d'amour, de mélancolie ou parfois simplement une harmonie musicale. Le poème *Green* est une déclaration d'amour dans laquelle le jeune amant apporte de simples présents de la nature à sa bien-aimée. Pour ces vers mélodieux, deux compositeurs, Claude Debussy et Gabriel Fauré (1845-1924), ont créé des accompagnements musicaux.

Claude Debussy est un des plus grands compositeurs de la musique française. On reconnaît son oeuvre à l'originalité de l'harmonie. La mélodie se distingue par sa courbe, son étendue et sa fluidité. Debussy a mis en musique des poèmes de Verlaine et d'autres poètes contemporains avec lesquels il semble avoir une affinité de rythme et de sonorité.

*   *   *

Voici des fruits, des fleurs, des feuilles et des branches,
Et puis voici mon coeur, qui ne bat que pour vous.
Ne le déchirez pas avec vos deux mains blanches,
Et qu'à° vos yeux si beaux l'humble présent soit doux. [je voudrais que]

J'arrive tout couvert encore de rosée°   dew
Que le vent du matin vient glacer° à mon front.   freeze
Souffrez° que ma fatigue, à vos pieds reposée,   [permit]
Rêve des chers instants qui la délasseront.

Sur votre jeune sein laissez rouler ma tête
Toute sonore encor de vos derniers baisers;
Laissez-la s'apaiser de la bonne tempête,
Et que° je dorme un peu puisque vous reposez.   [let me]

SOUS LA MUSIQUE QUE FAUT-IL METTRE? DE BEAUX VERS, DE MAUVAIS, DES VERS LIBRES, DE LA PROSE?

Les rapports du vers et de la musique? Je n'y ai pas pensé. Je m'occupe très peu de musique. Les musiciens et les poètes qui parlent toujours musique et poésie me semblent aussi insupportables que les gens de sport qui parlent toujours de sport.

Et d'abord, la vérité, on ne peut pas la dire. Vous voulez la savoir? Eh bien! C'est qu'en effet les musiciens qui ne comprennent rien aux vers ne devraient pas en mettre en musique. Ils ne peuvent que les gâcher° . . .   ruin

Les vrais beux vers, il ne faut pas exagérer, il n'y en a pas tant que ça. Qui en fait aujourd'hui? Mais quand il s'en trouve, il vaut mieux ne pas y toucher. Henri de Régnier, qui fait des vers pleins, classiques, ne peut pas être mis en musique. Et voyez-vous de la musique sur des vers de Racine ou de Corneille? Seulement, aujourd'hui, les jeunes musiciens ne veulent voir à côté de leur nom que des signatures célèbres . . .

Et puis, en musique, dites-moi à quoi ça sert, les vers? A quoi? On a plus souvent mis de la belle musique sur de mauvaises poésies que de mauvaise musique sur de vrais vers. . .

Pour conclure, laissons les grands poètes tranquilles. D'ailleurs, ils aiment mieux ça . . . En général, ils ont très mauvais caractère.

Nadia Boulanger (1887-1979), professeur de composition au Conservatoire de Paris et Directeur du Conservatoire américain à Fontainebleau, influença profondément la musique contemporaine américaine. Elle a compté parmi ses élèves Aaron Copland, Walter Piston, Virgil Thomson et Roy Harris.

L'EDUCATION ARTISTIQUE DU PUBLIC
CONTEMPORAIN

L'éducation artistique du public me paraît la chose la plus vaine qui soit au monde! A un point de vue purement musical elle est impossible, sinon nuisible!

Beaucoup trop de gens s'occupent d'art à tort et à travers . . . Comment, en effet, empêcher quiconque se supposant quelque éducation artistique, de se croire immédiatement apte à pouvoir faire de l'art? C'est ce qui me fait craindre qu'une diffusion d'art trop généralisée n'amène qu'une plus grande médiocrité. Les belles floraisons de la Renaissance se sont-elles jamais ressenties du milieu d'ignorance qui les a vues naître? (. . .)

En vérité, l'amour de l'art ne se donne pas plus qu'il ne s'explique.

Verlaine:

1. En quoi le titre *Green*, convient-il au poème?
2. Quels cadeaux l'amant offre-t-il à la femme aimée?
3. Quel présent est le plus important? Pourquoi?
4. Pourquoi l'amant dit-il "humble présent"?
5. A quel moment du jour l'amant arrive-t-il? Expliquez.
6. Que veut dire "la bonne tempête"?
7. Quels sont les différents sentiments éprouvés par l'amant?
8. Pourquoi peut-on supposer que les amoureux sont jeunes?
9. Pourquoi l'amant dit-il **vous** au lieu de dire **tu**?
10. Quels verbes sont à l'impératif? Quel en est l'effet?
11. Relevez les répétitions de sons, de mots et de sentiments. Quel en est l'effet?
12. Quel vers trouvez-vous le plus beau? Pourquoi?

Debussy:

1. Debussy a-t-il l'air de plaisanter [joke]? Comment?
2. Pourquoi est-il inutile de mettre les vers en musique?
3. Pourquoi faut-il laisser tranquilles les grands poètes?
4. Pourquoi n'est-il pas possible de faire l'éducation artistique du public?

un acteur	actor	chanter	to sing
une actrice	actress	créer	to create
un amateur*/	enthusiast	danser	to dance
de musique	music-lover	dessiner	to draw
l'architecture (f)	architecture	évoquer	to evoke
une chanson	song	inspirer	to inspire
un danseur	dancer	jouer [de]	to play
le don	gift, talent		[an instrument]
un film	film, movie	peindre	to paint
le génie	genius	prendre plaisir	to enjoy
le genre	type, kind		
le goût	taste		
un musée	museum		
un musicien une musicienne	musician		
l'opéra (m)	opera	abstrait	abstract
une oeuvre	work [of art]	célèbre	famous
un chef-d'oeuvre	masterpiece	doué	gifted
un peintre	painter	inconnu	unknown
un photographe*	photographer		
un tableau	painting		
le théâtre	theatre		
la vocation	vocation, calling		

Les neuf muses de la mythologie antique, sources d'inspiration artistique, sont:

Calliope	éloquence
Clio	histoire
Erato	élégie
Euterpe	musique
Melpomène	tragédie
Polymnie	lyrisme
Terpsichore	danse
Thalie	comédie
Uranie	astronomie

A. Utilisez les groupes de mots suivants pour faire des phrases.

1. aller/ musée/ tableaux
2. leçon/ jouer du/ piano
3. acteur/ célèbre/ théâtre
4. goût/ changer/ architecture
5. genre/ peinture/ portrait
6. artiste/ inconnu/ doué
7. muses/ inspirer/ talent
8. génie/ travailler/ oeuvre
9. chef-d'oeuvre/ musée/ Louvre
10. je/ amateur/ musique

B. Trouvez un mot appartenant à la même famille que chacun des mots suivants. Utilisez le mot dans une phrase.

1. amateur
2. chanter
3. réalisme
4. connu
5. art
6. oeuvre
7. plaire
8. goût
9. danse
10. peintre
11. génie
12. musique

Le Centre national d'art et de culture Georges Pompidou se trouve au plateau Beaubourg à Paris. On y trouve un musée national d'art moderne, un institut de recherche musicale, une bibliothèque publique, une cinémathèque et de nombreuses activités culturelles.

Le verbe pronominal peut exprimer un **acte réfléchi**, un **acte réciproque** et la voix passive.

> L'amour de l'art ne se donne pas plus qu'il ne s'explique.

A. Formes.

1. Le pronom **me, te, se, nous, vous** précède le verbe. Il s'accorde en nombre avec le sujet.

    > Nous nous occuperons des détails.

    me, te, se deviennent **m' t' s'** devant une voyelle ou un h muet.

    > Il s'agit de talent et de travail.

2. Le verbe auxiliaire pour tous les verbes pronominaux est **être**.

3. Avec l'infinitif le pronom s'accorde avec le sujet:

    > **Je** dois **me** dépêcher.
    > Voulez-**vous vous** asseoir?

4. A l'impératif le pronom **suit** le verbe.

    > Amusez-**vous** bien!   Éloignons-**nous**!

    On utilise le pronom disjonctif **toi** au singulier:

    > Tais-**toi**!   Dépêche-**toi**!

    A l'impératif **négatif**, on suit la règle générale, le pronom objet précède le verbe.

    > Ne **vous** inquiétez pas!   Ne **te** plains pas!

5. Le participe passé s'accorde avec l'objet direct s'il **précède** le verbe.

    > Louise s'est trompée.
    > Nous nous sommes arrêtés très tard.

    Si l'objet direct suit le verbe ou s'il y a un objet indirect, le participe passé reste invariable.

6. Certains verbes pronominaux ne font pas l'accord avec l'objet.

> se dire
> s'imaginer
> se parler
> se rendre compte
> se sourire
> se téléphoner

B. Emplois.

Les verbes pronominaux s'emploient pour exprimer:

1. un acte réfléchi : Le sujet fait **et** reçoit l'action.

> Le danseur s'est regardé dans la glace./ . . . looked at **himself**

2. un acte réciproque : Deux sujets font et reçoivent l'action.

> Les actrices se sont embrass**ées**./ . . . embraced **each other**

3. la voix passive: Les verbes pronominaux s'emploient plus fréquemment en français qu'en anglais. On emploie souvent le verbe pronominal pour exprimer un sens **passif**.

> Cela ne se fait pas ./ . . . is not done
>
> Ces billets se vendent très bon marché./ . . . are sold

4. un acte ni réfléchi ni réciproque :

> Ils se sont moqués de ce tableau surréaliste./ . . . made fun of

Certains verbes changent de sens à la forme pronominale:

agir	to act	**s'agir de**	to be a question of, to concern
attendre	to wait	**s'attendre à**	to expect
demander	to ask	**se demander**	to wonder
douter	to doubt	**se douter de**	to suspect
faire	to make	**se faire à**	to become accustomed to
mettre	to put	**se mettre à**	to begin
plaindre	to pity	**se plaindre de**	to complain
tromper	to deceive	**se tromper de**	to be mistaken
trouver	to find	**se trouver**	to be, to be located

Plusieurs verbes pronominaux en français **ne sont pas** réfléchis en anglais.

L'acteur se rend compte de cela.	The actor realizes that.
L'agent s'occupe de cela.	The agent is taking care of it.
Claude s'irrite.	Claude is getting angry.
Je me demande.	I wonder.
Ils se sont rencontrés.	They met.

A. Mettez le verbe pronominal à la forme qui convient.

1. Tais-toi, il faudrait _____ pendant le concert. (se taire)
2. Les amateurs de musique _____ beaucoup à cette oeuvre. (s'intéresser)
3. Il ne _____ pas d'inspiration, ni de don mais de travail. (s'agir)
4. L'actrice _____ au milieu de son discours et elle est sortie. (s'arrêter)
5. Nous _____; le film est italien. (se tromper)
6. Je _____ si nous avons le même goût. (se demander)
7. Cet artiste _____ uniquement de la peinture abstraite. (s'occuper)
8. Si vous_____au théâtre, vous devez_____ . (s'ennuyer/s'én aller)
9. Comment _____ ce génie musical américain? (s'appeler)
10. Nous _____: voilà un chef-d'oeuvre. (se dire)

B. Ecrivez les phrases suivantes au passé composé en faisant attention aux accords avec le participe passé.

1. A la fin de l'opéra le prince se suicide et la princesse s'évanouit.
2. Vous vous trompez, le centre Pompidou a ouvert en 1977.
3. Nous ne nous asseyons jamais au balcon.
4. Françoise se fiance avec un photographe anglais.
5. Pourquoi vous moquez-vous des tableaux surréalistes?
6. Tout le monde se met à chanter ensemble.
7. Après le concert les musiciens se reposent.
8. Nous ne nous rendions pas compte de la difficulté de l'oeuvre.
9. Vous imaginez-vous combien de fois le peintre a traité ce sujet?

C. Faites des phrases en utilisant chacun des verbes suivants.

1. agir/ s'agir de
2. demander/ se demander
3. mettre/ se mettre à
4. plaindre/ se plaindre de
5. tromper/ se tromper de
6. trouver/ se trouver

La voix passive exprime l'action que le **sujet** reçoit. L'agent de l'action n'est pas toujours nommé.

> La cathédrale de Reims a été construite au XIIIe siècle.
> Ces oeuvres seront jouées par l'orchestre de Paris.

A. Formes.

La voix passive se forme avec le verbe **être** et le participe passé.
Le verbe **être** indique le temps, présent, passé ou futur, et le mode.
Le participe passé s'accorde en nombre et en genre avec le sujet.

> Les tableaux **seront vendus** à une vente aux enchères.

> Ces peintres **ont été inspirés par** l'art africain.

> Ce musicien **serait** mieux **connu** s'il jouait plus souvent.

B. Emplois.

L'emploi de la voix passive est plutôt limité en français.
On utilise de préférence le pronom **on** ou les verbes pronominaux.

> **On** ne fait pas cela. Cela ne **se fait** pas.

Quand on met une phrase à la voix passive, le sujet, le verbe et l'objet changent ainsi:

> Les musiciens jouent la symphonie de César Franck.

> La symphonie de César Franck est jouée par les musiciens.

A. Mettez à la voix passive les phrases suivantes.

    1. Debussy a composé cette musique.
    2. Verlaine a écrit les vers.
    3. Pierre et Marie Curie ont découvert le radium.
    4. La police arrêtera le criminel.
    5. Jean-Claude enverra les fleurs demain.
    6. L'artiste vend les tableaux.
    7. Marcel Marceau joue le rôle principal.
    8. Les directeurs ont fermé le musée.
    9. Les muses inspirent les poètes.

B. Mettez les phrases suivantes à la voix active en français en utilisant le pronom **on** ou un verbe pronominal.

    1. I am told that he is a genius.
    2. That is not said!
    3. French is spoken in that theatre.
    4. The dancer was chosen for her originality.
    5. Three new compositions were finished for the premier.
    6. That is done very often.
    7. Many paintings have been sold from that museum.
    8. Those actors have been seen in Becket's play.

A.   Les Semi-Consonnes [ɥ] [w]

  1. Le son [ɥ].

  En français, les lettres **u** + **i** ne ressemblent à aucun
  son anglais. Pour produire le son, il faut pincer les
  lèvres comme si vous alliez siffler [whistle], et faire le
  son [y]. Il faut **éviter** de prononcer le son [w].

  suis   buisson   juillet   huit   fuit

  2. Le son [w].

  En français, les lettres o + i / o + u + i   ressemblent
  au son dans le mot anglais **we**.

  oui   ouest   **noir   mois   Rouen**

B.   Exercices/ [ɥ] [w]

  1. Prononcez les mots qui ont le son [w].

choix	quoi	moins	poids
toit	essuie	boisson	joie
depuis	fois	asseoir	toilette

  2. Prononcez les mots qui ont le son [ɥ].

  Tuileries   huile   loisir
  lui   Louis   minuit   intuition
  foule   fruit   froid   puissant
  conduit   voiture

On peut adapter certaines parties des sections A, B et C au **travail oral ou écrit**. Utilisez autant que possible le vocabulaire et la grammaire de cette leçon dans le travail suivant.

A. Questions.

   Répondez par des phrases complètes.

   1. Qui est votre musicien préféré? Pourquoi?
   2. Qui est votre peintre préféré? Pourquoi?
   3. Qui est votre acteur/actrice préféré? Pourquoi?
   4. Où se trouvent les plus grands musées du monde? Les plus grands orchestres symphoniques? Les meilleurs théâtres? Comment s'appellent-ils?
   5. Quand allez-vous au concert? au théâtre? au musée? Pourquoi?

B. Discussion.

   La classe se sépare en groupes de trois personnes pour jouer une scène ou discuter une des questions ci-dessous.

   1. A, H et M discutent quel rôle l'éducation artistique: théâtre/musique/peinture/danse devrait jouer dans les programmes des écoles. Doit-elle être obligatoire? facultative? Quel rapport avec l'éducation physique?

   2. On offre comme cadeau le choix suivant: un tableau original d'un peintre inconnu ou la reproduction d'un chef-d'oeuvre célèbre. G, T et Y indiquent l'objet de leur choix et en donnent les raisons.

C. Composition.

Choisissez un sujet.

1. On **naît** artiste. On a beau travailler, on ne peut pas **devenir** artiste.

2. Les musées nationaux et municipaux devraient donner la priorité à l'éducation du public ou à l'acquisition de coûteux chefs d'oeuvre. Discutez le pour et le contre des deux.

3. Imaginez, en prose ou en vers, la réponse que fait la jeune fille aimée à Verlaine pour son poème *Green*.

BANDE/ Paul Verlaine, *Green, Il Pleure Dans Mon Coeur*

Musique de Claude Debussy et de Gabriel Fauré

Il pleure dans mon coeur
Comme il pleut sur la ville,
Quelle est cette langueur
Qui pénètre mon coeur?

O bruit doux de la pluie
Par terre et sur les toits!
Pour un coeur qui s'ennuie
O le chant de la pluie!

Il pleure sans raison
Dans ce coeur qui s'écoeure°.   disheartens
Quoi! nulle trahison°?   betrayal
Ce deuil° est sans raison.   mourning

C'est bien la pire peine
De ne savoir pourquoi
Sans amour et sans haine
Mon coeur a tant de peine.

Deux Têtes de femmes   Berthe Morisot (1841-1895)
Courtesy of the Fogg Art Museum, Harvard University

LECTURE	*Le Deuxième Sexe*, Simone de Beauvoir (1908-1986)
VOCABULAIRE	La Personnalité
GRAMMAIRE	La Négation
PRONONCIATION	Révision

LECTURE/ LE DEUXIÈME SEXE

INTRODUCTION

Bien avant que ne se développe le mouvement féministe des années soixante-dix, Simone de Beauvoir s'était occupée de la condition des femmes. *Le Deuxième Sexe* (1949-1951) étudie la femme dans le mythe, dans l'histoire, et dans son existence quotidienne. Dans l'*Introduction*, Beauvoir parle des querelles suscitées par l'idée de la féminité. Dans le deuxième extrait, elle s'efforce de donner une explication à la passivité des jeunes filles. D'après elle, c'est précisément au moment où les garçons commencent à manifester un comportement "violent" que les filles renoncent aux jeux brutaux.

*   *   *

J'ai longtemps hésité à écrire un livre sur la femme. Le sujet est irritant, surtout pour les femmes; et il n'est pas neuf. La querelle du féminisme a fait couler assez d'encre, à présent elle est à peu près° close°: n'en parlons plus. On en parle encore °nearly/ °closed cependant. Et il ne semble pas que les volumineuses sottises° °nonsense débitées° pendant ce dernier siècle aient beaucoup éclairé le °uttered problème. D'ailleurs y a-t-il un problème? Et quel est-il? Y a-t-il même des femmes? Certes la théorie de l'éternel féminin compte encore des adeptes°. Ils chuchotent°: "Même en Russie °followers / °whisper *elles* restent bien femmes." Mais d'autres gens bien informés — et les mêmes aussi quelquefois — soupirent°: "La femme se °sigh perd, la femme est perdue." On ne sait plus bien s'il existe encore des femmes, s'il en existera toujours, s'il le faut ou non le souhaiter, quelle place elles occupent en ce monde, quelle place elles devraient y occuper. "Où sont les femmes?"

> Les femmes ont le droit de vote en France depuis 1945, en Amérique depuis 1919, en Suisse, depuis 1971.

demandait récemment un magazine intermittent. Mais d'abord: qu'est-ce qu'une femme? [. . .] C'est une matrice dit l'un. Cependant, parlant de certaines femmes, les connaisseurs décrètent: "Ce ne sont pas des femmes" bien qu'elles aient un utérus comme les autres. Tout le monde s'accorde à reconnaître qu'il y a dans l'espèce humaine des femelles. Elles constituent aujourd'hui comme autrefois à peu près la moitié de l'humanité; et pourtant on nous dit que "la féminité est en péril." On nous exhorte: "Soyez femmes, restez femmes, devenez femmes." Tout être humain femelle n'est donc pas nécessairement une femme. Il lui faut participer à cette réalité mystérieuse et menacée qu'est la féminité.　　*Introduction*

* 　 * 　 * 　 *

C'est vers treize ans que les garçons font un véritable apprentissage de la violence, que se développe leur agressivité, leur volonté de puissance, leur goût du défi°. C'est justement à ce moment que la fillette renonce aux jeux brutaux°. Des sports lui restent accessibles, mais le sport qui est spécialisation, soumission à des règles artificielles n'offre pas l'équivalent d'un recours spontané et habituel à la force. Il se situe en marge de° la vie. Il ne renseigne pas sur le monde et sur soi-même aussi intimement qu'un combat désordonné, une escalade° imprévue. La sportive n'éprouve jamais l'orgueil conquérant d'un garçon qui a fait toucher les épaules° à un camarade. D'ailleurs, en beaucoup de pays, la plupart des jeunes filles n'ont aucun entrainement sportif. Comme les bagarres, les escalades leur sont défendues°, elles ne font que subir° leur corps passivement. Bien plus nettement que dans le premier âge°, il leur faut renoncer à émerger par-delà le monde donné°, à s'affirmer au-dessus du reste de l'humanité. Il leur est interdit d'explorer, d'oser, de reculer les limites du possible. En particulier, l'attitude du *défi* si importante chez les jeunes gens° leur est à peu près inconnue. Certes, les femmes se comparent, mais le défi est autre chose que ces confrontations passives . . . Les conduites° conquérantes ne sont pas permises à la jeune fille, en particulier la violence ne lui est pas permise. La violence est l'épreuve° authentique de l'adhésion° de chacun à soi-même, à ses passions, à sa propre volonté. La refuser radicalement, c'est se refuser toute vérité objective. C'est s'enfermer dans une subjectivité abstraite. Une colère, une révolte qui ne passent pas dans les muscles demeurent imaginaires.

challenge
rough-housing

on the fringe

climb
pinned to the ground

forbidden
submit to
childhood
defined

boys

behavior

test
approval

Par "éternel féminin" on entend l'ensemble des caractéristiques soi-disant immuables de la psychologie féminine.

COMPRÉHENSION DU TEXTE

1. Pour quelles raisons un livre sur les femmes serait-il inutile?
2. Que veut dire l'expression "l'éternel feminin"?
3. Quels avis contradictoires sont encore très répandus sur la féminité?
4. Quelles différences de comportement se manifestent chez les garçons et les filles vers l'âge de treize ans?
5. Pourquoi l'activité spontanée est-elle importante chez les adolescents?
6. Quelle valeur l'auteur donne-t-elle à l'attitude du *défi*?
7. Comment s'expriment la colère et la révolte sinon "par les muscles"?

En 1981 Marguerite Yourcenar est la première femme élue à l'Académie française, laquelle fut fondée en 1635 par le cardinal Richelieu. Il y a quarante membres, surtout des écrivains.

VOCABULAIRE/ LA PERSONNALITÉ

l'ambition (f)	ambition		
l'amour-propre (m)	self-esteem	convaincre	to convince
le caractère	disposition	se débrouiller	to manage, to get along
le comportement	behavior	devenir	to become
la conduite	conduct	dominer	to dominate
la confiance	confidence	se méfier de	to mistrust
une conscience	conscience	oser	to dare
un défi*	challenge	permettre	to permit
l'éducation* (f)	up-bringing	réagir	to react
une faiblesse	weakness	refuser	to refuse
la fierté	pride	subir	to submit
l'honneur (m)	honor		
l'humeur* (f)	mood		
l'imagination	imagination	actif, active	active
un individu	individual	agressif, agressive	aggressive
la patience	patience	bavard	talkative
une personne	person	consciencieux,	
la puissance	power	consciencieuse	conscientious
un trait	trait	courageux,	courageous,
la volonté	will, will power	courageuse	industrious
		discret	discreet
		égoïste	selfish, egotistical
		fidèle	faithful
		généreux,	generous
		généreuse	
		indépendant	independent
		lâche	cowardly
		large d'esprit	broadminded
		nerveux, nerveuse	nervous
		paresseux, paresseuse	lazy
		sensible*	sensitive
		sympathique*	likeable, attractive
		timide	shy

L'expression proverbiale, **noblesse oblige**, signifie l'obligation de se conduire vertueusement qu'ont les gens de rang ou de naissance distingués.

A. Complétez les phrases suivantes utilisant le vocabulaire de cette leçon.

    1. Les traits de caractère que j'admire le plus sont _____ .

    2. On dit que les filles sont plus _____ que les garçons.

    3. A mon avis le/la _____ est plus important/e que la puissance.

    4. Une personne _____ sait garder un secret qu'on lui confie.

    5. _____ signifie l'obligation de se conduire vertueusement.

    6. Ces gens deviennent très _____ à cause de leur _____ .

    7. Les gens _____ n'aiment pas travailler.

    8. _____ est ma plus grande faiblesse / puissance.

B. Trouvez un antonyme pour chaque mot ci-dessous.

    1. égoïste
    2. se fier à
    3. paresseux
    4. passif
    5. calme

    6. faiblesse
    7. timide
    8. subir
    9. indiscret
    10. refuser

C. Utilisez dans une phrase chacun des "faux amis" suivants.

    1. sympathique
    2. sensible
    3. éducation

    4. humeur
    5. défi

D. Terminez chaque phrase de façon appropriée.

    1. Ma plus grande faiblesse, c'est/
    2. Quand je suis de bonne humeur,/
    3. Il faut se méfier/
    4. Je n'oserais jamais/
    5. J'essaie de ne pas réagir/
    6. Les gens bavards/
    7. Quand on est trop sensible,/
    8. **Noblesse oblige** veut dire/
    9. Si j'avais beaucoup de volonté,/
    10. Je pourrai me débrouiller/

La négation s'exprime par le mot **non** pour souligner un refus
ou une réponse négative. Plus généralement la négation en
français s'exprime à l'aide de **deux mots: ne + pas** ou **ne + un
autre mot de négation:** adverbe, pronom, adjectif ou
conjonction.

> On n'est **jamais** si heureux **ni** si malheureux qu'on se l'imagine.
> La Rochefoucauld, *Maximes.*

A. Formes.

français	anglais
ne . . . aucun	none, no
ne . . . aucunement	not at all
ne . . . guère	scarcely, hardly
ne . . . jamais	never, ever
ne . . . ni . . . ni	neither . . . nor
ne . . . non plus	not . . . either
ne . . . nul	none, no
ne . . . nullement	not at all
ne . . . nulle part	nowhere
ne . . . pas	not, no
ne . . . pas du tout	not at all
ne . . . pas encore	not yet
ne . . . personne	no one, not anyone
ne . . . plus	no more, not any more
ne . . . point	not, no
ne . . . que	only
ne . . . rien	nothing, not anything
ne . . . toujours pas	still not

Ne s'écrit sans **e** [**n'**] devant une voyelle ou un h **muet.**

Il **n'**y a pas de fumée sans feu.

N'hésitez pas.

B. L'Ordre des mots.

   1. Les Adverbes.

   Les remarques suivantes s'appliquent à **ne** + **pas** et **ne** + **les autres adverbes de négation.**

     a. Généralement **ne** précède le verbe, **pas** suit le verbe.

        Claude n'aime pas les gens paresseux.

     b. Aux **temps composés,** le verbe auxiliaire se place entre **ne** et **pas.**

        Les femmes **n'**ont **pas** accepté son opinion.

        Dans l'expression **ne . . . que, que** suit le participe passé.

        Julien **n'**a eu **que** dix jours de congé.

     c. Avec les **pronoms objets, ne précède** l'objet, **pas** suit le verbe.

        La conduite de ce garçon **ne me** plaît **pas.**
        Je **ne les** ai **pas encore** convaincus.
        La patience **ne se** développe **pas** sans effort.

     d. A l'**interrogatif,** avec l'inversion sujet-verbe, **ne précède** le groupe verbe-sujet, **pas suit le sujet.**

        Ne peut-**il pas** se débrouiller sans toi?
        N'avez-vous **jamais** essayé?

     e. A l'**impératif, ne précède** le verbe, **pas** suit.

        Ne renoncez **pas encore** à vos projets!

        S'il y a des pronoms objets, **ne** précède.

        Ne le lui dites pas!

     f. A l'**infinitif, ne** + **pas précèdent** le verbe.

        Son camarade lui demande de **ne pas** refuser.

2. Les Pronoms.

a. Les pronoms négatifs **aucun, nul*, personne, rien,** précèdent le verbe quand ils sont employés comme sujets.

> **Aucun** n'ose partir.
> **Nul** n'est prophète en son pays.
> **Personne ne** refuse son conseil.
> **Rien ne** s'est passé.

> ***Nul** s'emploie rarement dans la langue parlée.

b. Les pronoms negatifs **suivent** le verbe quand ils sont employés comme objets.

> Vous **ne** croyez **personne**?

c. Aux **temps composés** les **pronoms objets suivent** le participe **passé,** excepté **rien,** qui précède généralement.

> Je n'en ai vu **aucun** aujourd'hui.
> Tu n'as rencontré **personne.**
> Je n'ai **rien** compris.

3. Les Adjectifs.

a. Les adjectifs **aucun, nul,** modifient le sujet ou l'objet. L'adverbe **ne** précède le verbe.

> **Aucun** exemple **ne** pourrait mieux l'exprimer.
> Mais je **ne** suis allé **nulle** part avec toi!

4. Les Conjonctions.

a. La conjonction **ni . . . ni précède** le sujet, le verbe ou l'objet qui est répété. **Ne** précède le verbe principal.

> **Ni** les filles **ni** les garçons **n'**ont un amour-propre exagéré.

> Je **ne** veux **ni** dominer **ni** subir la volonté des autres.

5. Les Négations simples.

La négation s'exprime parfois avec **un** mot, **non,** ou
sans **ne** ou **pas.**

a.   La forme elliptique [sans verbe] sans **ne.**

Etes-vous paresseux?	**Non.**
Etes-vous très égoïste?	**Absolument pas.**
Que veux-tu?	**Rien.**
Qui est antipathique?	**Personne.**
Lesquels sont bavards?	**Aucun.**
Quand me croiras -tu?	**Jamais.**
Est-il nerveux?	**Pas du tout.**
Merci beaucoup.	**De rien.**
Elle n'est pas timide.	**Moi non plus.**
Qui est lâche?	**Pas lui!**

b.   La négation sans **pas**

Les verbes **savoir, pouvoir, oser, cesser,**
expriment la négation sans **pas** dans le style
littéraire.

L'auteur **ne saurait** prouver sa théorie.
[Le sens du verbe **savoir** est ici le même que
pouvoir.]

Tu **ne pourras** comprendre sa volonté.
Je **n'ose** dire que tu es trop sensible.
Ces garçons **ne cessent** de se disputer.

L'expression **je ne sais quoi** s'emploie comme **nom.** Elle signifie
quelque chose d'inexprimable, mais de **positif,** [a certain
something].

C'est un **je ne sais quoi** que j'admire dans sa personnalité.

6. La Négation multiple.

On peut avoir plusieurs mots négatifs dans une phrase.

> **Jamais rien ne** pourra effacer ce souvenir de mon esprit **ni** de mon coeur.

> Cette femme **ne** se méfie **plus** de **rien**.

L'adverbe négatif précède le pronom.

> **Ne** disons **plus jamais rien** de cela à **personne**.

7. Les Préfixes.

Il y a plusieurs préfixes qui expriment la négation, par exemple:

> **a-, anti-, contre-, de-, il-, im-, in-, ir-**

> **a**moral **anti**pathique **contre**dire **dé**truire **il**légal **im**prudent **in**fidèle **ir**responsable

C. Emplois.

Le sens de plusieurs mots négatifs peut s'éclairer par opposition avec des mots affirmatifs:

négatif	affirmatif	anglais
aucun	chacun	**each**
guère	beaucoup, très	**a lot, very**
jamais	toujours	**always**
ni . . . ni	et . . . et	**and**
non	oui	**yes**
non plus	aussi	**also, too**
nul	quelque	**some**
nulle part	quelque part	**somewhere**
pas du tout	tout à fait	**completely**
pas encore	déjà	**already**
personne	tout le monde	**everyone**
plus	encore, toujours	**still**
rien	tout	**everything, all**

Les Adverbes.

1. non

   S'emploie comme réponse négative à une question.
   Etes-vous d'accord avec l'auteur? **Non.**

2. ne . . . pas

   S'emploie le plus couramment comme négation.
   La violence **ne** leur est **pas** permise.

   L'expression **n'est-ce pas?** suppose généralement une
   réponse affirmative.
   Cet auteur s'exprime franchement, **n'est-ce pas?/
   . . . doesn't he?**

   C'est vrai, **n'est-ce pas?/ . . . isn't it?**

3. ne . . . point

   S'emploie dans la langue écrite surtout.

   "Le coeur a ses raisons que la raison **ne** connaît
   point."   Pascal, *Pensées.*

4. ne . . . jamais

   Signifie **à aucun moment.**

   La sportive **n'éprouve jamais** cet orgueil.

   [**Jamais** peut **précéder** le sujet:
   Jamais la sportive n'éprouve cet orgueil.]

   Jamais peut aussi avoir un sens **positif.** Employé
   sans **ne,** il signifie un **moment quelconque:**

   Avez-vous **jamais** [ever] entendu une idée pareille?

   Employé avec **à,** il signifie **pour toujours.**

   Je m'en souviendrai **à jamais** [forever].

5. ne . . . guère

Signifie **pas beaucoup.**

Je **ne** veux **guère** te contredire.

6. ne . . . pas encore

Indique que quelque chose qui doit se produire, ne s'est pas, pour le moment, produit.

Les femmes n'ont **pas encore** obtenu l'égalité entière.

7. ne . . . toujours pas

Exprime une idée analogue à **pas encore** avec une nuance d'**impatience.**

Les femmes ne reçoivent **toujours pas** les mêmes salaires que les hommes pour le même travail.

8. ne . . . plus

Signifie quelque chose qui a cessé.

On **ne** se méfie **plus** des avocates.

N'en parlons **plus**!

L'article partitif: **du, de la, de l', des** devient généralement **de** dans une phrase **négative.**

J'ai **des** faiblesses très graves.

Je n'ai **pas de** faiblesses très graves.

---

9. ne . . . non plus

Signifie **pareillement,** mais dans un sens négatif.

Ma soeur n'est pas trop sensible.
Ni moi **non plus.** [Neither am I.]

10. ne . . . que

Exprime l'idée de **seulement. Que** précède les mots
sur lesquels porte la restriction [verbe, nom, pronom].

Il **n'**y a **que** dix mots dans cette phrase./ . . . **only**
Yvonne **ne** veut **que** plaisanter./ . . . **only [just]**

Après **que**, le pronom personnel s'emploie sous la forme **tonique**.

Il **n'**y a **que** toi ici?/ . . . **only**

Ne faire que signifie **ne cesser de.**

Tu **ne fais que** travailler./ **all** you do . . .

11. ne . . . aucunement, ne . . . nullement

Ces expressions sont synonymes.

Je n'ai **aucunement** envie de répondre à ton défi./ . . . **no**

Sylvie **n'**a **nullement** l'intention de refuser./ . . . **no**

12. ne . . . pas du tout

Renforce l'expression ne . . . pas.

Je ne suis **pas du tout** timide./ . . . **not at all**

On emploie **si** à la place de **oui** dans une réponse
affirmative à une question négative.

N'avez-vous pas de volonté? **Si!**/ . . . **Yes!**

Les Pronoms

1. aucun . . . ne

Heureusement, **aucun n'**est égoïste ici./ . . . **no one**

2. nul ne [s'emploie assez rarement]

Nul n'a été de mauvaise humeur./ **no one** . . .

3. personne . . . ne

Signifie **pas un seul individu**. Ne pas confondre avec le **nom une personne** qui signifie **un individu**.

Personne n'a autant d'ambition que Catherine./ . . . **no one** . . .
Je ne connais **personne** dans cette salle./ . . . **anybody**

Personne . . . ne s'emploie beaucoup plus fréquemment que **aucun . . . ne** et **nul . . . ne**

4. rien . . . ne

Signifie **nulle chose . . . ne/ no thing**

Rien n'explique son comportement./ **nothing** . . .

Devant un adjectif on ajoute **de**.

Je **ne** vois **rien de** mystérieux dans cette affaire./
· · · **anything**

Devant un infinitif on ajoute **à**.

Je **n'**ai **rien à** ajouter à la description./ . . . **nothing**

Rien s'emploie dans plusieurs expressions courantes.

Cela ne fait rien.
That **doesn't matter.**

Cela n'a **rien à voir** à l'affaire.
That has **nothing to do** with the matter.

Rien qu'en pensant à lui je souris.
I need **only** think of him to smile.

Merci beaucoup. **De rien.**
Thank you. It is **nothing.** [You are welcome.]

Les Adjectifs

1. aucun

   Signifie **pas un**

   Aucun ami ne me comprend mieux que toi./ **no** . . .

2. **nul**

   Synonyme d'**aucun** mais plus littéraire.

   Je n'ai **nul** doute de son caractère./ . . . **no**

Signifie aussi **sans valeur, sans compétence.**

   Ce joueur est vraiment **nul**./ . . . **hopeless, awful**

Les Conjonctions

1. ne . . . ni . . . ni

   S'emploie pour joindre deux ou plusieurs mots dans une proposition négative.

   Nous **ne** sommes **ni** paresseux **ni** lâches, **ni** égoïstes./
   neither . . . nor . . . nor

   Le **ne explétif** [ou **pléonastique**].

   Le **ne** explétif [du mot latin, **explere**, 'qui remplit'] **ne change pas le sens** d'une phrase. L'emploi est **facultatif.** Il s'emploie dans des phrases affirmatives qui expriment:

   la crainte ou **une comparaison inégale:**

Je crains que notre candidat **n'**ait perdu./ . . . **has** lost

   Elle sent plus qu'elle **ne** dit./ . . . than she **says**

A. Mettez les phrases suivantes au négatif en employant une expression négative opposée pour chaque phrase.

1. Ces filles ont encore beaucoup de patience.
2. Chacun réagit raisonnablement.
3. Son attitude me rend tout à fait nerveuse.
4. Tout le monde se débrouille facilement.
5. Dans ce cas, l'amour-propre explique tout.
6. L'auteur parle aussi de 'noblesse oblige'.
7. On trouve encore des filles coquettes.
8. On avait déjà discuté les questions de féminisme à cette époque.
9. Moi aussi, je l'admire.
10. Ces gens sont toujours de bonne humeur.
11. Tout le monde le trouve sympathique.
12. Nous répondons toujours très vite.
13. Nous comprenons sa patience, sa gaieté et son courage.
14. Son comportement est tout à fait étonnant.
15. L'ambition influence souvent ses décisions.

B. Répondez aux questions en vous servant des expressions suivantes:

ne . . . guère   ne . . . jamais   ne . . . pas encore

ne . . . plus   ne . . . toujours pas

1. Respectez-vous les personnes égoïstes?
2. Une femme a-t-elle été déjà élue présidente de la République française?
3. Peut-on s'affirmer sans effort?
4. Avez-vous rencontré la "personne de vos rêves"?
5. Les vieillards sont-ils encore aussi vigoureux que les jeunes?

C. Ajoutez **ne . . . que** pour exprimer le sens de "seulement".
Faites les changements nécessaires.

    1. Vous comprenez les gens simples!
    2. Elle veut affirmer son indépendance.
    3. C'est une question d'amour-propre.
    4. Ces filles font une heure de sport par semaine.
    5. Il y a trois traits que je trouve insupportables.
    6. Je dis ce que je veux!

D. Ajoutez **ne faire que** pour exprimer "ne cesser de".

    1. Nous bavardons toute la journée.
    2. L'auteur se plaint de la condition des femmes.
    3. Tu travailles nuit et jour.
    4. Je défends l'idée de l'égalité.

E. Trouvez les deux mots qui composent chacun des mots
suivants. Employez chaque mot composé dans une phrase.

    1. néanmoins
    2. vaurien
    3. anéantir
    4. fainéant

F. Employez **aucun, nul, personne** ou **rien** pour remplacer les
mots soulignés dans les phrases suivantes. Faites les
changements nécessaires.

    1. Cette attitude prouve la confiance des jeunes filles.
    2. Cette éducation ne convient pas aux femmes.
    3. J'ai vu deux personnes avec lui.
    4. Le lecteur contredit la théorie de l'auteur.
    5. Les jeunes filles font l'effort de se débrouiller.

G. Mettez les phrases suivantes à la forme négative en utilisant des expressions différentes. Faites les changements nécessaires.

1. Beaucoup de gens ont lu *Le Deuxième Sexe.*
2. Quelques uns le trouvent très intéressant.
3. Cependant, plusieurs idées de l'auteur ont changé.
4. Les conditions ont changé un peu aussi.
5. Mais la plupart restent les mêmes.
6. Moi, j'ai bien compris l'Introduction.
7. Mais je dois réfléchir beaucoup à la Deuxième partie.
8. Il y a quelques idées tout à fait choquantes!
9. Aujourd'hui j'ai lu toute la journée.
10. Dis-moi ce que tu penses de l'Introduction.
11. Lire des oeuvres semblables est important, n'est-ce pas?

H. Utilisez affirmativement dans une phrase les mots suivants.

1. jamais
2. rien
3. à jamais
4. je ne sais quoi

I. Donnez un sens négatif aux mots suivants en utilisant le préfixe convenable.

1. espérer
2. utile
3. sympathique
4. régulier
5. croyable
6. égal
7. social
8. synthèse
9. se fier à
10. honorer

PRONONCIATION

Révision.

Prononcez chaque mot suivant.

1.	hiver	9.	guerre
2.	Yves	10.	gare
3.	seize	11.	pays
4.	fils	12.	boisson
5.	un	13.	innocent
6.	bon	14.	oeil
7.	vin	15.	monsieur
8.	blanc	16.	femme

TRAVAUX PRATIQUES

On peut adapter certaines parties des sections A, B et C au **travail oral ou écrit**. Utilisez autant que possible le vocabulaire et la grammaire de cette leçon dans le travail suivant.

A. Questions.

Répondez par des phrases complètes.

1. Quels sont les traits traditionnellement "masculins" ou "féminins"? Que pensez-vous de ces distinctions?

2. La question du féminisme vous intéresse-t-elle? Pour quelles raisons?

3. De quels domaines les femmes restent-elles encore généralement exclues? Pour quelles raisons? Sont-elles justes?

4. Comment développe-t-on son caractère à travers l'activité physique/sportive?

5. Que pensez-vous des "jeux brutaux" et de "l'attitude du défi" dont parle l'auteur?

6. Quels changements importants ont eu lieu depuis 1949 dans la vie des jeunes filles?

B. Discussion.

La classe se sépare en groupes de trois personnes pour
jouer une scène ou discuter une des questions ci-dessous.

1. C soutient qu'une femme peut faire tout ce que fait un
    homme. B et N ne sont pas d'accord.

2. M. et Mme Y pensent que dans un ménage [household]
    certaines tâches sont nettement "masculines" et d'autres nettement
    "féminines". B, qui n'est pas d'accord, leur demande de les énumérer et
    de justifier leur position.

3. B, I et R parlent de leur adolescence et des différences de
    comportement entre garçons et filles à l'école, à la maison, dans les
    sports.

C. Composition.

Choisissez un sujet.

1. Donnez les raisons pour lesquelles une femme [ou
    vous-même] est heureuse/n'est pas heureuse de vivre
    au vingtième siècle. Discutez les problèmes relatifs au
    mariage, à la maternité, au travail.

2. Faites le portrait comique ou sérieux du stéréotype de
    la personnalité "masculine" et "féminine".

3. Ecrivez une page de journal [diary] dans laquelle vous
    vous plaignez de votre vie personnelle, de la conduite
    des autres, de la nature humaine.

Parmi les Françaises célèbres mentionnées ci-dessous lesquelles connaissez-
vous? En quoi se sont-elles distinguées: arts/ politique/ science?

Jeanne d'Arc	Marie Curie	Brigitte Bardot
Marguerite Yourcenar	Colette	Charlotte Corday
Madame de Sévigné	Edith Piaf	Nadia Boulanger
Madame Defarge	Simone Veil	Jeanne Moreau

BANDE/ Simone de Beauvoir, *Le Deuxième Sexe*

LECTURE	*Les Contes d'Amadou Koumba,* *Sarzan,* Birago Diop (né en 1906)
VOCABULAIRE	La Nourriture
GRAMMAIRE	Les Articles: Défini, Indéfini, Partitif
PRONONCIATION	Les Mots "Maudits" #6

LECTURE/ SARZAN

INTRODUCTION

Birago Diop est né au Sénégal, ancienne° colonie française former
de l'Afrique occidentale°. Après avoir fait ses études en France west
il est retourné vivre au Sénégal. *Sarzan* met en evidence le
dilemme de l'Africain qui a subi l'influence de la civilisation
européenne. Indigènes° et colons° ont entre eux des rapports natives/ settlers
compliqués et difficiles.

* * *

Comme des rameaux° tombés au hasard des fléaux°, ou des branches/flails
fruits mûrs du bout des branches gonflées de sève, des familles
s'étaient détachées de Dougouba pour essaimer° plus loin des [village]/swarm
petits villages, des Dougoubani. Des jeunes gens étaient partis
travailler à Segou, à Bamako, à Kayes, à Dakar°; d'autres s'en [capital of Senegal]
allaient labourer les champs d'arachides° du Sénégal et s'en peanuts
revenaient la récolte faite et la traite° finie. Tous savaient que trading
la racine de leur vie était toujours à Dougouba qui avait effacé
toutes traces des hordes de l'Islam et repris les enseignements
des ancêtres.

Un enfant de Dougouba s'en était allé plus loin et plus
longtemps que les autres: Thiémokho Kéita.

De Dougouba, il avait été au chef-lieu du cercle°, de là à [administrative
Kati, de Kati à Dakar, de Dakar à Casablanca, de Casablanca region]
à Fréjus, puis à Damas. Parti soldat du Soudan, Thiémokho
Kéita avait fait l'exercice au Sénégal, la guerre au Maroc,
monté la garde en France et patrouillé en Syrie. Sergent, il s'en
revenait, en ma compagnie, à Dougouba.

OCÉAN ATLANTIQUE

QUELQUES PAYS FRANCOPHONES

1. l'Algérie
2. les Antilles
3. la Belgique
4. le Bénin
5. le Cameroun
6. le Canada
   (le Québec)
7. le Congo
8. la Corse
9. la Côte d'Ivoire
10. la France
11. le Gabon
12. la Guinée
13. la Guyane
14. Haïti
15. Burkina-Faso
16. le Luxembourg
17. la République
    Malgache
18. le Mali
19. le Maroc
20. la Mauritanie
21. le Niger
22. la République
    Centrafricaine
23. le Sénégal
24. la Suisse
25. le Tchad
26. le Togo
27. la Tunisie
28. le Zaïre

En tournée dans ce cercle qui est au coeur du Soudan, j'avais trouvé, dans le bureau de l'Administrateur, le sergent Kéita qui venait d'être démobilisé° et qui désirait s'engager dans le corps des garde-cercles ou dans le cadre des interprètes.

discharged

—Non, lui avait dit le Commandant de cercle. Tu rendras davantage service à l'Administration en retournant dans ton village. Toi qui as beaucoup voyagé et beaucoup vu, tu apprendras un peu aux autres comment vivent les blancs. Tu les "civiliseras" un peu. Tenez, avait-il continué, en s'adressant à moi, puisque vous allez par-là, emmenez donc Kéita avec vous, vous lui éviterez les fatigues de la route et vous lui ferez gagner du temps. Voilà quinze ans qu'il était parti de son trou°.

hole [place]

Et nous étions partis.

Dans la camionnette où nous occupions, le chauffeur, lui et moi, la banquette de devant, tandis que derrière, entre la caisse-popote°, le litpicot° et les caisses de sérum et de vaccin, s'entassaient cuisiniers, infirmiers, aide-chauffeur et garde-cercle, le sergent Kéita m'avait raconté sa vie de soldat, puis de grade; il m'avait raconté la guerre du Riff du point de vue d'un tirailleur° noir, il m'avait parlé de Marseille, de Toulon, de Fréjus, de Beyrouth. Devant nous, il semblait ne plus voir la route en "tôle ondulée"° faite de branches coupées et recouvertes d'une couche d'argile° qui s'en allait maintenant à la chaleur torride et, à la grande sécheresse, en poussière, en une poussière fine et onctueuse qui plaquait sur nos visages un masque jaunâtre, craquait sous nos dents et cachait, dans notre sillage, les cynocéphales° hurleurs et les biches peureuses et bondissantes. Il lui semblait, dans la brume calcinée et haletante, revoir les minarets de Fez, la foule grouillante° de Marseille, les immenses et hautes demeures de France, la mer trop bleue.

[chow box]/ [bed]

sharpshooter

corrugated iron
clay

monkeys

teeming

[....]

Cela avait commencé dès le lendemain de son arrivée, le jour même de mon départ de Dougouba.

Le sergent Thiémokho Kéita avait voulu empêcher son père de sacrifier un poulet blanc aux mânes° des ancêtres pour les remercier de l'avoir ramené sain et sauf au pays. Il avait déclaré que, s'il était revenu, c'est que tout simplement il devait revenir et que les aïeux° n'y avaient jamais été pour rien. Qu'on laisse tranquilles les morts, avait-il dit, ils ne peuvent plus rien pour les vivants. Le vieux chef du village avait passé outre° et le poulet avait été sacrifié.

spirits

ancestors

had gone ahead

Au moment des labours, Thiémokho avait prétendu inutile et même idiot de tuer des poulets noirs et d'en verser le sang dans un coin des champs. Le travail, avait-il dit, suffit, et la pluie tombera si elle doit tomber. Le mil, le maïs, les arachides, les patates, les haricots pousseront tout seuls, et pousseront mieux si l'on se servait des charrues que le commandant de cercle lui avait envoyées. Il avait coupé et brûlé des branches du Dassiri, l'arbre sacré, protecteur du village et des cultures, au pied duquel on avait sacrifié des chiens.

COMPRÉHENSION DU TEXTE

1. Où se trouve le Sénégal?
2. Quelle religion y avait-il avant le retour des croyances ancestrales?
3. Dans quelles villes de France et d'Afrique Kéita était-il allé pendant son service militaire?
4. Le commandant croit que Kéita peut "civiliser" les gens de son village. Quelles difficultés cela peut-il créer?
5. Depuis combien de temps Kéita avait-il été absent de son village?
6. Qui voyageait dans la camionnette?
7. Comment l'atmosphère africaine est-elle évoquée?
8. Pourquoi le père de Kéita veut-il sacrifier un poulet?
9. Pourquoi Kéita ne veut-il pas sacrifier le poulet?
10. Pourquoi Kéita coupe-t-il des branches de l'arbre sacré?

l'ail (m)	garlic	avaler	to swallow
le beurre	butter	avoir faim	to be hungry
une boisson	beverage	avoir soif	to be thirsty
la farine	flour	boire	to drink
le fromage	cheese	cuire	to cook
un fruit	fruit	déjeuner	to have lunch, to lunch
un gâteau	cake	dîner	to have dinner, to dine
le goûter	snack	goûter	to taste
un haricot**	green bean	jeûner	to fast
le hors-d'oeuvre**	appetizer	manger	to eat
l'huile (f)	oil		
le lait	milk		
un légume	vegetable		
la nourriture	food	aigre	sour
un oeuf	egg	cru	raw
un oignon	onion	cuit	cooked
le pain	bread	délicieux, délicieuse	delicious
le poisson	fish		
le poivre	pepper	doux, douce	sweet
une pomme	apple	frais, fraîche	fresh
un potage	soup	mûr	ripe
le poulet	chicken	à point	medium rare
un repas	meal	saignant	rare
le sel	salt	salé	salty
le sucre	sugar		
la viande	meat		
le vin	wine		

**Le h est "aspiré." Ne prononcez pas la consonne précédente.
Voir "mots maudits" #3.

A. Complétez chaque phrase avec un mot approprié.

1. Je mets du beurre sur mon/
2. Je bois beaucoup de/
3. On ne doit pas manger trop de/
4. Après la salade nous prendrons/
5. Mon frère n'aime pas/
6. On met de l'ail dans/
7. On mange les hors-d'oeuvre avant/
8. Après le dessert on prend/

B. Répondez à chaque question par une phrase complète.

1. Que faites-vous quand vous avez faim?
2. Avec quoi fait-on une omelette?
3. Quelle boisson préférez-vous? Pourquoi?
4. En quoi consiste votre repas préféré?
5. Préférez-vous les choses salées ou sucrées? Pourquoi?

L'article se place devant un nom. Il indique le genre, le nombre, un sens précis ou un sens général. Il y a trois sortes d'articles: **défini**, **indéfini**, et **partitif**.

L'ARTICLE DÉFINI

A. Formes.

	singulier	pluriel
m:	le	
f:	la	les

Devant une **voyelle** ou un **h muet** la forme singulière s'écrit **l'**: Il y a **élision**.

l'oeuf   l'huile

Avec la préposition **à** et la préposition **de** les formes sont **contractées** au masculin singulier et au pluriel:

| **au** café | à la boulangerie | **aux** restaurants |
| **du** café | de la boulangerie | **des** restaurants |

B. Emplois.

L'article défini s'emploie devant le nom. Il indique un aspect précis. Il s'emploie:

1. avec les noms communs; on répète l'article devant chaque nom

   La mère et **les** enfants ont dîné au restaurant.

2. avec les noms employés dans un sens général

   La soif s'en va en buvant.
   (Rabelais)

3. avec les titres et les professions

   Le Duc de Guermantes et **le docteur** Cottard sont des personnages curieux.

   Le Président de Gaulle est mort en 1970.

4. avec les noms propres, précédés d'un adjectif

   La Belle Hélène est une opérette d'Offenbach.

   Le vieux Goriot est un père malheureux.

5. avec les dates

   L'anniversaire de mon mari est **le 9** octobre.

6. avec les jours de la semaine pour indiquer une habitude

   Le musée est ouvert tous les jours sauf **le mardi**.

7. avec les noms de langues*, les termes géographiques, les noms de peuples.

   Le Havre se trouve sur la Manche.

   Nous étudions **le japonais**.

   Le Rhin se trouve entre **la France** et **l'Allemagne**.

8. avec les mesures

   Le vin coûte 6 francs **le litre**?

   Le beurre se vend à plus de 15 francs **la livre**?

*Avec le verbe **parler** on supprime l'article: Yves parle anglais.

9. avec les parties du corps

   J'ai mal à la tête.

   Tu te laves **les** mains avant de dîner.
   [You wash **your** hands before dinner.]

10. avec le superlatif devant le nom **et** l'adjectif ou
    l'adverbe:

    Le meilleur des mondes.

L'ARTICLE INDÉFINI

A. Formes.

	singulier	pluriel
m:	un	des
f:	une	

B. Emplois.

L'article indéfini s'emploie devant le nom. Il indique un
aspect imprécis.

   J'ai mangé **des** hors-d'oeuvre, **un** potage et **une**
   omelette.

On répète l'article devant chaque nom.

   Léon a **une** cuillère, **un** couteau et **des** assiettes.

On emploie **de** au lieu de l'article indéfini:

1. quand il y a une **négation,** excepté avec le verbe **être**

   Léon n'a **pas de** cuillère; il n'a **pas d'**assiette.

   C'est un repas délicieux. Ce n'**est pas un** repas
   délicieux.

2. quand un **adjectif** précède le nom, excepté quand l'adjectif fait partie du nom

> J'ai acheté des serviettes. J'ai acheté **de jolies** serviettes.

> Nous avons mangé **des petits** pois.

3. quand un **adverbe de quantité** précède le nom

> J'ai des fourchettes. J'ai **assez de** fourchettes.

L'ARTICLE PARTITIF

A. Formes.

L'article partitif se compose de l'article défini + de.

	singulier	pluriel
m:	du	
f:	de la	des

Il y a **élision** devant une voyelle, ou un h muet:
> **de** l'eau, **de** l'honneur

> Ne pas confondre l'article partitif, le pluriel l'article indéfini et la préposition de + l'article défini contracté. Les formes sont identiques: **des**.

B. Emplois.

L'article partitif s'emploie devant des noms exprimant **une partie** des objets dont on parle. Il s'emploie:

1. avec les quantités indéfinies; il se répète devant chaque nom.

> J'ai mangé **du** fromage et **du** gâteau.

> Voici **des** fruits, **des** fleurs, **des** feuilles et **des** branches. (Verlaine)

2. avec les noms abstraits

Ton ami a **du** courage. J'ai de la patience.

On emploie le partitif **de** sans article défini:

1. quand il y a une **négation**

Il n'y a **pas de** fleurs, **pas de** feuilles.

2. quand un adjectif précède le nom

Voici **de jolis** fruits, **de belles** fleurs.

3. quand il y a un adverbe de quantité

Voici **beaucoup de** fruits, **assez de** fleurs et **trop de** feuilles.

4. quand il y a un nom composé ou un adjectif

Elle porte une **robe de soie**.

La terre est **couverte de neige**.

— On **supprime** l'article partitif

après la préposition **avec**

Nous écoutons **avec intérêt**.

après la préposition **sans**

Un repas **sans vin** est comme un jour **sans soleil**.

avec l'expression **ni . . . ni**

Je ne mange **ni chocolat ni tomates**.

— On **remplace** l'article partitif plus un nom par le pronom **en**:

Voulez-vous **de la crème**? Oui, j'**en** voudrais.

Manges-tu **de l'ail**? Oui, j'**en** mange.

En anglais on n'utilise guère le partitif:

I had **flour** and **butter** on my hands.

J'avais **de la farine** et **du beurre** sur les mains.

EXERCICES/ Les Articles

A.   Mettez l'article défini, indéfini, partitif où il convient.

1. On ne peut pas faire une sauce vinaigrette sans
   _____ vinaigre.
2. Garçon, apportez-moi _____ café noir, s'il vous plaît.
3. J'aime beaucoup _____ café.
4. Je n'aime pas _____ cognac.
5. Grand père boit trop _____ cognac.
6. Mettons _____ cognac dans le gâteau.
7. Ne mettez pas _____ vanille alors.
8. Pour faire ce dessert on utilise _____ sucre,
   _____ farine, _____ oeufs, beaucoup _____
   beurre et un peu _____ citron.
9. Mettez _____ couteau, _____ fourchette
   et _____ cuillère avec chaque assiette.
10. Ce ne sont pas _____ crêpes bretonnes.
11. Marceline te fera _____ grandes crêpes délicieuses.

B. Expliquez l'emploi ou l'absence de l'article dans chaque phrase suivante.

1. Tu parles anglais mieux que moi.
2. Nous apprenons l'allemand cette année.
3. Le musée est fermé le mardi.
4. J'ai rendez-vous chez le médecin mardi.
5. Je ne bois pas de boisson alcoolique.
6. Ce n'est pas une boisson alcoolique.
7. J'ai mangé des petits pois.
8. Il y a de petits oeufs à l'épicerie.
9. Cherchez les cuillères dans le tiroir.
10. Il n'y a pas de cuillères dans le tiroir.
11. Voilà beaucoup de fruits mûrs.
12. On nous a servi des fruits délicieux.
13. Mettez de la farine et un peu d'huile dans la sauce.
14. As-tu du pain? Oui, j'en ai.
15. Il n'y a ni bête ni oiseau dans le jardin.
16. Je veux tout goûter, sans exception.
17. La Loire est le fleuve le plus long de France.
18. L'homme là-bas vient de Hollande, de La Haye.

PRONONCIATION

Les Mots "Maudits" #6

En français, "maudit" signifie **damné, condamné**. Les mots suivants sont, pour les Anglophones, "maudits" en ce sens qu'on les prononce souvent mal.

Prononcez les mots suivants en faisant attention aux voyelles.

1. l'ail   [laj]
2. les haricots   [leariko]
3. les hors-d'oeuvre [leɔrdoevr]
4. l'huile   [lyil]
5. un oeuf   [oenoef]
6. des oeufs   [dezø]
7. oignon   [əɲõ]

On peut adapter certaines parties des sections A, B et C au **travail oral ou écrit**. Utilisez autant que possible le vocabulaire et la grammaire de cette leçon dans le travail suivant.

A.   Questions.

Répondez par des phrases complètes.

1.   Qui fait la cuisine chez vous?
2.   Quels produits sont les meilleurs/ les pires pour la santé?
3.   Que mangez-vous d'habitude pour le petit déjeuner?
4.   Quelles nourritures ont une valeur symbolique dans les différentes religions du monde? dans le folklore? dans les cérémonies ou les fêtes nationales? Lesquelles sont interdites?

B.   Discussion.

La classe se sépare en groupes de deux personnes pour jouer une scène ou discuter une des questions ci-dessous.

1.   "Tu apprendras un peu aux autres comment vivent les blancs. Tu les 'civiliseras' un peu." **A** déclare que Kéita a tort. Il ne devrait pas "civiliser" ses parents. Il ne devrait pas imposer les valeurs des blancs. **B** soutient que Kéita a raison. Il ne fait que ce qu'il croit être juste et raisonnable.

2.   Imaginez que vous, A, vous êtes Kéita; B, vous êtes son père. Vous vous disputez au sujet du sacrifice du poulet et de l'importance de l'arbre sacré.

C. Composition.

Choisissez un sujet.

1. Discutez le problème des générations. Le dilemme de Kéita, un Africain noir, qui est exposé à une culture différente dont il accepte les valeurs. Le dilemme d'un/e jeune Américain/e ou un/e jeune Français/e dont les valeurs sont différentes de celles de ses parents.

2. Pour manifester sa révolte contre sa famille Kéita coupe une branche de l'arbre sacré. Quelles formes la révolte prend-elle parmi les jeunes aux Etats-Unis, en Europe? Qu'en pensez-vous?

BANDE/ Birago Diop, *Sarzan*

APPENDICE I

CIVILISATION FRANÇAISE/ PETIT QUESTIONNAIRE

Utilisez, s'il le faut, un dictionnaire ou l'index de ce livre pour trouver les réponses.

1. Quelles provinces se trouvent au nord de la France/ à l'est/ à l'ouest?
2. Qu'est-ce que c'est que l'Hexagone/ le Midi?
3. Quel fleuve traverse Paris/ sépare la France et l'Allemagne/ a les châteaux célèbres?
4. Comment s'appellent les montagnes qui séparent la France et l'Espagne/ la France et la Suisse?
5. Quelles sont les frontières maritimes de la France?
6. Pourquoi les villes suivantes sont-elles importantes: Marseille, Chartres, Avignon, Strasbourg?
7. Nommez plusieurs pays francophones/ en Afrique/ en Amérique.
8. Nommez trois raisons pour lesquelles Louis XIV est connu.
9. Quelle est la date de la fête nationale française?
10. Depuis quand la Corse appartient-elle à la France?
11. Comment s'appelle le Président actuel de la République Française?
12. Qu'est-ce que c'est que l'Elysée? la Bastille?
13. Nommez deux partis politiques en France.
14. Quelles sont les deux chambres du Parlement français?
15. Quelle est la population de la France? de Paris?
16. Quel pourcentage de la population est catholique? protestant? juif? musulman?
17. Nommez deux journaux français, quotidien ou hebdomadaire.
18. A combien de francs équivaut un dollar?
19. Qu'est-ce que c'est que le "bac"?
20. Les élèves de collège sont-ils plus ou moins âgés que les étudiants des grandes écoles?
21. A quels niveaux l'enseignement en France est-il nationalisé et gratuit?
22. Qui a écrit *Les Fleurs du mal*/ *Le Bourgeois gentilhomme*/ *A La Recherche du temps perdu*?

23. Quels peintres français connaissez-vous? Impressionistes/ Cubistes/ Surréalistes?
24. Qui a écrit [musique ou livre] *L'Après-midi d'un faune/ Carmen/ Le Barbier de Séville*?
25. Qu'est-ce que c'est que le Louvre/ le centre Pompidou?
26. Où se trouve la Sainte Chapelle/ Notre-Dame?
27. Qu'est-ce qui se passe à la Comédie française?
28. Pourquoi Marguerite Yourcenar est-elle célèbre?
29. Qu'est-ce que c'est que: S.N.C.F./ P.T.T./ O.N.U./ E.-U/ T.G.V.?
30. Qu'est-ce que c'est que la Tour Eiffel? le Tour de France?
31. Quand utilise-t-on le pronom "tu" au lieu de "vous"?

APPENDICE II

LA BATAILLE DE WATERLOO, LES MISÉRABLES, VICTOR HUGO

Tout à coup, chose tragique, à la gauche des Anglais, à notre droite, la tête de colonne des cuirassiers se cabra avec une clameur effroyable. Parvenus au point culminant de la crête, effrénés, tout à leur furie et à leur course d'extermination sur les carrés et les canons, les cuirassiers venaient d'apercevoir entre eux et les Anglais un fossé, une fosse. C'était le chemin creux d'Ohain.

L'instant fut épouvantable. Le ravin était là inattendu, béant, à pic sous les pieds des chevaux, profond de deux toises entre son double talus; le second rang y poussa le premier, et le troisième y poussa le second; les chevaux se dressaient, rejetaient en arrière, tombaient sur la croupe, glissaient les quatre pieds en l'air, pilant et bouleversant les cavaliers, aucun moyen de reculer, toute la colonne n'était plus qu'un projectile, la force acquise pour écraser les Anglais écrasa les Français, le ravin inexorable ne pouvait se rendre que comblé, cavaliers et chevaux y roulèrent pèle-mèle se broyant les uns sur les autres, ne faisant qu'une chair dans ce gouffre, et, quand cette fosse fut pleine d'hommes vivants, on marcha dessus et le reste passa. Presque un tiers de la brigade Dubois croula dans cet abîme.

Ceci commença la perte de la bataille.

Une tradition locale, qui exagère évidemment, dit que deux mille chevaux et quinze cents hommes furent ensevelis dans le chemin creux d'Ohain. Ce chiffre vraisemblablement comprend tous les autres cadavres qu'on jeta dans ce ravin le lendemain du combat.

Notons en passant que c'était cette brigade Dubois, si funestement éprouvée, qui une heure auparavant, chargeant à part, avait enlevé le drapeau du bataillon de Lunebourg.

Napoléon, avant d'ordonner cette charge des cuirassiers de Milhaud, avait scruté le terrain, mais n'avait pu voir ce chemin creux qui ne faisait pas même une ride à la surface du plateau. Averti pourtant et mis en éveil par la petite chapelle blanche qui en marque l'angle sur la chaussée de Nivelles, il avait fait, probablement sur l'eventualité d'un obstacle, une question au guide Lacoste. Le guide avait répondu non. On pourrait presque dire que de ce signe de tête d'un paysan est sortie la catastrophe de Napoléon.

D'autres fatalités encore devaient surgir.

Etait-il possible que Napoléon gagnât cette bataille? nous répondons non. Pourquoi? A cause de Wellington? à cause de Blücher? Non. A cause de Dieu.

Bonaparte vainqueur à Waterloo, ceci n'était plus dans la loi du dix-neuvième siècle. Une autre série de faits se préparait, où Napoléon n'avait plus de place. La mauvaise volonté des évènements s'était annoncée de longue date.

Il était temps que cet homme vaste tombât.

L'excessive pesanteur de cet homme dans la destinée humaine troublait l'équilibre. Cet individu comptait à lui seul plus que le groupe universel. Ces pléthores de toute la vitalité humaine concentrée dans une seule tête, le monde montant au cerveau d'un homme, cela serait mortel à la civilisation si cela durait. Le moment était venu pour l'incorruptible équité suprême d'aviser. Probablement les principes et les éléments, d'où dépendent les gravitations régulières dans l'ordre moral comme dans l'ordre matériel, se plaignaient. Le sang qui fume, le trop-plein des cimetières, les mères en larmes, ce sont des plaidoyers redoutables. Il y a quand la terre souffre d'une surcharge, de mystérieux gémissements de l'ombre, que l'abîme entend.

Napoléon avait été dénoncé dans l'infini, et sa chute était décidée.

Il gênait Dieu.

Waterloo n'est point une bataille; c'est le changement de front de l'univers.

APPENDICE III

PLAIDOIRIE DU MAÎTRE SÉNARD, DÉFENSE DE GUSTAVE FLAUBERT, *MADAME BOVARY*

Mon client est allé chez Lamartine; et il a trouvé chez lui non pas seulement un homme qui l'a encouragé, mais un homme qui lui a dit: «Vous m'avez donné la meilleure oeuvre que j'aie lue depuis vingt ans.» C'étaient, en un mot, des éloges tels que mon client, dans sa modestie, osait à peine me les répéter. Lamartine lui prouvait qu'il avait lu les livraisons, et le lui prouvait de la manière la plus gracieuse, en lui en disant des pages tout entières. Seulement Lamartine ajoutait: « En même temps que je vous ai lu sans restriction jusqu'à la dernière page, j'ai blâmé les dernières. Vous m'avez fait mal, vous m'avez fait littéralement souffrir! L'expiation est hors de proportion avec le crime; vous avez créé une mort affreuse, effroyable! Assurément la femme qui souille le lit conjugal doit s'attendre à une expiation, mais celle-ci est horrible, c'est un supplice comme on n'en a jamais vu. Vous avez été trop loin, vous m'avez fait mal aux nerfs; cette puissance de description qui s'est appliquée aux derniers instants de la mort m'a laissé une indicible souffrance!» Et quand Gustave Flaubert lui demandait: « Mais, monsieur de Lamartine, est-ce que vous comprenez que je sois poursuivi, pour avoir fait une ouevre pareille, devant le tribunal de police correctionnelle, pour offense à la morale publique et religieuse?» Lamartine lui répondait: — « Je crois avoir été toute ma vie l'homme qui, dans ses oeuvres littéraires comme dans ses autres, a le mieux compris ce que c'était que la morale publique et religieuse; mon cher enfant, il n'est pas possible qu'il se trouve en France un tribunal pour vous condamner. Il est déjà très regrettable qu'on se soit ainsi mépris sur le caractère de votre oeuvre et qu'on ait ordonné de la poursuivre, mais il n'est pas possible, pour l'honneur de notre pays et de notre époque, qu'il se trouve un tribunal pour vous condamner.»

Voilà ce qui se passait hier, entre Lamartine et Flaubert et j'ai le droit de vous dire que cette appréciation est de celles qui valent la peine d'être pesées.

APPENDICE IV

LES VERBES

VERBES RÉGULIERS ----------- INDICATIF ----------- CONDITIONNEL--IMPÉRATIF----SUBJONCTIF

INFINITIF ET PARTICIPES / PRÉSENT	IMPARFAIT	PASSÉ SIMPLE	PASSÉ COMPOSÉ	FUTUR	PRÉSENT	- - -	PRÉSENT
Verbe régulier en -er parler:							
parler							
je parle	parlais	parlai	ai parlé	parlerai	parlerais		parle
tu parles	parlais	parlas	as parlé	parleras	parlerais	parle	parles
il parle	parlait	parla	a parlé	parlera	parlerait		parle
nous parlons	parlions	parlâmes	avons parlé	parlerons	parlerions	parlons	parlions
vous parlez	parliez	parlâtes	avez parlé	parlerez	parleriez	parlez	parliez
ils parlent	parlaient	parlèrent	ont parlé	parleront	parleraient		parlent
parlant							
parlé							
Verbe régulier en -ir finir:							
finir							
je finis	finissais	finis	ai fini	finirai	finirais		finisse
tu finis	finissais	finis	as fini	finiras	finirais	finis	finisses
il finit	finissait	finit	a fini	finira	finirait		finisse
nous finissons	finissions	finîmes	avons fini	finirons	finirions	finissons	finissions
vous finissez	finissiez	finîtes	avez fini	finirez	finiriez	finissez	finissiez
ils finissent	finissaient	finirent	ont fini	finiront	finiraient		finissent
finissant							
fini							
Verbe régulier en -re vendre:							
vendre							
je vends	vendais	vendis	ai vendu	vendrai	vendrais		vende
tu vends	vendais	vendis	as vendu	vendras	vendrais	vends	vendes
il vend	vendait	vendit	a vendu	vendra	vendrait		vende
nous vendons	vendions	vendîmes	avons vendu	vendrons	vendrions	vendons	vendions
vous vendez	vendiez	vendîtes	avez vendu	vendrez	vendriez	vendez	vendiez
ils vendent	vendaient	vendirent	ont vendu	vendront	vendraient		vendent
vendant							
vendu							

INFINITIF ET PARTICIPES	PRÉSENT	IMPARFAIT	PASSÉ SIMPLE	PASSÉ COMPOSÉ	FUTUR	PRÉSENT	- -	PRÉSENT
acquérir acquérant acquis	j'acquiers tu acquiers il acquiert nous acquérons vous acquérez ils acquièrent	acquérais acquérais acquérait acquérions acquériez acquéraient	acquis acquis acquit acquîmes acquîtes acquirent	ai acquis as acquis a acquis avons acquis avez acquis ont acquis	acquerrai acquerras acquerra acquerrons acquerrez acquerront	acquerrais acquerrais acquerrait acquerrions acquerriez acquerraient	acquiers acquérons acquérez	acquière acquières acquière acquérions acquériez acquièrent
aller allant allé	je vais tu vas il va nous allons vous allez ils vont	allais allais allait allions alliez allaient	allai allas alla allâmes allâtes allèrent	suis allé(e) es allé(e) est allé(e) sommes allé(e)s êtes allé(e)(s) sont allé(e)s	irai iras ira irons irez iront	irais irais irait irions iriez iraient	va allons allez	aille ailles aille allions alliez aillent
s'asseoir asseyant assis	je m'assieds tu t'assieds il s'assied nous nous asseyons vous vous asseyez ils s'asseyent	asseyais asseyais asseyait asseyions asseyiez asseyaient	assis assis assit assîmes assîtes assirent	me suis assis(e) t'es assis(e) s'est assis(e) nous sommes assis(es) vous êtes assis(e)(s) se sont assis(es)	assiérai assiéras assiéra assiérons assiérez assiéront	assiérais assiérais assiérait assiérions assiériez assiéraient	assieds-toi asseyons-nous asseyez-vous	asseye asseyes asseye asseyions asseyiez asseyent

INDICATIF — CONDITIONNEL — IMPÉRATIF — SUBJONCTIF

INFINITIF ET PARTICIPES	PRÉSENT (INDICATIF)	IMPARFAIT	PASSÉ SIMPLE	PASSÉ COMPOSÉ	FUTUR	PRÉSENT (COND.)	– – – (IMPÉRATIF)	PRÉSENT (SUBJ.)
avoir ayant eu	j'ai	avais	eus	ai eu	aurai	aurais		aie
	tu as	avais	eus	as eu	auras	aurais	aie	aies
	il a	avait	eut	a eu	aura	aurait		ait
	nous avons	avions	eûmes	avons eu	aurons	aurions	ayons	ayons
	vous avez	aviez	eûtes	avez eu	aurez	auriez	ayez	ayez
	ils ont	avaient	eurent	ont eu	auront	auraient		aient
battre battant battu	je bats	battais	battis	ai battu	battrai	battrais		batte
	tu bats	battais	battis	as battu	battras	battrais	bats	battes
	il bat	battait	battit	a battu	battra	battrait		batte
	nous battons	battions	battîmes	avons battu	battrons	battrions	battons	battions
	vous battez	battiez	battîtes	avez battu	battrez	battriez	battez	battiez
	ils battent	battaient	battirent	ont battu	battront	battraient		battent
boire buvant bu	je bois	buvais	bus	ai bu	boirai	boirais		boive
	tu bois	buvais	bus	as bu	boiras	boirais	bois	boives
	il boit	buvait	but	a bu	boira	boirait		boive
	nous buvons	buvions	bûmes	avons bu	boirons	boirions	buvons	buvions
	vous buvez	buviez	bûtes	avez bu	boirez	boiriez	buvez	buviez
	ils boivent	buvaient	burent	ont bu	boiront	boiraient		boivent
conduire conduisant conduit	je conduis	conduisais	conduisis	ai conduit	conduirai	conduirais		conduise
	tu conduis	conduisais	conduisis	as conduit	conduiras	conduirais	conduis	conduises
	il conduit	conduisait	consuisit	a conduit	conduira	conduirait		conduise
	nous conduisons	conduisions	conduisîmes	avons conduit	conduirons	conduirions	conduisons	conduisions
	vous conduisez	conduisiez	conduisîtes	avez conduit	conduirez	conduiriez	conduisez	conduisiez
	ils conduisent	conduisaient	conduisirent	ont conduit	conduiront	conduiraient		conduisent
connaître connaissant connu	je connais	connaissais	connus	ai connu	connaîtrai	connaîtrais		connaisse
	tu connais	connaissais	connus	as connu	connaîtras	connaîtrais	connais	connaisses
	il connaît	connaissait	connut	a connu	connaîtra	connaîtrait		connaisse
	nous connaissons	connaissions	connûmes	avons connu	connaîtrons	connaîtrions	connaissons	connaissions
	vous connaissez	connaissiez	connûtes	avez connu	connaîtrez	connaîtriez	connaissez	connaissiez
	ils connaissent	connaissaient	connurent	ont connu	connaîtront	connaîtraient		connaissent

| INFINITIF ET PARTICIPES | INDICATIF | | | | | CONDITIONNEL | IMPÉRATIF | SUBJONCTIF |
	PRÉSENT	IMPARFAIT	PASSÉ SIMPLE	PASSÉ COMPOSÉ	FUTUR	PRÉSENT	– – –	PRÉSENT
courir courant couru	je cours tu cours il court nous courons vous courez ils courent	courais courais courait courions couriez couraient	courus courus courut courûmes courûtes coururent	ai couru as couru a couru avons couru avez couru ont couru	courrai courras courra courrons courrez courront	courrais courrais courrait courrions courriez courraient	cours courons courez	coure coures coure courions couriez courent
craindre craignant craint	je crains tu crains il craint nous craignon vous craignez ils craignent	craignais craignais craignait craignions craigniez craignaient	craignis craignis craignit craignîmes craignîtes craignirent	ai craint as craint a craint avons craint avez craint ont craint	craindrai craindras craindra craindrons craindrez craindront	craindrais craindrais craindrait craindrions craindriez craindraient	crains craignons craignez	craigne craignes craigne craignions craigniez craignent
croire croyant cru	je crois tu crois il croit nous croyons vous croyez ils croient	croyais croyais croyait croyions croyiez croyaient	crus crus crut crûmes crûtes crurent	ai cru as cru a cru avons cru avez cru ont cru	croirai croiras croira croirons croirez croiront	croirais croirais croirait croirions croiriez croiraient	crois croyons croyez	croie croies croie croyions croyiez croient
devoir devant dû, due	je dois tu dois il doit nous devons vous devez ils doîvent	devais devais devait devions deviez devaient	dus dus dut dûmes dûtes durent	ai dû as dû a dû avons dû avez dû ont dû	devrai devras devra devrons devrez devront	devrais devrais devrait devrions devriez devraient	dois devons devez	doive doives doive devions deviez doivent

INFINITIF ET PARTICIPES	PRÉSENT	IMPARFAIT	PASSÉ SIMPLE	PASSÉ COMPOSÉ	FUTUR	PRÉSENT	- - -	PRÉSENT
dire disant dit	je dis tu dis il dit nous disons vous dites ils disent	disais disais disait disions disiez disaient	dis dis dit dîmes dîtes dirent	ai dit as dit a dit avons dit avez dit ont dit	dirai diras dira dirons direz diront	dirais dirais dirait dirions diriez diraient	dis disons dites	dise dises dise disions disiez disent
dormir dormant dormi	je dors tu dors il dort nous dormons vous dormez ils dorment	dormais dormais dormait dormions dormiez dormaient	dormis dormis dormit dormîmes dormîtes dormirent	ai dormi as dormi a dormi avons dormi avez dormi ont dormi	dormirai dormiras dormira dormirons dormirez dormiront	dormirais dormirais dormirait dormirions dormiriez dormiraient	dors dormons dormez	dorme dormes dorme dormions dormiez dorment
ecrire écrivant écrit	j'écris tu écris il écrit nous écrivons vous écrivez ils écrivent	écrivais écrivais écrivait écrivions écriviez écrivaient	écrivis écrivis écrivit écrivîmes écrivîtes écrivirent	ai écrit as écrit a écrit avons écrit avez écrit ont écrit	écrirai écriras écrira écrirons écrirez écriront	écrirais écrirais écrirait écririons écririez écriraient	écris écrivons écrivez	écrive écrives écrive écrivions écriviez écrivent
envoyer envoyant envoyé	j̄ envoie tu envoies il envoie nous envoyons vous envoyez ils envoient	envoyais envoyais envoyait envoyions envoyiez envoyaient	envoyai envoyas envoya envoyâmes envoyâtes envoyèrent	ai envoyé as envoyé a envoyé avons envoyé avez envoyé ont envoyé	enverrai enverras enverra enverrons enverrez enverront	enverrais enverrais enverrait enverrions enverriez enverraient	envoie envoyons envoyez	envoie envoies envoie envoyions envoyiez envoient

355

INFINITIF ET PARTICIPES

INFINITIF ET PARTICIPES	INDICATIF					CONDITIONNEL	IMPÉRATIF	SUBJONCTIF
	PRÉSENT	IMPARFAIT	PASSÉ SIMPLE	PASSÉ COMPOSÉ	FUTUR	PRÉSENT	– – –	PRÉSENT
être étant été	je suis tu es il est nous sommes vous êtes ils sont	étais étais était étions étiez étaient	fus fus fut fûmes fûtes furent	ai été as été a été avons été avez été ont été	serai seras sera serons serez seront	serais serais serait serions seriez seraient	 sois soyons soyez	sois sois soit soyons soyez soient
faire faisant fait	je fais tu fais il fait nous faisons vous faites ils font	faisais faisais faisait faisions faisiez faisaient	fis fis fit fîmes fîtes firent	ai fait as fait a fait avons fait avez fait ont fait	ferai feras fera ferons ferez feront	ferais ferais ferait ferions feriez feraient	 fais faisons faites	fasse fasses fasse fassions fassiez fassent
falloir fallu	il faut	il fallait	il fallut	il a fallu	il faudra	il faudrait		il faille
jeter jetant jeté	je jette tu jettes il jette nous jetons vous jetez ils jettent	jetais jetais jetait jetions jetiez jetaient	jetai jetas jeta jetâmes jetâtes jetèrent	ai jeté as jeté a jeté avons jeté avez jeté ont jeté	jetterai jetteras jettera jetterons jetterez jetteront	jetterais jetterais jetterait jetterions jetteriez jetteraient	 jette jetons jetez	jette jettes jette jetions jetiez jettent
mettre mettant mis	je mets tu mets il met nous mettons vous mettez ils mettent	mettais mettais mettait mettions mettiez mettaient	mis mis mit mîmes mîtes mirent	ai mis as mis a mis avons mis avez mis ont mis	mettrai mettras mettra mettrons mettrez mettront	mettrais mettrais mettrait mettrions mettriez mettraient	 mets mettons mettez	mette mettes mette mettions mettiez mettent

INFINITIF ET PARTICIPES	INDICATIF PRÉSENT	IMPARFAIT	PASSÉ SIMPLE	PASSÉ COMPOSÉ	FUTUR	CONDITIONNEL PRÉSENT	IMPÉRATIF - - -	SUBJONCTIF PRÉSENT
mourir	je meurs	mourais	mourus	suis mort(e)	mourrai	mourrais		meure
mourant	tu meurs	mourais	mourus	es mort(e)	mourras	mourrais	meurs	meures
mort	il meurt	mourait	mourut	est mort(e)	mourra	mourrait		meure
	nous mourons	mourions	mourûmes	sommes mort(e)s	mourrons	mourrions	mourons	mourions
	vous mourez	mouriez	mourûtes	êtes mort(e)(s)	mourrez	mourriez	mourez	mouriez
	ils meurent	mouraient	moururent	sont mort(e)(s)	mourront	mourraient		meurent
naître	je nais	naissais	naquis	suis né(e)	naîtrai	naîtrais		naisse
naissant	tu nais	naissais	naquis	es né(e)	naîtras	naîtrais	nais	naisses
né	il naît	naissait	naquit	est né(e)	naîtra	naîtrait		naisse
	nous naissons	naissions	naquîmes	sommes né(e)s	naîtrons	naîtrions	naissons	naissions
	vous naissez	naissiez	naquîtes	êtes né(e)(s)	naîtrez	naîtriez	naissez	naissiez
	ils naissent	naissaient	naquirent	sont né(e)s	naîtront	naîtraient		naissent
payer	je paie	payais	payai	ai payé	paierai	paierais		paie
payant	tu paies	payais	payas	as payé	paieras	paierais	paye ou paie	paies
payé	il paie	payait	paya	a payé	paiera	paierait		paie
	nous payons	payions	payâmes	avons payé	paierons	paierions	payons	payions
	vous payez	payiez	payâtes	avez payé	paierez	paieriez	payez	payiez
	ils paient	payaient	payèrent	ont payé	paieront	paieraient		paient
	ou				*ou*	*ou*		*ou*
	paye				payerai	payerais		paye
	payes				payeras	payerias		payes
	paye				payera	payerait		paye
	payons				payerons	payerions		payions
	payez				payerez	payeriez		payiez
	payent				payeront	payeraient		payent

357

INFINITIF ET PARTICIPES	INDICATIF					CONDITIONNEL	IMPÉRATIF	SUBJONCTIF
	PRÉSENT	IMPARFAIT	PASSÉ SIMPLE	PASSÉ COMPOSÉ	FUTUR	PRÉSENT	- - -	PRÉSENT
plaire plaisant plu	je plais tu plais il plaît nous plaisons vous plaisez ils plaisent	plaisais plaisais plaisait plaisions plaisiez plaisaient	plus plus plut plûmes plûtes plurent	ai plu as plu a plu avons plu avec plu ont plu	plairai plairas plaira plairons plairez plairont	plairais plairais plairait plairions plairiez plairaient	plais plaisons plaisez	plaise plaises plaise plaisions plaisiez plaisent
pouvoir pouvant pu	je peux, puis tu peux il peut nous pouvons vous pouvez ils peuvent	pouvais pouvais pouvait pouvions pouviez pouvaient	pus pus put pûmes pûtes purent	ai pu as pu a pu avons pu avez pu ont pu	pourrai pourras pourra pourrons pourrez pourront	pourrais pourrais pourrait pourrions pourriez pourraient		puisse puisses puisse puissions puissiez puissent
prendre prenant pris	je prends tu prends il prend nous prenons vous prenez ils prennent	prenais prenais prenait prenions preniez prenaient	pris pris prit prîmes prîtes prirent	ai pris as pris a pris avons pris avez pris ont pris	prendrai prendras prendra prendrons prendrez prendront	prendrais prendrais prendrait prendrions prendriez prendraient	prends prenons prenez	prenne prennes prenne prenions preniez prennent
recevoir recevant reçu	je reçois tu reçois il reçoit nous recevons vous recevez ils reçoivent	recevais recevais recevait recevions receviez recevaient	reçus reçus reçut reçûmes reçûtes reçurent	ai reçu as reçu a reçu avons reçu avez reçu ont reçu	recevrai recevras recevra recevrons recevrez recevront	recevrais recevrais recevrait recevrions receviez recevraient	reçois recevons recevez	reçoive reçoives reçoive recevions receviez reçoivent

| INFINITIF ET PARTICIPES | INDICATIF | | | | | CONDITIONNEL | IMPÉRATIF | SUBJONCTIF |
	PRÉSENT	IMPARFAIT	PASSÉ SIMPLE	PASSÉ COMPOSÉ	FUTUR	PRÉSENT	- - -	PRÉSENT
résoudre résolvant résolu	je résous tu résous il résout nous résolvons vous résolvez ils résolvent	résolvais résolvais résolvait résolvions résolviez résolvaient	résolus résolus résolut résolûmes résolûtes résolurent	ai résolu as résolu a résolu avons résolu avez résolu ont résolu	résoudrai résoudras résoudra résoudrons résoudrez résoudront	résoudrais résoudrais résoudrait résoudrions résoudriez résoudraient	résous résolvons résolvez	résolve résolves résolve résolvions résolviez résolvent
rire riant ri	je ris tu ris il rit nous rions vous riez ils rient	riais riais riait riions riiez riaient	ris ris rit rîmes rîtes rirent	ai ri as ri a ri avons ri avez ri ont ri	rirai riras rira rirons rirez riront	rirais rirais rirait ririons ririez riraient	ris rions riez	rie ries rie riions riiez rient
savoir sachant su	je sais tu sais il sait nous savons vous savez ils savent	savais savais savait savions saviez savaient	sus sus sut sûmes sûtes surent	ai su as su a su avons su avez su ont su	saurai sauras saura saurons saurez sauront	saurais saurais saurait saurions sauriez sauraient	sache sachons sachez	sache saches sache sachions sachiez sachent
suivre suivant suivi	je suis tu suis il suit nous suivons vous suivez ils suivent	suivais suivais suivait suivions suiviez suivaient	suivis suivis suivit suivîmes suivîtes suivirent	ai suivi as suivi a suivi avons suivi avez suivi ont suivi	suivrai suivras suivra suivrons suivrez suivront	suivrais suivrais suivrait suivrions suivriez suivraient	suis suivons suivez	suive suives suive suivions suiviez suivent

| | INDICATIF | | | | | CONDITIONNEL | IMPÉRATIF | SUBJONCTIF |
INFINITIF ET PARTICIPES	PRÉSENT	IMPARFAIT	PASSÉ SIMPLE	PASSÉ COMPOSÉ	FUTUR	PRÉSENT	- - -	PRÉSENT
vaincre vainquant vaincu	je vaincs tu vaincs il vainc nous vainquons vous vainquez ils vainquent	vainquais vainquais vainquait vainquions vainquiez vainquaient	vainquis vainquis vainquit vainquîmes vainquîtes vainquirent	ai vaincu as vaincu a vaincu avons vaincu avez vaincu ont vaincu	vaincrai vaincras vaincra vaincrons vaincrez vaincront	vaincrais vaincrais vaincrait vaincrions vaincriez vaincraient	vaincs vainquons vainquez	vainque vainques vainque vainquions vainquiez vainquent
valoir valant valu	je vaux tu vaux il vaut nous valons vous valez ils valent	valais valais valait valions valiez valaient	valus valus valut valûmes valûtes valurent	ai valu as valu a valu avons valu avez valu ont valu	vaudrai vaudras vaudra vaudrons vaudrez vaudront	vaudrais vaudrais vaudrait vaudrions vaudriez vaudraient	vaux valons valez	vaille vailles vaille valions valiez vaillent
venir venant venu	je viens tu viens il vient nous venons vous venez ils viennent	venais venais venait venions veniez venaient	vins vins vint vînmes vîntes vinrent	suis venu(e) es venu(e) est venu(e) sommes venu(e)s êtes venu(e)(s) sont venu(e)s	viendrai viendras viendra viendrons viendrez viendront	viendrais viendrais viendrait viendrions viendriez viendraient	viens venons venez	vienne viennes vienne venions veniez viennent
vivre vivant vécu	je vis tu vis il vit nous vivons vous vivez ils vivent	vivais vivais vivait vivions viviez vivaient	vécus vécus vécut vécûmes vécûtes vécurent	ai vécu as vécu a vécu avons vécu avez vécu ont vécu	vivrai vivras vivra vivrons vivrez vivront	vivrais vivrais vivrait vivrions vivriez vivraient	vis vivons vivez	vive vives vive vivions viviez vivent

INFINITIF ET PARTICIPES	PRÉSENT	IMPARFAIT	PASSÉ SIMPLE	PASSÉ COMPOSÉ	FUTUR	PRÉSENT	- - -	PRÉSENT
voir voyant vu	je vois	voyais	vis	ai vu	verrai	verrais		voie
	tu vois	voyais	vis	as vu	verras	verrais	vois	voies
	il voit	voyait	vit	a vu	verra	verrait		voie
	nous voyons	voyions	vîmes	avons vu	verrons	verrions	voyons	voyions
	vous voyez	voyiez	vîtes	avez vu	verrez	verriez	voyez	voyiez
	ils voient	voyaient	virent	ont vu	verront	verraient		voient
vouloir voulant voulu	je veux	voulais	voulus	ai voulu	voudrai	voudrais		veuille
	tu veux	voulais	voulus	as voulu	voudras	voudrais		veuilles
	il veut	voulait	voulut	a voulu	voudra	voudrait		veuille
	nous voulons	voulions	voulûmes	avons voulu	voudrons	voudrions		voulions
	vous voulez	vouliez	voulûtes	avez voulu	voudrez	voudriez	veuillez	vouliez
	ils veulent	voulaient	voulurent	ont voulu	voudront	voudraient		veuillent

GLOSSAIRE

The glossary includes words from vocabulary lists throughout the book, some words from the texts and some terms glossed in the margins. Definitions below apply to words according to their context in this book. False cognates are indicated by an asterisk.

abonnement(m)	subscription	amour-	
d'abord	at first	propre*(m)	self-esteem
aborder	to approach	s'amuser*	to have a good time
abstrait	abstract	analphabète	illiterate
accélérer	to accelerate	ancien*	former
acheter	to buy	appartement(m)	apartment
achever*	to complete	apprendre/	to learn/
acteur(m)	actor	par coeur	to memorize
action(f)	action	s'approcher	to approach
actrice(f)	actress	d'après	according to
actuellement*	currently, now	après-	
addition*(f)	check	midi(m)	afternoon
admirer	to admire	argent(m)	money
adorer	to adore	arrêt(m)	[bus]stop
adroit	adroit, skillful	arrêter	to stop
affaires*(m)	business	arroser	to spray
affection(f)	affection	artisan(m)	craftsman
affectivité*(f)	emotion	ascenseur(m)	elevator
agir	to act	aspirateur(m)	vacuum cleaner
s'agir de	to be about	assister à*	to attend
aider	to help	assurance*(f)	insurance
aigre	sour	attendre*	to wait
ail(m)	garlic	s'attendre à	to expect
d'ailleurs	besides	aube(f)	dawn
aimer	to love, to like	audience*(f)	hearing
aîné	older, oldest	aujourd'hui	today
ainsi	thus, so	auteur(m)	author
aller	to go	autodidacte	self-taught
aller-retour(m)	round-trip ticket	autrefois	formerly
s'en aller	to go away	avaler	to swallow
amateur*/	enthusiast	avancer	to move forward
de musique	music-lover	avenir(m)	future
amour(m)	love	avis*(m)	opinion
être amoureux	to be in love	avocat(m)	lawyer
de	with		

baccalauréat(m)	examination and	bas(m)	stocking
bachot	diploma at the	bassin(m)	pool
"bac"	end of lycée study	bavard	talkative
baiser(m)	kiss	benjamin	youngest
balance*(f)	scale	beurre(m)	butter
bande(f)/	tape/	bibliothèque(f)	library
dessinée	comic strip	bien élevé	well brought-up
banlieue(f)	suburb	bien que	although
banque(f)	bank	billet(m)	ticket, paper bill

blesser*	to injure	bourgeoisie(f)	middle class
boire	to drink	Bourse(f)	stock market
boisson(f)	beverage	bourse(f)	grant, scholarship
bonheur(m)	happiness	bricoler	to putter
bon marché	inexpensive, cheap	brouillard(f)	fog
bouger	to move	brouillon(m)	rough draft
bouillir	to boil	but(m)	goal
boulot(m)	task, work		

-C-

cadet*		chiffre(m)	figure
cadette	younger	choisir	to choose
cadre	junior executive, middle-level manager	choix(m)	choice
		chômage(m)	unemployment
		chute(f)	fall
caisse(f)	cash-box, cashier	circulation*(f)	traffic
camion(m)	truck	citoyen	
car*(m)	coach	citoyenne	citizen
car*	for, because	client*(m)	customer
caractère	disposition, personality	coincé	cornered
		collège*(m)	secondary school
carnet(m) /	notebook/	comme	as, like
de chèque	checkbook	comme si	as if
carré	square	comique	comical
carrefour(m)	intersection	commerçant(m)	merchant
carrière(f)	career	compassion(f)	sympathy
à cause de	because of	comportement	
célèbre	famous	(m)	behavior
célibataire(m)	bachelor	comprendre	to understand
centîme(m)	1/100 of franc	compter	to count
cependant	meanwhile, yet, nevertheless	compte rendu(m)	review
c'est-à-dire	that is	concierge(m)	building superintendent
[c.-à-d.]	to say		
chambre(f) /	room/	concours(m)	contest
à coucher	bedroom	conducteur(m)	driver
champignon(m)	mushroom	conduire	to drive
chance*(f)	luck	conduite(f)	behavior; conduct
chanson(f)	song	conférence*(f)	lecture
chanter	to sing	confessionel*	parochial
chauffage(m)	heating	confiance	confidence, trust
chauffer	to heat	confus*	embarrassed
chauviniste	nationalistic	congés(m)	
chemin de		payés	paid vacation
fer(m)	railroad	congrès*(m)	conference
chèque	check	conjuguer	to conjugate
cher, chère	expensive, dear	conseil*(m)	advice
chez	at the house of	construire	to build

contravention (f)	traffic violation, ticket	cours(m)	course
contrôler*	to check	course(f)	errand, race
convaincre	to convince	coûter	to cost
convenable	proper	craindre	to fear
corps(m)	body	créer	to create
corriger	to correct	cru	raw
côté(m)	side	cuisine(f)	kitchen
coupable	guilty	cuire [p.p.cuit]	to cook
courir	to run	curieux*	strange

-D-

se débrouiller	to manage, to get along	dessiner	to draw
		détester	to hate
début(m)	beginning	devenir	to become
déception*(f)	disappointment	deviner	to guess
décrire	to describe	devoir(m)/	duty /
déçu	disappointed	(pl)	homework
défi*(m)	challenge	devoir	to owe, to have to
défendu	forbidden	discret	discreet
déjeuner(m)	lunch	disque(m)	record
demain	tomorrow	don(m)	gift, talent
se demander	to wonder	donc	therefore, so
déménager	to move house	donner sur	to look out on
demi	half	douane(f)	customs
démissionner	to resign	douche*(f)	shower
dénouement(m)	outcome, solution	doué	gifted
se dépêcher	to hurry	douleur(f)	pain, sadness
dépenser	to spend	doux, douce	sweet
déprimant	depressing	doucement	gently, slowly
député(m)	elected representative	drapeau(m)	flag
		dresser*	to train, to set up
déranger	to disturb	droit(m)	right, law
dès	since, from	droite	right side
descendre	to get off [bus], to go down	drôle	funny
		durer	to last
désolé	sorry		

-E-

échec(m)	failure	en effet	actually, in fact
échouer	to fail	égal	equal
s'écouler	to lapse	égoïste*	selfish, egotistical
écrire/en toutes lettres	to write / to write out	élève(m) ancien	pupil alumnus
écrivain(m)	writer	élever	to raise
éducation*(f)	education, up-bringing	élire	to elect
		s'éloigner	to move off, away

367

embarras*(m)	confusion	époux, épouse	spouse
embaucher	to hire	épreuve(f)	test
embêtant	annoying	éprouver	to feel
embouteillage (m)	traffic jam	epuisant	exhausting
		épuisé	exhausted, sold out
embrouillé	confused	équipe(f)	crew, team
empêcher	to prevent	escalier(m)	staircase
emploi(m)	job, work	est	east
employer	to use, to employ	étage(m)	storey, floor
emprunter	to borrow	étape(f)	stage
ému	moved	état(m)	state
enfant(m)	child	être humain(m)	human being
enfin	finally	étude(f)	study
engagé*	committed	étudiant(m)	student
ennui*(m)	boredom	étudier	to study
ennuyeux	boring	E.-U. [Etats-	U.S.
enquête(f)	survey, investigation	Unis]	[United States]
		événement(m)	event
enseignement (m)	education, teaching	évidemment	obviously
		examen(m)	examination
enseigner	to teach	exciter*	to arouse, to stimulate
ensuite	then, next		
entendre	to hear	exemplaire(m)	copy
entrée(f)	entrance	exemple(m)	example
entreprise(f)	business, firm	exiger	to demand
envers	towards	expérience*(f)	experiment, experience
épais	thick		
épargner	to save	expliquer	to explain
épeler	to spell	exprès	on purpose
épingle(f)	pin	exprimer	to express
épouser	to marry	extrait(m)	excerpt

-F-

fabriquer	to manufacture	fauteuil(m)	armchair
fâché	angry	faux, fausse	false
facture(f)	bill [of sale]	femme(f)	woman, wife
facultatif	optional	feu rouge(m)	traffic light, red light
Faculté(f)	graduate school		
faiblesse	weakness	fiançailles(f)	engagement
faim(f)	hunger	fidèle	faithful
faire / semblant	to do, to make / to pretend	fier	proud
		figure(f)	face
farine(f)	flour	fille(f)	girl, daughter
fauché	broke	fils(f)	son
faute(f)	mistake, error	figure*(f)	face

foi(f)	faith	frais, fraîche	fresh
fois(f)	time	frappant	striking
fonctionnaire* (m)	civil servant	frapper	to hit, to strike
		freiner	to brake
fondre	to melt	frère(m)	brother
forcément	necessarily	fromage(m)	cheese
frais(m)	expenses	fruit(m)	fruit

-G-

gagner	to earn	goûter	to taste
garantir	to guarantee	goûter(m)	snack
garde-manger (m)	cupboard	grâce à	thanks to
		grand*	large
gare(f)	station	grandir	to grow up
gauche	left; awkward	gratuit	free
gâteau(m)	cake	grève(f)	strike
gâter	to spoil	faire la	to go on strike
gauche	awkward	grimper	to climb
gendre(m)	son-in-law	grossier	vulgar
gêné	embarrassed	grossir	to enlarge, to gain weight
génie(m)	genius		
genre(m)	type; kind; gender	guerre(f)	war
gens(m)	people	guichet(m)	ticket booth
glisser	to slide, to slip	guillemets(m)	quotation marks
goût(m)	taste		

-H-

s'habiller	to dress	heureusement	fortunately
habiter	to live, to inhabit, to dwell	heureux, heureuse	happy
haine(f)	hate	hier	yesterday
haïr	to hate	hier soir	last night
haricot(m)	green bean	histoire(f)	story
hauteur(f)	height	honte(f)	shame
hebdomadaire	weekly	horaire(m)	schedule
hectogramme	100 grams	horloge(f)	clock
heure(f)	hour, time	hors-d'oeuvre (m)	appetizer
heures d'affluence	rush hour	huile(f)	oil
tout à l'heure	in awhile, awhile ago	humeur*(f)	mood

idée(f)	idea	individu(m)	individual
ignorer*	not to know	ingénieur(m)	engineer
immeuble(m)	building	injure*(f)	insult
impair*	uneven, odd	s'inquiéter	to worry
impôt(m)	tax	s'inscrire	to register
impressionnant*	impressive	insister*	to emphasize
imprimer	to print	s'installer	to move into
inattendu	unexpected	intrigue*(f)	plot
inconnu	unknown	issue*(f)	exit

jalousie(f)	jealousy	jour(m)	day
à jamais	forever	huit jours	week
jeter	to throw	quinze jours	fortnight
jeton(m)	token	journal(m)	newspaper, diary
jeûner	to fast	juif, juive	Jewish
jouer/	to play/	jumeau(m),	twin
à un sport/	a sport/	jumelle(f)	
de la musique	music	jurer	to swear,
joie(f)	joy		to take oath

kilogramme(m)	kilogram	kiosque(m)	newsstand
kilomètre(m)	kilometre	klaxonner	to honk

lâche	cowardly	licencier	to lay off
laid	ugly	lieu(m) avoir	place/to take place
lait(m)	milk	lire	to read
langue(f)	language, tongue	livre(m)	book
large*	wide	livre(f)	pound
lecteur, lectrice	reader	locataire(m)	tenant
lecture*	reading	location*(f)	rental
léger	light[weight]	loi(f)	law
légume(m)	vegetable	loisir(m)	leisure
lendemain(m)	following day	louer	to rent
lent	slow	lourd	heavy
librairie*(f)	bookstore	lune de miel(f)	honeymoon
libre	free	lycée(m)	high school [about
licence*(f)	diploma [roughly		two years beyond
	equivalent to		U.S.]
	M.A.]		

maigrir	to lose weight	métier(m)	trade, occupation
maison(f)	house	métro(m)	subway
maître(m)	teacher	mettre/	to put, to place/
maîtresse(f)		à la porte	to fire
majuscule	capital letter	meuble(m)	furniture
maladroit	clumsy	midi(m)	noon
malgré	in spite of	Midi(m)	southern France
manchettes(f)	headlines	mille	thousand
manifestation*	demonstration	mince	thin
(f)		ministre*(m)	[cabinet officer]
manger	to eat	minuit(m)	midnight
manquer	to miss	minute(f)	minute
marcher	to walk, to work,	mise en scène(f)	setting
	to function	moeurs(f) (pl)	customs, mores
mari(m)	husband	moins	less
se marier avec	to marry	moitié(f)	half
matin(m)	morning	mois(m)	month
maudit	cursed	monde(m)	world; people
médecin*(m)	doctor	monnaie*(f)	change, currency
médicament(m)	medicine	monter/dans	to go up/ to get on
se méfier de	to mistrust		[bus]
même	even, same	montre(f)	watch
même si/	even if/	morceau(m)	piece
quand même	anyway	mort(f)	death
mémoire(f)	memory	mot(m)	word
ménage(m)	household, couple/	mot juste	right word
faire le	to clean house	Moyen âge	Middle Ages
mensonge(m)	lie	mûr	ripe
mensuel	monthly	musée(m)	museum
menuisier(m)	carpenter	musique(f)	music
mère(f)/belle	mother/in-law,	musulman	Moslem
	stepmother		

nager	to swim	nom(m)	noun; name
naître	to be born	nombre(m)	number
[p.p. né]		nord	north
néanmoins	nevertheless	note*(f)	grade
nerveux,	nervous	nourriture(f)	food
nerveuse		nouveau-né(m)	newborn
nettoyer	to clean	nouvelle(f)	news
neveu(m)	nephew	se noyer	to drown
nièce(f)	niece	nuit(f)	night
niveau(m)	level	numéro*(m)	issue
noce(f)	wedding		

-O-

occasion*(f)	chance	O.N.U.	U.N. [United
occidental	western	[Organisation	Nations]
s'occuper de	to take care of,	des nations	
	to attend to	unies]	
oeuf(m)	egg	opprimer	to oppress
oeuvre(f)	work [of art]	orthographe(f)	spelling
chef-d'oeuvre	masterpiece	oser	to dare
(m)		ouest	west
oignon(m)	onion	ouvrier(m)	worker

-P-

pain(m)	bread	personne(f)	person
pair*	even	personne	no one
paix(f)	peace	peser	to weigh
panne(f)	breakdown, engine	petites annonces	
	trouble	classées(f)	classified ads
pantoufles(m)	slippers	peu à peu	little by little
parent*(m)	parent, relative	peuple*(m)	nation, masses,
paresseux,	lazy		people
paresseuse		peur(f)	fear
parfois	sometimes	photographe(m)	photographer
partir	to leave	pièce*(f)	room, play
pas(m)	step	pièton(m)	pedestrian
faire les cent/	to pace	placard(m)	closet
passer* un	to take an exam	place*(f)	public square, seat
examen/		plaindre	to pity
le temps	to spend time	se plaindre	to complain
se passer	to happen	plaisir(m)	pleasure
passionnant*	exciting	plus . . . plus	the more . . .
patron*(m)	boss		the more
paupières(f)	eyelids	de plus en plus	more and more
(pl)		plutôt	rather, sooner
pause café	coffee break	poids(m)	weight
pauvre	poor	point(m)	period
payer	to pay	poisson(f)	fish
peindre	to paint	poivre(m)	pepper
peintre(m)	painter	pomme(f)	apple
perdre	to lose	pompier(m)	fireman
père(m)	father	porte-monnaie	wallet
beau-père	father-in-law,	(m)	
	step-father	poser	to ask
permettre	to permit	posséder	to own
permis(m)/	license /	poste(m)	position, job
de conduire	driver's license	potage(m)	soup
personnage(m)	character	poulet(m)	chicken

poupée(f)	doll	procédé*(m)	technique, process
pourtant	however	procès*(m)	trial
pouvoir	to be able	produire	to produce
pouvoir(m)	power	profondeur(f)	depth
précis	exact	propre*	clean, own
à peu près	approximately, about	propriétaire(m)	owner
présenter*	to introduce	propriété*(f)	property, estate
P.D.G. [Président-Directeur-Général]	[company president]	protéger	to protect
		provisoire	temporary
		prudent	careful
se presser	to hurry	P.T.T.	[post office]
prétendre	to claim	publicité(f)	advertisement
prêter	to lend	puîné	next eldest
prévenir	to warn	puis	then
prix(m)	price	puissance(f)	power
		punir	to punish

-Q-

quai(m)	platform, embankment	queue(f) / faire la	tail /to wait in line
quand à	as for	quitter	to leave
quand même	all the same, anyway	quoi	what
		n'importe q.	no matter what
quart	one fourth	quoique	although
quartier(m)	neighborhood	quotidien	daily
question*(f)	question, subject		

-R-

raconter	to tell	recueil(m)	collection
raison(f)/avoir	reason/ to be right	être reçu à un examen	to pass an exam
raison d'être	reason, object in life	reculer	to back up, to move back
raisonnable	sensible		
ralentir	to slow down	rédiger	to edit, to write
ramper	to crawl	réel	actual
rapport(m)	relationship, rapport	régime*(m)	regime, diet
		règle(f)	rule, ruler
ravi	delighted	regretter*	to miss, to regret
réagir	to react	remarquer	to notice
réaliser*	to achieve	remords(m)	remorse
réclamer	to demand	remuer	to move
reconstruire	to renovate	rendez-vous(m)	appointment
reçu(m)	receipt	rendre	to make, to give back

se rendre compte	to realize	en retard	late
rentrée(f)	return [to school, from summer vacation]	retraite(f)	retirement
		réveille-matin (m)	alarm clock
renvoyer	to dismiss, to fire	revenu*(m)	income
repas(m)	meal	revue(f)	review, periodical
répétition(f)	repetition, rehearsal	rez-de-chaussée (m)	street floor
		roman(m)	novel
se reposer	to rest	rond	round
respirer	to breathe	rouler	to roll along [drive]
rester*	to remain		

-S-

sage*	well-behaved	soeur(f)	sister
saignant	rare	belle-soeur	sister-in-law step-sister
salaire(m)	wage		
SMIC	[minimum wage]	soif(f)	thirst
sale	dirty	soigneusement	carefully
salé	salty	soir(m)	evening
salle/(f) de bains	room/bathroom [for bathing]	solitaire*	lonely
		sondage(m)	opinion poll
salon(m)	living room	sonner	to sound, to ring to strike [hour]
sauter	to jump		
scolaire/année	school year	sort(m)	fate, destiny
scrutin(m)	ballot	sortie(f)	exit
sel(m)	salt	sortir	to go out
selon	according to	souci(m)	worry
semaine(f)	week	souffrir	to suffer
sembler	to seem	soupirer	to sigh
sens(m)	meaning, sense	soutenir	to support
sens*(m)/ interdit/ unique*	direction/ no entry/ one-way street	souvenir*(m)	memory; souvenir
		souvent	often
		stationner	to park
sensible*	sensitive	subir	to submit, to undergo
sentir	to feel		
si	as, so, if	sucre(m)	sugar
siècle(m)	century	sud	south,
singulier	unique	suivre	to follow
SMIC	[minimum wage]	sujet(m)	subject
S.N.C.F. [Societé nationale de chemin de fer]	[railroad]	supporter*	to bear, to tolerate
		supprimer	to leave out
		sympathique*	likeable, attractive
société*(f)	company	syndicat(m)	union

tableau(m)	painting	toucher	to touch, to receive
taille(f)	size		
tandis que	whereas	toucher*	to cash a check
tant	such, so much, so many	un chèque	
		tout(m)	the whole
tante(f)	aunt	tout à fait	completely
tard	late	tout à l'heure	in awhile, awhile ago
taudis(m)	slum		
taux horaire	hourly rate	tout droit	straight ahead
tellement	so, so much	traduire	to translate
temps(m)	time	tranquille	calm
de temps en temps	once in awhile	travail(m)	work, job, labor
		à la chaîne	assembly line
tendresse(f)	tenderness	travailler	to work
terminer	to end, to finish	à travers	throughout
théâtre(m)	theater	traverser	to cross
tiers	one third	tricher	to cheat
titre(m)	title	triste	sad
titres(m)	headlines	tromper	to deceive
toilettes(f)	toilet, bathroom	se tromper	to be mistaken
tomber	to fall	trottoir(m)	sidewalk
tort/avoir	to be wrong	trou(m)	hole
tôt	early	type*(m)	guy, fellow

une(f)	front page	usine(f)	factory
unique*	single, only	utiliser	to use
user*	to wear out		

va-et-vient(m)	back and forth	vie(f)	life
vaisselle(f)	dishes	vieillir	to grow old, to age
valeur(f)	worth, value	vilain*	bad, nasty
valoir	to be worth	vin(m)	wine
veille(f)	eve, day before	virgule(f)	comma
vendre	to sell	vite (adj/adv)	fast, quickly
véritablement	actually	vitesse(f)	speed
vérité(f)	truth	vivre	to live
vers*(m)	line of poetry, verse	voile(f)	sail
		voisin(m)	neighbor
vers	towards, around	voiture(f)	automobile, car
veuf, veuve	widower, widow	voix(f)/	voice/
viande(f)	meat	à haute voix	aloud

vol(m)	flight, theft	voyage(m)	trip
voler	to fly, to steal	vraisemblable	plausible, credible
volonté(f)	will		
vouloir	to want	vulgaire*	common, vulgar
vouloir dire	to mean, to signify		

-W-X-Y-Z-

W.C.(m) (pl)	toilet [water closet]

INDEX